Lina Nordmeer

MOVE TO OSLO

Roman

Lina Nordmeer, Jahrgang 1973, lebt mit ihrer Familie in der Nähe von Frankfurt am Main. „Move to Oslo" ist ihr erster Roman. Die Zeichnung stammt von Helen Dearnley. Hierfür ein großes Dankeschön!

https://www.facebook.com/lina.nordmeer
https://www.facebook.com/movetoslo
www.lina-nordmeer.de
www.linanordmeer.wordpress.com
Herausgeber: Createspace by Amazon

Und wenn ich jetzt vom Buch die Augen hebe,
wird nichts befremdlich sein und alles groß.
Dort draußen ist, was ich hier drinnen lebe, und hier
und dort ist alles grenzenlos.

Rainer Maria Rilke, Der Lesende,
Aus: Das Buch der Bilder

Dieses Buch widme ich meinem Papa im Himmel

Inhalt

Vorwort 11

Song Move to Oslo 12

Tatjana auf der Suche nach dem
Sinn in ihrem Leben 15

Die Idee mit Norwegen 17

Der Abend, an dem Chris kam 21

Der Schock 25

Wieder zu Hause 33

Der magische Moment 37

Morten in Lebensgröße 40

Die Party 43

Die Krise beginnt 47

Ein Wunsch ist noch frei 52

Die Reise nach Oslo beginnt 55

Tatjana trifft Morten 60

Bei Morten in Saetre 67

Butterfly, Butterfly in Tatjanas Bauch 73

„Send me an angel" 78

Bygdøy, ein Tag am Meer 87

The blood that moves the body 91

Nichts ist für immer 98

Früh am Morgen 104

Ein Duft aus Orchideen und Sandelholz 108

Einfach nur überirdisch 112

Höhen und Tiefen 115

Erinnerungen an die alten Zeiten 120

Es wird schon alles gut 125

Mit dir – mit mir 133

Neuer Tag, neues Glück 139

Versuchungen 146

Zwischenzeitlich in Frankfurt 150

Kopfweh und ein schlechtes Gewissen 158

Regen, Regen, Regen … 166

Ein Gruß aus Norwegen 176

Kleines, schwarzes Herz 181

Es weihnachtet sehr 183

Neues Jahr, neues Glück 191

Ein geschmackloses Weihnachtsgeschenk 201

Eine kurze, schöne Zeit 214

Vorbereitungen müssen getroffen werden 220

Der Frühling steht vor der Tür 228

Die Liebe ist ein seltsames Spiel 237

Die Geburt 244

Stimmungsschwankungen 254

Einen Versuch ist es immer wert 264

Die Buchpräsentation 273

Erstens kommt es anders,
    und zweitens als man denkt 276

Ein Ende mit Anfang 281

Danke 287

Vorwort

Wir Frauen sind doch ab Mitte dreißig bis Mitte vierzig manchmal ein sonderbares Völkchen – das denken zumindest viele Männer von uns, oder?

Irgendetwas in uns schreit danach, dass man uns endlich wirklich wahrnimmt. Jetzt sind wir dran mit unserer Selbstverwirklichung und nehmen ausnahmsweise mal keine Rücksicht auf das männliche Geschlecht.

Meine Freundinnen sind gerade in dieser Phase ihres Lebens angekommen und jede von ihnen geht ihren besonderen und eigenen Weg, den sie doch schon so lange gehen wollte ...

Zu diesem Thema habe ich eine Geschichte von genau solch einer FRAU zu erzählen, und glaube, dass viele Frauen, die dies hier lesen und Morten Harket „genial" finden, sich in dem einen oder anderen Punkt wiedererkennen könnten ...

Song Move to Oslo

1. Strophe:
Ich will nicht immer nur denken
und mein Leben auf das Nötigste be-
schränken, sondern spüren wie der raue
Nordwind durch meine Haare bläst!

Bridge:
Darum schnapp ich mir `nen Bully und
die beste Freundin dazu und fahre Richtung Norden
... Hm Hm Hm ...

Refrain:
Move to Oslo, das ist unser Ziel!
Move to Oslo, das ist alles, was ich will!
Move to Oslo, an den schönsten Ort der
Welt!
Na na na na na na ...

2. Strophe:
Komm steig ein und reise mit mir.
Lass den Stress, die Sorgen und den
Kummer hinter dir!
Fahr mit vollen Segeln und spüre den Er-
folg in dir!

Bridge:
Darum schnapp ich mir `nen Bully und
die beste Freundin dazu und fahre Richtung Norden
... Hm Hm Hm ...

Refrain:
Move to Oslo, das ist unser Ziel ...
Na na na na na ...

3. Strophe:	Auch wenn wir ängstlich sind, so lass uns trotzdem fahren!
	Denn wer mutig ist, der wird beschenkt vom Leben!
	Wir reisen zu unsrem Ziel, dem wir so lange folgen!
Bridge:	Darum schnapp'n wir 'nen Bully und uns'ren Traum dazu und fahre Richtung Norden
	... Hm Hm Hm ...
Refrain:	Move to Oslo ...
	(2 x)
	Na na na na na na ...

Erhältlich als Download bei Amazon und anderen Onlineanbietern ab Oktober 2015

Hier schon ein paar meiner Songs zum Anhören:
https://soundcloud.com/lina-nordmeer

Tatjana auf der Suche
nach dem Sinn in ihrem Leben

Tatjana war genau 15 Jahre alt, als sie mit ihrer besten Freundin Katrin und ihrem damaligen Freund Mark auf das a-ha Konzert in der Frankfurter Festhalle ging.

Ihre Eltern wollten sie zu Hause behalten, sie hatte eine Mandelentzündung, aber Tatjana interessierte das überhaupt nicht. Wenn sie sich etwas in den Kopf gesetzt hatte, konnte sie nicht anders, als ihrem Willen freien Lauf zu lassen…

Fast genau 21 Jahre später stand Tatjana wieder an der gleichen Stelle in der Frankfurter Festhalle und jubelte wieder laut ihrer Teeniegruppe a-ha zu, ihr Mann Lars Sandberg kam sich ein wenig verloren vor hinter seiner klatschenden, tanzenden und mitsingenden Frau. Er hatte ihr die Konzerttickets zu Weihnachten des vorigen Jahres geschenkt.

Die norwegische Band, seit 25 Jahren im Geschäft, ging auf Abschiedstournee. „Mein Gott, wie schnell doch die Zeit vergeht", dachte Tatjana gerade, als Morten „Hunting high and low" anstimmte. Sie schaute in die Leuchtstäbe haltende Menschenmenge hinein, und ihr fiel auf, dass auch das Publikum ganz schön gealtert war, dann dachte sie kurz an den Augenblick, damals, als sie Morten genau in die Augen sah: Sie stand in der ersten Reihe, 15 Jahre, es war einer der schönsten Momente in ihrem Leben gewesen.

Nächste Woche würde ihr 36. Geburtstag sein, und sie hatte noch keine Ahnung, ob sie feiern sollte oder nicht.

Tatjana Sandberg war eine jung gebliebene Mittdreißigerin, die eher das Chaos beherrschte als etwas anderes wie zum Beispiel den Haushalt, sehr zum Bedauern ihres Göttergatten Lars Sandberg, der war in der Computerbranche tätig und machte alles hundertprozentig, wenn es nur irgendwie ging.

Tatjana war sehr damit beschäftigt, ihrem Leben einen Sinn zu geben. Sollte das Bisherige schon alles gewesen sein oder kam da noch der Knaller, der sie zum absoluten Lebenshöhepunkt beamen würde? Höhepunkte liebte sie.

Es kommt eine Zeit im Leben,
da bleibt einem nichts anderes übrig,
als seinen eigenen Weg zu gehen.
Eine Zeit, in der man die eigenen Träume
verwirklichen muss.
Eine Zeit, in der man endlich für die eigenen
Überzeugungen eintreten muss.

„Eine magische Reise zu Dir selbst"
von Sergio Bambaren

Sie arbeitete als Sozialpädagogin an einer betreuten Grundschule mit schwer erziehbaren Kindern aus schwierigen Familien, was nicht unbedingt einfach war und sie oft vor große Herausforderungen stellte.

Wenn sie nach ihrem oft sehr mühseligen Arbeitstag nach Hause fuhr, in ihrer quietschgelben Ente, legte sie sich am liebsten erst einmal auf das Sofa und las einen Vampirroman, oder die heißesten News aus Klatsch und Tratsch, dazu gönnte sie sich dann eine bis zehn Pralinen, was sie hinterher immer bereute. Eigentlich wollte sie doch abnehmen. Immerhin wog sie schon 87,6 kg bei einer Größe von 1,77 m. Das war ihr viel zu viel HÜFTGOLD.

Die Idee mit Norwegen

Tatjanas Geburtstag stand vor der Tür, hormon- und pralinengeladen, und klopfte ganz wild, voller Erwartung, ob sie öffnen würde. Doch Tatjana war sich nicht sicher, ob sie es schaffen würde aufzumachen und ob sie es zulassen konnte, 36 Jahre alt zu werden.

Nur ihrer besten Freundin konnte sie davon erzählen, wie sehr sie diese Zahl störte, die in ihrem Kopf herumspukte und die sie am liebsten aus sich herausprügeln würde, wenn das ginge.

Katrin war diese Freundin, schon seit Kindertagen, und von ihr stammte der Vorschlag, mit dem Wohnmobil ihrer Spät-Hippie-Eltern nach Norwegen zu reisen, zu Mortens Konzert in Oslo.

Bei dem Gedanken daran bekam Tatjana leichte Hitzewallungen und war sofort Feuer und Flamme.

„Jaaa, das wäre super toll", freute sie sich, doch gleichzeitig sagte ihre innere Stimme, sie müsste bis dahin noch mindestens zehn Kilo abnehmen, wenn sie Morten begegnen wollte.

„Wann ist denn das Konzert?", sprudelte es ungeduldig aus ihr heraus.

„Ende September, morgen bekomme ich die Karten, Hammer oder?", fragte Katrin. „Meine Eltern wissen auch schon Bescheid und leihen uns Ihren Hippie-Bus gern aus. Wir fallen halt ein bisschen damit auf, mit den vielen bunten Blumen."

„Das ist doch ultrawitzig!", entgegnete Tatjana kichernd und kramte dabei in ihrer riesengroßen, regenbogenfarbenen Basttasche nach ihrem Geldbeutel, um die zwei Prosecco zu bezahlen.

Die beiden Freundinnen trafen sich jeden Donnerstag in Katrins Mittagspause in dem französischen Alternativ-Café an der Ecke, neben Katrins Büro.

Katrin arbeitete als Event-Managerin und war genau das Gegenteil von Tatjana, eher strukturiert und gut organisiert.

Auch sonst gab es Unterschiede. Katrin war 1,80 m groß und wog sportliche 65 kg. Ihre langen, blonden, lockigen Haare fielen ihr weich ins Gesicht, sie war schon ein wirklicher Hingucker für die Männerwelt.

Tatjana dagegen wirkte eher als Vollweib mit üppigem Busen, brünetten langen Haaren und leicht gebräuntem Teint. Ihr Mann Lars war sehr angetan von ihren Rundungen und ließ sie das auch gern spüren, was Tatjana keineswegs störte.

Nachdem Tatjana sich von Katrin mit einer dicken Umarmung verabschiedet hatte, warf sie noch einmal einen Blick in ihre Lieblingsbücherei um die Ecke.

Sie ging gleich zur Esoterik-Abteilung, vielleicht würde sie ja hier eine Antwort auf ihre Sinnfrage finden.

Wie sagte Morten mal so schön in einem Interview: „Fragen gehören zur spirituellen Seite des Menschen!"

Und richtig, sie entdeckte wunderschön kitschige Engelkarten im Regal, die sie auf nahezu magnetische Art und Weise ansprachen.

Sie spürte den Drang, sie sofort zu kaufen, sich eine leckere Tasse Yogi-Tee zu kochen, Kerzen und Räucherstäbchen anzuzünden und auf eine Antwort der Engel zu lauschen. Mit den Karten fuhr sie so schnell sie konnte, was bei dem Verkehr in Frankfurt sehr schwierig war, nach Hause, um genau das zu tun, was sie sich eben so wunderschön ausgemalt hatte.

Endlich zu Hause angekommen, in ihrer kleinen, alten Villa mit Garten am Ende der Stadt, schloss sie ungeduldig die Haustür auf, und mit ihrem ersten Schritt ins Haus trat sie in ein weiches, rutschiges, fast klebriges, undefinierbares Etwas. „Oh mein Gott!", schrie Tatjana noch und fiel auch schon in Richtung Diele, genau mit dem Kopf an die Kante des wuchtigen Bauernschrankes, den sie von ihrer Lieblingsoma geerbt hatte.

Sie sah nur noch Sternchen vor ihren Augen leuchten und wachte erst wieder richtig auf, als ihr eine warme, raue Zunge über die Nase schleckte und Schnurrbarthaare sie am Kinn kitzelten.

„Gregor, du? Also, du hast das hier angerichtet?"

Tatjana fasste sich an den Kopf, ihr wurde auf einmal schwindelig und sie hatte das Gefühl, sich übergeben zu müssen.

Gregor war der Familienkater, ein rot-weiß getigertes Geschöpf, klein, zierlich und frech, und Tatjanas absoluter Liebling. Sie hatte ihn vor einem halben Jahr aus dem Tierheim mitgenommen, als sie das Gefühl hatte, ihren Kinderwunsch begraben zu müssen.

Lars und sie versuchten schon seit fünf Jahren, ein Baby zu bekommen, und hatten etliche Behandlungen hinter sich. Irgendwann hieß es laut den Ärzten, dass Tatjana und Lars zwar fähig wären, Kinder zu bekommen, aber anscheinend nicht miteinander.

Sie blieben also ein medizinisch ungelöstes Rätsel, und ihr Fall wurde, wie viele, auf Eis gelegt.

Das Telefon klingelte: „Tatjana Strand... äh, Sandberg", meldete sie sich noch etwas benommen.

„Ja, hi, hier ist Chris, dein Bruderherz, darf ich mich heute Abend bei euch zum Lecker-Schmecker-Abendessen einladen? Ich bringe uns auch eine Flasche Rotwein mit, direkt aus St. Emilion!"

Tatjana räusperte sich und überlegte ein paar Sekunden, was gerade geschehen war.

„Ähm, ja klar, ich bin nur gerade hingefallen, also, auf Gregors Kotze ausgerutscht, und muss erst mal wieder zu mir kommen, weißt du?"

„Oh Gott, oh Gott, das ist ja furchtbar. Hast du dir wehgetan, Süße? Soll ich den Arzt verständigen, oh je ..."

„Nein, Quatsch, jetzt übertreib mal nicht gleich, deine Schwester ist doch nicht aus Zuckerwatte, auch wenn ich so aussehe, als würde ich mich nur davon ernähren!"

Chris lachte und meinte sie aufbauen zu müssen, indem er ihr den Vorschlag machte, Fotomodell für „Große Größen" zu werden und sich damit ein wenig Taschengeld zu verdienen.

Tatjana konnte darauf wirklich keine Antwort geben, übersprang ganz dezent die peinliche Situation und machte die Verabredung für abends um 20 Uhr fest.

Sie überlegte kurz nach dem Gespräch, ob sie einen Fehler begangen hatte, als sie ihrem doch so feinfühligen „Elefant-im-Porzellanladen-Bruder" zusagte, am Abend kommen zu können, aber ihr Kopf fing wieder an wehzutun, und so hatte sich das mit dem Nachdenken erübrigt.

Nachdem sie das Erbrochene aufgewischt und eine Schmerztablette eingenommen hatte, rief sie Lars an, um ihn mitzuteilen, dass am Abend glamouröser Besuch eintreffen würde.

Der Abend, an dem Chris kam

Chris war schwul, und man sah es ihm auch sofort an: Er war immer sehr stylish angezogen und bewegte sich ziemlich tuntig. Außerdem sah er extrem gut aus, was alle Freundinnen von Tatjana mit Bedauern feststellen mussten, denn leider hatten sie ja absolut keine Chancen bei ihm.

„Hi Schatz, heut Abend kommt mein wundervoller Bruder zum Essen vorbei", erklärte Tatjana ironisch, um Lars ein wenig den Wind aus den Segeln zu nehmen, sie wusste, dass er Chris nicht unbedingt mochte. „Er ist wieder von der ‚Exclusive Hair- und Beauty-Messe' aus Südfrankreich zurück und wollte uns mal wieder sehen."

„Aha ... ja gut. Ich hatte zwar vor, dich heute Abend zum Essen auszuführen, weil wir seit genau acht Jahren zusammen sind, aber das hast du wohl vergessen, wie ich dich Chaosweibchen kenne", lachte Lars, aber doch mit einem gewissen beleidigtem Unterton.

„Ojemine, ist mir das peinlich, aber stell dir mal vor, was mir heute schon passiert ist ..."

Tatjana erzählte ihre Begegnung mit Gregors klebrigem, schon mal gegessenen Geschenk hinter der Wohnungstür und hielt sich dabei ihre Beule am Kopf, die immer größer zu werden schien.

Lars musste lachen, als er sich das bildlich vorstellte, fragte dann aber doch besorgt nach, ob es Tatjana denn wieder gut gehen würde mittlerweile, schließlich liebte er sein Chaosweib ja von ganzem Herzen. Sie war seine absolute Traumfrau, obwohl sie eigentlich genau das Gegenteil von ihm war und sie oftmals viele Diskussionen hatten, weil sie beide so verschieden waren.

Kleiner Rückblick:
Damals, als Tatjana sich von ihrem langjährigen Freund getrennt hatte, weil er sie mit einer anderen betrog, wollte sie eigentlich so schnell keinen Mann mehr an ihrer Seite

haben. Tatjana hatte die Nase bis oben gestrichen voll, doch Katrin, ihre beste Freundin, hatte da so einen Plan, von dem Tatjana noch nichts ahnte. In ihrem Freundeskreis war so ein schnuckeliger, netter Typ, den sie sich für Tatjana sehr gut vorstellen konnte, Lars Sandberg, ein großer Mann mit bäriger Statur, dunklen Haaren, leicht gelockt, wunderschönen braunen Knopfaugen und einem verschmitzten Lächeln, worauf Tatjana ganz bestimmt stehen würde, so dachte Katrin, und so war es dann ja auch!

Sie lud ihre Freundin zu einem zu einem Hörkrimiabend nach Mannheim ins Planetarium ein. Lars hatte den Auftrag, die beiden Freundinnen und Tatjanas Bruder Chris bei Katrin mit seinem Auto abzuholen. Als Tatjana damals ins Auto einstieg, wurde Lars von ihrer Ausstrahlung und ihrem Duft, der an einem zarten Sommerwind erinnerte, ganz nervös. Der Abend endete in einer Cocktailbar in Frankfurt, gleich um die Ecke von Tatjanas damaliger Zweizimmerwohnung.

Lars begleitete Tatjana noch nach Hause und verabschiedete sich bei ihr mit einem Kuss auf die Wange, womit er sie sehr beeindruckte. Er hatte nicht sofort die Gunst der Stunde genutzt, um bei ihr im Bett zu landen. Die beiden verliebten sich noch an diesem Abend.

Am heutigen Abend um viertel nach acht klingelte es an der Haustür. Lars schlüpfte noch schnell in seine bequeme Jogginghose und empfing Chris, der strahlend mit einem riesengroßen Blumenstrauß in der einen Hand und einer Flasche Rotwein in der anderen an der Tür stand. Er hauchte Lars links und rechts ein Küsschen auf die Wange und tänzelte, als wäre er auf einem roten Teppich auf irgendeiner Hollywood-Gala, ins Wohnzimmer hinein, dabei hinterließ er im Flur eine süßliche Duftwolke, von der es Lars fast schwindelig wurde.

„Schatz, wo bist du? Dein Bruderherz ist da!", rief er durch das Haus.

Tatjana war noch im Bad und trocknete sich die Haare mit dem Handtuch ab, sie war mal wieder, wie immer, nicht rechtzeitig fertig geworden und hastete mit Bademantel und ihren warmen Fellpantoffeln aus dem Badezimmer in Richtung Wohnbereich.

„Hi Chris, schön, dich mal wieder zu sehen, nette Frisur, neu?" Tatjana lächelte und umarmte ihren Bruder herzlich. Die beiden verstanden sich meistens ganz gut, aber sie durften sich nicht zu oft sehen, sonst gab es irgendwann die üblichen familiären Diskussionen, weil Tatjana einfach immer das Gefühl hatte, dass sie das schwarze Schaf der Familie und Chris der absolute Liebling ihrer Mutter sei.

Er konnte sich einfach alles herausnehmen, und es wurde ihm immer verziehen.

Ihr Vater starb vor zehn Jahren an Krebs, mit ihm hatte sich Tatjana sehr gut verstanden, sie lagen auf gleicher Wellenlänge und hatten sich stundenlang über Gott und die Welt unterhalten können. Tatjana vermisste ihren Vater oft, sie fühlte sich von ihrer Mutter und ihrem Bruder nicht verstanden und auch nicht wirklich wahrgenommen. Mit Problemen konnte sie zu ihnen nicht kommen, sie hatten kein Ohr dafür, damit musste sich Tatjana abfinden, aber zum Glück hatte sie für so etwas ja ihre Freundin Katrin – und Lars.

Chris setzte sich auf das rote Sofa mit den vielen bunten Kissen und wartete auf seinen Begrüßungsprosecco. Tatjana zog sich ihren grün-braun gestreiften Nickihausanzug an und machte sich einen Turban um ihre noch feuchten Haare. In der Küche angekommen, in der noch das völlige Chaos aus Töpfen, Pfannen und Schneebesen herrschte, öffnete sie eine Flasche eisgekühlten Prosecco und füllte damit drei Sektkelche. „Schatz, soll ich dir helfen?", rief Lars ungeduldig.

„Nein, bin schon unterwegs!" Tatjana kam mit einem silbernen orientalischen Tablett, das sie vor zwei Jahren aus der Türkei mitgebracht hatte, auf dem die Sektkelche standen und eine italienische Vorspeisenplatte, ins Wohnzimmer gehastet. Sie setzte gerade ihre Lippen an das Glas mit dem eiskalten Prosecco, um einen großen Schluck zu genießen, da spürte sie einen ziehenden, krampfartigen Schmerz in ihrem Unterleib, sie musste sich setzen und den Bauch halten.

„Hey Schatz, was ist denn los mit dir?", fragte Lars besorgt.

Chris kam zu seiner Schwester und wedelte ihr Luft mit einer Zeitschrift zu. „Süße, verträgst du keinen Prosecco mehr?" fragte Chris ein wenig ironisch.

„Ich weiß auch nicht, ich hab solche Schmerzen im Unterleib und mir wird auf einmal heiß und kalt. Heute ist irgendwie nicht mein Tag, obwohl er vor acht Jahren der schönste meines Lebens war!"

Der Schock

Tatjana fiel in Ohnmacht und wachte erst ein paar Minuten später wieder auf, als gerade zwei Sanitäter mit einer Trage kamen und ihr eine Infusion legten. Tatjana zitterte am ganzen Körper und stellte mit Entsetzen fest, dass sie eine nasse Unterhose anhatte, und zwischen ihren Beinen lief das Blut. Lars hielt ihre Hand und hatte Tränen in seinen dunklen Teddybär-Augen.

„Was ist los mit mir, Lars?", hauchte Tatjana benommen.

Lars gab ihr einen Kuss auf die Stirn und erzählte ihr, dass sie in Ohnmacht gefallen sei. „Sie bringen dich ins Krankenhaus, Schatz. Der Arzt glaubt, dass du eine Fehlgeburt hattest."

„Aber ich bin doch noch nicht mal schwanger gewesen!" Tatjana flossen die Tränen. „Wie kann das sein?"

„Wann war Ihre letzte Periode, Frau Sandberg?", fragte der Notarzt.

„I… ich glaube vor acht Wochen oder so, ich hab meine Periode sehr unregelmäßig, außerdem versuchen wir schon seit fünf Jahren, ein Baby zu bekommen, und ich hatte schon verschiedene Therapien deswegen ausprobiert …" Tatjana schluchzte und wischte sich ihre Tränen ab.

„Bitte beruhigen Sie sich jetzt erst mal, Frau Sandberg. Wir bringen Sie jetzt in die Notaufnahme der Frauenklinik und untersuchen Sie gründlich, dann wissen wir mehr. Ihr Mann wird Sie sicherlich begleiten, oder?" Der Notarzt schaute Lars fordernd an, um eine Antwort zu bekommen.

„Ja, selbstverständlich fahre ich mit."

Chris mischte sich gleich ein. „Ja, ich natürlich auch, ich bin ihr Bruder und möchte wissen, was los ist. Oh Gott, wie schrecklich, ich rufe gleich Mum an, Süße!"

„Nee, lass mal gut sein, Chris!", bestimmte Lars. „Sie braucht jetzt nicht noch mehr Aufregung. Ich sag dir Bescheid, wenn du eure Mutter benachrichtigen kannst!"

„Na gut, wenn du meinst", kam die beleidigte Antwort von Chris zurück.

Lars konnte Chris nicht mehr ganz so gut leiden, als er einmal einen heftigen Familienstreit mitbekommen hatte, in dem Tatjana Schuld zugewiesen bekam, obwohl sie keineswegs schuldig war.

Tatjanas Familie hatte die Angewohnheit zu schwindeln, ohne mit der Wimper zu zucken, und wenn sie dann dabei erwischt wurden, schoben sie alles auf die anderen, die überhaupt nichts damit zu tun hatten. Lars hasste diese Eigenart und wunderte sich schon lange, dass Tatjana gutmütig immer wieder darauf hereinfiel. Da Lars seine Frau liebte, konnte er Chris diese Lügengeschichten nicht so einfach verzeihen. Tatjana zuliebe machte er oft gute Miene zum bösen Spiel, nur immer gelang ihm das natürlich auch nicht.

„Ich liebe dich, mein Schatz! Mach dir keine Sorgen, wir schaffen das schon!" Lars versuchte, Tatjana im Notarztwagen ein beruhigendes Lächeln zu schenken, und strich über ihre Haare.

Doch Tatjana kannte ihren Lars sehr gut und sah in seinen Augen Angst und Besorgnis, sie fühlte sich auf einmal so schuldig und hilflos. Warum musste ihr das Leben solch einen miesen Streich spielen, hat sie nicht immer gekämpft und geglaubt, gehofft und positiv gedacht? Sie wollten doch schon so lange zusammen ein Kind, und jetzt hätte es fast geklappt … Warum das alles? „Was habe ich verbrochen? Bin ich so ein schlechter Mensch?" Selbstzweifel quälten Tatjana.

Sie begann sogar, an Gott und ihrem Erzengel Michael zu zweifeln, an die sie sonst so fest glaubte.

Wird Lars sie jetzt noch lieben und sie als eine vollwertige Frau ansehen können? Tatjana wollte in diesem Moment nur noch sterben. Es war alles so furchtbar sinnlos geworden!

„Wie soll es jetzt weitergehen?", dachte sie verzweifelt.

Als sie im Krankenhaus ankamen, wurde sie gleich vom zuständigen Frauenarzt untersucht.

Lars blieb immer an ihrer Seite und hielt Tatjanas Hand, er wusste nicht, wie er ihr sonst helfen sollte, und war sehr besorgt. Er betete sogar, obwohl er nicht sehr religiös eingestellt war.

„Sehen Sie es doch einfach mal positiv, Frau Sandberg, es hätte ja fast geklappt, oder?" Der Arzt lächelte zu seinem klugen Spruch und Tatjana fuhr innerlich die schärfsten Krallen aus, die eine Raubkatze haben konnte, wenn sie ihrem Feind die Augen auskratzen wollte. „Sie müssen noch zwei Tage zur Kontrolle und Beobachtung hierbleiben, die Frucht war schon etwas länger abgestorben, es hätte also wirklich nichts daraus werden können, aber beim nächsten Mal bestimmt", beteuerte der weise Mann.

„Ach, das ist aber sehr freundlich, das sie sooo … viel Verständnis für mich haben, Herr Doktor!", krächzte Tatjana ziemlich überspitzt.

„Meine Frau und ich wünschen uns schon so lange ein Baby, wissen Sie, Herr Doktor Bender?"

„Ja, ich weiß, das ist alles nicht so einfach mit dem Kinderkriegen." Dr. Bender schaute nervös auf seine Armbanduhr und verabschiedete sich mit einem feuchten Händedruck und den Worten, dass er morgen früh bei der Visite noch mal einen Blick auf Tatjana werfen würde.

Endlich waren sie allein. Tatjana starrte an die weiße Wand, es roch nach Desinfektionsmittel und Krankenhaus. Sie hasste diesen sterilen Geruch und diese weißen Wände, einfach alles hier.

Tatjana wollte heim in ihr kuscheliges, bunt geblümtes Flowerpower-Bett, die Decke über ihren Kopf ziehen und erst in 100 Jahren wieder erwachen.

Plötzlich kam Chris herein, völlig überdreht und laut polternd. „Oh, hallo Schwesterlein, wie geht es dir? Du Arme! Sei nicht so frustriert, das tut deiner Haut gar nicht gut. Du bekommst sonst 1000 Falten, meine Süße!"

Tatjana hätte ihren Bruder am liebsten auf den Mond geschossen, ohne Rückfahrkarte. Wie konnte er sich jetzt Gedanken wegen ein paar dämlichen Falten machen?

Das war wieder einer der Momente, in denen sie sich wünschte ein Einzelkind zu sein. Chris war dann auch nur zehn Minuten zu Besuch, er konnte die sterile Krankenhaus-Atmosphäre nicht lange ertragen und musste so schnell wie möglich wieder in seine Glitzerwelt, in der alle Menschen nur oberflächliche Gespräche führten, gestylt herumliefen und sich in ihrer eigenen Selbstlosigkeit badeten.

Tatjana konnte mit dieser Art Leben nicht viel anfangen, somit war sie auch froh, dass ihr Bruder bald wieder ging.

„Lars, ich will nach Hause, bitte nimm mich mit!", wimmerte sie, als Lars sich langsam verabschieden musste. Sie weinte so sehr, dass sie kaum noch Tränen hatte.

Lars umarmte sie fest und liebevoll, sodass sie seinen Herzschlag hören konnte, es pochte sehr schnell.

Tatjana hörte mit einem Mal schlagartig auf zu weinen und küsste Lars so leidenschaftlich, dass er kaum noch Luft holen konnte. Sie wollte jetzt für ihn stark sein, das hatte er verdient, sie liebte ihn so sehr und wollte ihn nicht beunruhigen. Sie wusste, wie sehr sich auch Lars ein Kind wünschte, aber er zeigte seine Enttäuschung nicht, er wollte es Tatjana nicht noch schwerer machen.

„Gib Gregor noch einen Kuss von seiner Katzenmama, ich vermisse jetzt schon sein sanftes Schnurren, und lass ihn wissen, dass ich nicht mehr sauer wegen heute Mittag bin."

Tatjana küsste Lars noch einmal liebevoll und wünschte ihm eine gute Nacht. Sie musste sich sehr zusammenreißen, um nicht wieder anzufangen mit dem Heulen.

Irgendwann geht es weiter

Am nächsten Morgen um fünf Uhr kam die Stationsschwester herein mit einem lauten „Guten Morgen, die Damen!" Neben Tatjana lag noch eine sehr nette, ältere Dame, die schon 95 Jahre alt war, aber geistig noch sehr fit, und obendrein die reinste Optimistin, das war für Tatjana sehr gut.

Die Dame erinnerte sie an ihre Großmutter väterlicherseits, die leider schon im Himmel mit den Engeln Tango tanzte. Diesen Spruch pflegte sie kurz vor ihrem Tode Tatjana zu sagen, um sie noch mal lachen zu sehen. Sie war ein sehr herzlicher Mensch gewesen, der viel Wärme ausstrahlte.

„Was wollen sie trinken, Frau Sandberg, Pfefferminztee oder Kaffee?", fragte die Krankenschwester in einem sächsischen Dialekt.

„Haben Sie auch Prosecco im Angebot? Kleiner Scherz am Rande, aber mein niedriger Blutdruck könnte jetzt ein Gläschen gebrauchen!" Tatjana wurde durch die freundliche Art ihrer Bettnachbarin wieder ein wenig munterer. Während sie frühstückten, unterhielten sie sich angeregt. Tatjana war beeindruckt, was Gretel, so war der Name der älteren Dame, in ihren langen Lebensjahren schon alles erlebt hatte, viele Glücksmomente, aber auch viel Leid, trotzdem, oder vielleicht auch gerade deswegen, hatte Gretel eine unwahrscheinlich positive Ausstrahlung.

Um neun Uhr klingelte das Telefon bei Tatjana. „Hallo, ich bin's, guten Morgen, mein Schatz. Konntest du etwas schlafen?", fragte Lars.

„Ja, es ging, hab eine halbe Leck-mich-am-A...-Tablette genommen und hatte dann einen echt guten Trip!"

„Oh, ich höre, du hast wieder ein wenig Humor, das freut mich." Lars war erleichtert, er hatte sich schon ausgemalt, dass Tatjana in Depressionen verfallen könnte, doch diese versuchte, ihrer Traurigkeit keinen Platz einzuräumen, sie wollte keineswegs in ein tiefes Loch fallen, sie war schon immer „posimistisch." Tatjana erfand gern schräge Wörter.

Am späten Nachmittag kam Tatjanas Mutter mit einem Strauß Blumen und in einer Wolke süßen Parfums ins Krankenhaus „Sie nimmt wohl den gleichen Duft wie Chris", dachte Tatjana.

Gott sei Dank war das Fenster gerade auf zum Lüften, der Geruch war jedenfalls sehr aufdringlich und kaum zu ertragen. „Na du, was machst du denn für Sachen? Ich dachte, du könntest gar nicht schwanger werden!" Das waren die ersten Worte von Tatjanas Mutter. Sie drückte ihr den Blumenstrauß in die Hand und streichelte ihr roboterartig kurz über den Arm. „Wie konnte denn das auf einmal passieren?", fragte sie vorwurfsvoll.

„Vielleicht hat mich ja der Heilige Geist geschwängert!", motzte Tatjana zurück. „Bin ich vielleicht Jesus? Kann ich übers Wasser rennen? Mein Gott, Mutter, was Besseres fällt dir wohl jetzt auch nicht ein? Mir geht es total scheiße, und du willst mir noch Vorwürfe machen!", regte sich Tatjana auf, ohne Luft zu holen. Sie merkte, dass sie ganz heiße Wangen bekam und ihre Halsschlagader stark zu pulsieren begann.

„Jetzt reg dich nicht auf, soll ich besser gehen und dich morgen Abend mal anrufen? Ich wusste ja nicht, wie sehr deine Hormone Karussell fahren! Heutzutage ist es sowieso besser, keine Kinder zu bekommen, du siehst ja, wie schwierig das mit den Ausbildungsplätzen ist und wie viele dicke Kinder es gibt." Tatjanas Mutter steigerte sich wieder in ein negatives Weltbild hinein, ohne Punkt und Komma, dann verabschiedete sie sich mit den Worten: „Wird schon wieder, am besten, du fährst mal ein paar Tage mit Lars weg, vielleicht in ein Wellnesshotel, mit ayurvedischer Massage. Da kann ich euch ein schönes Hotel in Bad-Kreuznach empfehlen, Günther und ich waren auch schon dort, einfach traumhaft!" Tatjana stellte ihre Ohren auf Durchzug und nickte nur monoton, bei dem Namen „Günther" wurde sie fast ein bisschen hysterisch. Günther war der neue Lebenspartner ihrer Mutter.

Sie hatte ihn ein Jahr nach dem Tod von Tatjanas Vater kennengelernt.

Günther war einer von der Sorte Mann, die sich ständig selbst groß machen mussten, um ihre Unsicherheit zu verbergen, außerdem hatte er die schlechte Angewohnheit, immer wieder andere Menschen zu beleidigen. Einmal benahm er sich vor vielen Menschen auch Tatjana gegenüber daneben und wies auf ihre Narbe am Kinn hin. Lars war so sauer auf ihn, dass er ihn sich zur Seite nahm und ihm mit einem Lächeln erklärte, dass er wohl unter einer Profilneurose leiden würde. Somit waren die Fronten geklärt, und sie gingen sich seitdem, soweit es möglich war, aus dem Weg.

Tatjana war froh, als ihre Mutter ging, sie holte tief Luft und wählte die Nummer von Katrins Büro.

„Hi Kati, weißt du schon Bescheid?", meldete sich Tatjana und erzählte ihr kurz, dass sie im Krankenhaus läge.

„Ja, ich hab es vor einer Viertelstunde von Lars erfahren, wollte dich auch gerade anrufen!", antwortete Katrin besorgt. „Ich würde gern in meiner Mittagspause zu dir kommen, ist dir das recht?"

„Ja, bitte, ich brauche ein paar aufbauende Worte, meine Mutter war gerade da, du weißt ja wie sie ist!"

„Tati, bleib ganz cool, ich bring uns einen Piccolo und deine Lieblingspralinen mit, und dann schwatzen wir, okay?"

„Danke, bis dann!" Tatjana legte erleichtert den Hörer auf und freute sich auf den Besuch ihrer besten Freundin. Sie hatten sich damals im Sandkasten im Alter von fünf Jahren kennengelernt und waren seitdem unzertrennlich. Tatjana war froh, so eine Freundin wie Kati zu haben, sie waren immer füreinander da.

Wie abgemacht, stand Katrin um Punkt fünf Minuten nach zwölf an Tatjanas Krankenbett mit einem eisgekühlten Piccolo und den Lieblingspralinen ihrer Freundin. „Hi meine Arme, erzähl mal, wie geht es dir?", fragte Katrin.

„Tja, wie einem ausgebluteten Lamm vielleicht, oder so ähnlich!", versuchte Tatjana zu witzeln, um die ernste Situation zu entschärfen. Sie tranken – ratzfatz – das kleine Fläschchen leer und Tatjana verhaftete dabei die halbe Pralinenschachtel. Sie klagte Katrin ihr Leid, und Katrin versuchte, ihre Freundin zu trösten, so gut sie das konnte, indem sie Tatjana an die bald bevorstehende Reise nach Norwegen erinnerte. Dazu schenkte Katrin ihr noch Konzerttickets, die sie ihr eigentlich erst an ihrem Geburtstag überreichen wollte. Tatjana freute sich riesig über die Karten.

In diesem Moment kam der Arzt herein, er wollte noch einmal nach seinem „Sorgenkind" schauen, wie er so schön sagte.

„Schönen guten Tag, Frau Sandberg, wie geht es Ihnen heute? Sind die Hormone wieder am richtigen Plätzchen?", grinste Dr. Bender, was Tatjana nicht gerade als witzig empfand.

„Sagen Sie mal, könnten Sie mich heute schon entlassen? Ich kann mich in dieser Atmosphäre hier wirklich nicht erholen, bei diesem ironischen Humor schon gar nicht!", protestierte Tatjana.

„Aber Frau Sandberg, wer wird denn gleich so aus dem Häuschen fahren?" Dr. Bender schaute über seinen Lesebrillenrand auf Tatjana herab. „Ich denke, noch eine Nacht zur Beobachtung wäre ganz gut, und dann dürfen sie sich zu Hause erholen, solange sie es brauchen."

Katrin schaute Tatjana mitleidig an und musste dann das Zimmer verlassen, weil Dr. Bender Tatjana noch untersuchen wollte. Die Mittagspause war sowieso vorbei, und so verabschiedete sie sich gleich mit einer dicken Umarmung. „Ich ruf dich gegen Abend noch mal an!", versprach sie Tatjana.

Wieder zu Hause

Der Krankenhausaufenthalt war endlich vorbei, und Tatjana musste nur noch eine Woche zu Hause bleiben und nicht zur Arbeit gehen, weil sie nicht schwer heben durfte und die Blutungen erst aufhören sollten. Zu Hause angekommen, Lars hatte sie vom Krankenhaus am Morgen abgeholt, legte sich Tatjana auf ihr rotes Sofa und schmuste erst einmal ausgiebig mit ihrem Katerchen Gregor, der schnurrte, was das Zeug hielt, und Tatjana über die Nase leckte. Lars musste dann leider wieder zur Arbeit, er hatte noch sehr viel zu tun und verabschiedete sich mit einem schlechten Gewissen. Er fragte Tatjana, ob er ihr noch etwas bringen könne, aber sie war so weit vorerst versorgt und wollte Lars außerdem nicht noch mehr zur Last fallen. Jetzt erst kam sie dazu, noch einmal alles, was in den letzten zwei Tagen passiert war, wie einen Film in ihrem Kopf abzuspielen. Es machte sie richtig wütend, dass sie ihr Baby verloren hatte, sie wünschte sich doch schon so lange ein Kind.

Nach mehreren Stunden grübeln und heulen fasste sie einen Entschluss. Es musste einfach weitergehen, und zwar nur noch nach vorn. Sie wollte das alte „Tatjana-Modell" abstreifen und ein neues, aufregendes anziehen, sie bekam auf einmal eine ungeheure Lust, wegzufahren, neue Menschen, Eindrücke und Kulturen kennenzulernen. Außerdem hatte sie da noch einen großen Wunsch, seit ihrem fünfzehnten Lebensjahr, sie wollte Morten Harket persönlich kennenlernen! „Warum soll das eigentlich nicht klappen?", dachte Tatjana und war fest entschlossen, ihren Wunsch in die Realität umzusetzen. Dieser Mensch faszinierte sie einfach, sie hatte das Gefühl, auf einer Wellenlänge mit ihm zu sein, obwohl sie ihn noch nie privat getroffen hatte.

Tatjana Sandberg hatte oft solche Intuitionen. Katrin war das manchmal suspekt, sie konnte mit derartigen esoterischen Vorahnungen nichts anfangen. Tatjana wünschte sich ganz fest beim Universum, Morten zu treffen, mit ihm zu reden und zu philosophieren, und dass das geschehen würde, daran glaubte sie. Kurz drauf rief sie bei Kati im Büro an. „Hallo Kati, du, kannst du mir Backstage-Karten für Oslo besorgen? Ich muss ihn unbedingt sehen und mit ihm reden."

„Hi Tati, bist du schon daheim? Ääh … wie Karten, du meinst für Mortilein? Okay, ich versuche auf jeden Fall mein Glück! Was sagt Lars dazu? Ist er denn nicht eifersüchtig?", fragte Katrin erstaunt. Aber sie kannte ihre Freundin, was die sich in den Kopf gesetzt hatte, war schwer wieder aus ihr heraus zu bekommen.

Tatjana googelte Morten wieder mal nach dem Telefonat, sie wollte alles, was sie finden konnte, über ihn wissen. Mit Lars würde sie erst mal nicht darüber reden, er könnte das gar nicht nachvollziehen.

Tatjana brauchte jetzt eine Ablenkung, ein neues Ziel, um loszulassen, was sie schon längst verloren hatte – ihr Baby!

Lars kam gegen 18 Uhr müde vom Büro nach Hause und gab seiner Frau einen liebevollen Kuss.

„Hi, wie war dein Tag auf der Arbeit?", fragte Tatjana noch etwas verschlafen, den Block, auf dem die Notizen über Morten waren, noch fest mit ihren Armen umschlungen.

„Na, was hast du denn da geschrieben? Einen Liebesbrief an mich?", fragte Lars neugierig. Doch das hätte er besser nicht gefragt.

Denn nun musste Tatjana doch von ihren Plänen berichten. Sie wollte Lars nicht anlügen.

Schließlich kam es zu einem Streit. Lars wusste zum einen nicht, dass Tatjana vorhatte, im September mit Kati und dem Wohnmobil von deren Eltern nach Norwegen zu fahren, noch wusste er von dem Solo-Konzert von Morten in Oslo. Als er die Notizen sah und Tatjana ihm erklärte, dass sie unbedingt mit Morten Harket zusammentreffen wollte, verstand Lars die Welt überhaupt nicht mehr.

„Tatjana, was ist eigentlich los mit dir? Wir haben gerade unser Baby verloren, und du rennst einem Jugendtraum hinterher. Was versprichst du dir bitte davon?", schimpfte Lars mit Tatjana.

„Ach, du verstehst das nicht, das war mir ja so was von klar. Ich muss eben auch damit fertig werden und suche einfach einen Weg, um herauszukommen aus diesem Albtraum!", zickte Tatjana böse zurück.

„Aber das ist doch keine Lösung, das ist pubertäres Weibergeschwätz. Du wirst in vier Tagen 36 Jahre alt, Schatz, wach auf, und versuche lieber, etwas Sinnvolles zu machen!", versuchte Lars verzweifelt, auf sie einzureden, doch er merkte, dass er keine Chance hatte gegen diesen Dickschädel, den Tatjana übrigens zweifellos von ihrem Vater geerbt hatte.

Sie ging, ohne ein Wort zu sagen, ins Schlafzimmer und hörte Musik auf ihrem Mp3-Player, natürlich MORTEN!

Tränen liefen ihr über die Wangen bei ihrem Lieblingslied „With you with me." Sie wollte Lars auf keinen Fall verlieren, aber sie musste wenigstens EINEN Traum in ihrem Leben verwirklichen. Sie wollte vergessen, was geschehen war. Warum konnte das Lars nicht verstehen?

Sie liebte ihn doch, das musste er doch spüren! Was war denn nur in den letzten Tagen geschehen?

War das die Magie ihres bevorstehenden 36. Geburtstags? „Scheiß Magie!", schluchzte sie in sich hinein. „Ich will gar keinen Geburtstag haben!"

Mit diesem Satz schlief sie ein. Am nächsten Morgen stand Lars mit ihrem Lieblingstee vor dem Bett an Tatjanas Seite. „Guten Morgen, Schatz! Sorry, wegen gestern, war angespannt und verstehe immer noch nicht, was du bezweckst mit deinen Plänen! Aber tu, was du nicht lassen kannst, ich will dir nicht im Weg stehen, dafür liebe ich dich zu sehr!" Lars warf ihr bei diesen Worten einen traurigen Blick zu.

„Oh Lars, du bist so süß! Danke … Ich liebe dich so sehr!", brachte Tatjana mit weinerlicher Stimme hervor. Sie umarmten sich beide und küssten sich dabei leidenschaftlich.

Lars streichelte Tatjana über ihre langen braunen Haare und küsste ihre Brüste.

Er hätte am liebsten mit ihr geschlafen, aber er wusste, dass es noch zu früh dafür war, wegen der Blutungen. Tatjana flüsterte mit heiserer Stimme in Lars' Ohr: „Bald holen wir alles nach, mein Liebster, das wird ein Feuerwerk, das verspreche ich dir!"

Der magische Moment

Es war Samstag, morgens um neun Uhr klingelte das Telefon. Tatjana quälte sich aus dem Bett und nahm den Hörer von der Ladestation.

„Happy Birthday to you …", versuchte Chris, ihr ins Telefon zu hauchen, sollte wohl wie Marilyn Monroe klingen.

„Danke, hast mich gerade aus einem süßen Traum herausgerissen, Bruderschmer… ääh …herz!", gähnte Tatjana in den Hörer hinein.

„Ojemine, das tut mir leid, aber ich wollte der Erste sein, der dir gratuliert, meine Süße!", quietschte Chris mit schriller Stimme am anderen Ende.

Tatjana hielt den Telefonhörer von ihrem Ohr ab, sonst hätte sie wahrscheinlich nach dem Gespräch ein Hörproblem gehabt, bei diesen schrillen Tönen. „Warum müssen homosexuelle Männer oft so eine fiepsige Stimme haben?", dachte Tatjana genervt, aber sie freute sich natürlich trotzdem über den Anruf und beklagte sich nicht länger. Chris wollte nach der Arbeit auf ein Gläschen Prosecco vorbeikommen, um mit seinem Schwesterherz anzustoßen. Außerdem hatte er die Idee, noch ein paar Freunde mitzubringen, so als Stimmungsbomben, doch das fand Tatjana wiederum nicht so prickelnd und versuchte, das ihrem Bruder auszureden, aber dieser hatte so seine Prinzipien.

Kurz nachdem sie den Hörer aufgelegt hatte, klingelte es schon wieder. Tatjana überlegte kurz, ob sie überhaupt drangehen sollte. „Tatjana Sandberg, hallo", meldete sie sich.

„Guten Morgen und herzlichen Glückwunsch zu deinem … wie alt wirst du gleich …?", krächzte Tatjanas Mutter, sie telefonierte wohl wieder mit dem Handy und fuhr dabei Auto mit lauter Opernmusik im Hintergrund.

„Rate mal, eigentlich müsstest du es ja am besten wissen, wie alt ich werde, jedenfalls ein Jahr älter als letztes Jahr!", meckerte Tatjana enttäuscht zurück, doch das ignorierte ihre Mutter, denn sie war so sehr auf den Autoverkehr konzentriert, dass sie um sich herum kaum etwas wahrnahm.

„Tja, das ist so eine Sache mit dem Telefonieren beim Autofahren …", dachte Tatjana. War ja nicht ohne Grund verboten! Tatjana wurde schon einmal dabei erwischt, obwohl sie nicht oft im Auto telefonierte, ihre Mutter führte eigentlich ihre ganzen Telefonate hinter dem Steuer und hatte immer Glück, hatte noch keinen Strafzettel bekommen.

„Ich komme am Nachmittag mal für ein Stündchen vorbei und bring dir dein Geschenk, also bis dann!", kreischte Tatjanas Mutter hektisch am anderen Ende.

Tatjana hatte überhaupt keine Chance zu antworten und ging nach dem Telefonat verärgert zu Lars ins Schlafzimmer zurück, der in der Zwischenzeit schon Kerzen im ganzen Raum angezündet hatte, Tatjanas Lieblings-Duftkerzen, auf einem silbernen Tablett hatte er zwei Sektkelche mit Champagner gefüllt, dazu servierte er schwedische Daimtorte.

Tatjana war so überrascht, dass sie sprachlos glücklich vor Lars stand, mit Freudentränen im Gesicht.

Nachdem Lars ihr noch ein Geburtstagsliedchen gesungen hatte, umarmte sie ihn, voller Rührung und bedankte sich. „Vielen herzlichen Dank, das ist traumhaft, wenigstens einer hier, der es versteht, mir eine Freude zu bereiten!", schluchzte Tatjana.

„Na, war das deine Mutter am Telefon?", wollte sich Lars vergewissern und wurde zornig, als er hörte, wie sie wieder mit Tatjana umgegangen war. Sie schaffte es immer wieder, ihre Tochter zu verletzen, indem sie sie nicht wirklich wahrnahm. „Reg dich nicht auf, diese Frau wirst du nie ändern!", versuchte Lars, seine Tatjana zu beruhigen und umarmte sie liebevoll. Er legte die Lieblings-CD von Morten ein und sie tanzten eng umschlungen durch ihr Schlafzimmer. Lars fing an, Tatjana sanft am Hals mit seiner Zunge zu liebkosen, denn darauf fuhr sie als Vampirliebhaberin total ab, dann streifte er ihr weißes Seidenhemdchen über ihre Brüste und … Tatjana wurde auf einmal ganz heiß.

„Das war das schönste Geschenk heute, etwas Besseres kann gar nicht mehr kommen, mein Liebster!", lächelte Tatjana später entspannt.

„Was magst du heute eigentlich noch anstellen?", fragte Lars neugierig.

„Nichts!", erwiderte Tatjana entschlossen. Aber sie wusste auch, dass sie keine Chance hatte, nichts zu tun, denn ihr Bruder und ihre Mutter wollten ja auf jeden Fall vorbeikommen, obwohl Tatjana liebend gern darauf verzichtet hätte. Also beschloss sie, ein paar Bleche Pizza zu backen und eine italienische Vorspeisenplatte zu zaubern. Lars kam in die Küche, um ihr zu helfen, das machte er oft, er liebte es zu kochen, besonders nach gutem Sex war er sehr kreativ. Tatjana war froh, dass ihr Mann im Haushalt alles selbst erledigen konnte und nicht so ein Pascha war wie viele Männer. Manchmal war sie fast schon ein bisschen neidisch auf ihn, weil er alles so perfekt hinbekam – im Gegensatz zu ihr, sie hinterließ eigentlich überall Chaos!

Morten in Lebensgröße

Gegen 17 Uhr klingelte es, Tatjanas Mutter stand mit einem bunten Blumenstrauß und einem Päckchen vor der Haustür. „Hallo ihr beiden, was riecht denn hier so gefährlich lecker? Also, ich werde nichts essen, bin gerade auf Diät ... würde dir auch ganz guttun, oder?"

Tatjanas Mutter hatte die furchtbare Angewohnheit, wie ein Elefant im Porzellanladen überall herumzustampfen, sie nahm keine Rücksicht auf irgendetwas oder irgendwen. Außerdem hatte gerade sie es nötig, über Tatjanas Figur Kommentare abzugeben! Sie selbst war eher ein wenig pummelig und kämpfte schon immer mit ihrem Gewicht. „Also, hier dein Geschenk, gratuliert habe ich dir ja schon heute Morgen am Telefon!"

Tatjana packte das Päckchen aus und bereute das sofort, als sie den Inhalt erblickte. Es war ein Diätbuch mit 1000 Rezepten, dazu ein Magermilch-Pulvergetränk mit Vanillegeschmack und eine Digitalwaage. „Was soll ich denn damit, Mutter", nörgelte Tatjana empört. „Ich will keine Diät machen! Ich fühle mich wohl, so wie ich bin", log Tatjana, denn sie wollte jetzt auf keinen Fall zugeben, dass sie eigentlich gern mal zehn Kilo abnehmen wollte, bevor sie im September nach Norwegen fuhr, und das war ja schon in zwei Monaten.

„Ach klar, das kannst du gebrauchen! Welche Frau macht denn keine Diät heutzutage! Sei übrigens froh, dass du nicht schwanger bist, stell dir nur vor, was du nach der Schwangerschaft erst abnehmen müsstest!", antwortete ihre Mutter rücksichtslos.

Lars mischte sich jetzt doch mal ein und sagte: „Renate, ich glaube, das ist genug für heute. Tatjana braucht keinen Diätquatsch. Ich liebe sie mit jedem Pfund, sie ist eine wunderbare, attraktive Frau und sehr weiblich mit ihren Kurven!"

Daraufhin verließ Tatjanas Mutter beleidigt das Haus, sie verabschiedete sich nur kurz von ihrer Tochter und nahm das Geschenk wieder mit.

Tatjana schloss die Tür hinter ihr und schnaufte erst mal durch. Wie konnte man nur so taktlos sein wie ihre Mutter?, überlegte sie. Sie wollte gerade Lars den Vorschlag machen, mit ihr gemütlich essen zu gehen und die Party ausfallen zu lassen, da klingelte es schon wieder an der Tür. Tatjana machte zögernd auf und blickte Morten – in Form eines lebensgroßen Starschnitts aus dem Jahre 1986 – in die Augen. Kati stand dahinter und hielt das Riesenposter mit den Armen hoch.

„Happy Birthday!", kicherte Kati, sie überreichte Tatjana einen Umschlag und grinste dabei. Sie hatte ihr noch zusätzlich zu den Konzerttickets die Backstagekarten organisieren können.

„Oh Gott, du bist ja so was von süß!", bedankte sich Tatjana und umarmte Kati fest. „Du hast mich mal wieder gerettet, meine Mutter war da und hat auf's Übelste genervt!"

„Ich kann's mir denken, brauchst mir gar nichts erzählen, ich weiß ja, wie sie ist." Katrin konnte es kaum erwarten, dass ihre Freundin endlich den Umschlag aufmachte.

Tatjana schrie hysterisch vor Freude, als sie zwei Backstagekarten für das Morten-Harket-Konzert in Oslo aus dem Umschlag herausnahm.

Lars verdrehte die Augen und wusste gerade nicht, ob er sich mitfreuen sollte.

„Am 20. September ist es soweit, Kati! Nicht mehr lange …!"

„Wie hast du das nur wieder angestellt …?", fragte Tatjana neugierig.

„Na ja, mein Chef hat Connections, und er mag mich, vielleicht, weil ich ein blonder Engel bin?", kicherte Katrin.

Tatjana umarmte Lars und fragte ihn, ob er jetzt sehr sauer wäre, wenn sie nach Oslo fahren würde, er gab ihr keine Antwort, sondern kniff ihr in den Allerwertesten.

„Wenn es dich sooo glücklich macht, du Hexe!" So nannte er sie gern, wenn er sich nicht sicher war, ob er auf Tatjana sauer sein sollte oder nicht. Lars holte eine eisgekühlte

Flasche Sekt und köpfte sie. Dann tranken sie in Ruhe ein Gläschen, bevor Chris mit seinen Freunden auftauchen und es sich dann nur noch alles um ihn drehen würde.

Die Party

Chris stand eine halbe Stunde später mit zwei Freunden, die natürlich auch schwul waren, und seiner neuen Arbeitskollegin vor der Tür.

„Noch mal alles, alles Gute, meine Süße! Lass dich umarmen und knutschen, Schwesterherz! Kaum zu glauben, dass du schon 36 Jahre alt geworden bist", flötete Chris und hauchte Tatjana links und rechts einen Kuss auf ihre Wangen. „Das hier sind Robert und Dennis, meine besten Freunde, und hier ist Sandy, meine neue Kollegin am Theater, eine ganz süße Maus, oder?", fragte Chris in die Runde.

Robert und Dennis sahen genau wie Chris sehr aufgestylt aus, solariumgebräunt, muskulös und sie dufteten nach Parfüm wie eine ganze Parfümerie. Sie schüttelten Tatjana mit sanftem Druck die Hand.

Chris schenkte seiner Schwester einen Gutschein für einen Wellness-Oasen-Tag in seiner Lieblings-Schönheitsfarm, mit allem Schnickschnack. „Schließlich musst du jetzt aufpassen, dass du nicht zu viele Fältchen um die Augen bekommst, meine Liebe!", erklärte Chris seiner Schwester.

„Na, prima!", dachte Tatjana. „Meine Familie ist ja sehr besorgt um mein Äußeres, ich muss ja schlimm aussehen, wenn ich ein Diätbuch und einen Gutschein für Gesichtsmasken geschenkt bekomme."

Sie quälte sich schließlich ein Lächeln ab, um nicht noch einen Streit zu provozieren, und begrüßte Sandy, die ihr eine teure Flasche Champagner überreichte. Als Lars auf der Terrasse dazu stieß und Sandy sah, begrüßte er sie etwas stotternd: „D…du … hier, Sandra Mayer?"

„Ihr kennt euch?", fragte Tatjana erstaunt und musterte Sandy gleich etwas genauer. Sie war etwa 1,70 groß, schlank, aber hatte trotzdem eine weibliche Figur, leicht gebräunte Haut, lange dunkelblonde Haare und ein auffallend hübsches Gesicht mit großen braunen, mandelförmigen Augen. Außerdem hatte sie einen guten Geschmack, was Mode anging, sie trug eine enge Jeanshose und eine weiße, fast durchsichtige Tunika, darunter einen weißen Spitzen-BH, der leicht durchschimmerte. Also schon ein Hingucker, stellte Tatjana etwas neidisch fest.

„Hi Lars, das ist ja 'ne Überraschung! Meine Güte, haben wir uns lange nicht mehr gesehen!", quietschte Sandy mit Tussi-Stimme.

„Was machst du denn so?", entgegnete Lars verlegen und räusperte sich.

„Ich arbeite am Theater, wie gesagt, als Maskenbildnerin, genau wie Chris!", erzählte Sandy total von sich eingenommen und mit überzogener Mimik. Die beiden kannten sich noch von der Schule und hatten sich fast 15 Jahre nicht mehr gesehen.

Lars war schwer beeindruckt von Sandy, was Tatjana natürlich gleich bemerkte. Sie wurde langsam ein wenig nervös und ging erst einmal ins Bad, um ein bisschen Lippenstift und Rouge aufzulegen.

Sie sprühte sich Parfum auf und schüttelte ihre lange Mähne vor dem Spiegel. Jetzt kam die Wölfin in ihr durch. „Ich lass mir doch nicht meinen Lars ausspannen", dachte Tatjana, als sie wieder auf die Terrasse zusteuerte. Sie stellte sich eng neben Katrin, um ihr ins Ohr zu flüstern, dass sie ziemlich genervt sei wegen dieser „Sandymaus". Katrin ging mit Tatjana in die Küche, um ungestört lästern zu können. „Hast du gehört, was für ne tussige Stimme sie hat?", gackerte Tatjana.

„Na ja, alles kann ja auch nicht an ihr perfekt sein, das wäre ja unfair, sie lispelt auch irgendwie!", gackerte Katrin zurück.

Die beiden tratschten über Sandy am laufenden Band wie zwei alte Waschweiber. Es machte ihnen richtig Spaß, und es tat ihnen mal wieder gut, so zu lästern; dabei hatten sie fast eine Flasche Sekt geleert. Katrin zog ihre hohen Schuhe aus, ehe sie sich noch den Fuß brach, sie konnte das Gleichgewicht bei diesem Alkoholpegel nicht mehr so gut halten. Lars und Sandy saßen auf der Terrasse mit einem Caipirinha im

Strandkorb und unterhielten sich über alte Zeiten. Das gefiel Tatjana, die ziemlich angeheitert war, überhaupt gar nicht. Katrin unterhielt sich mit den drei süßen Jungs, die zu ihrem Bedauern schwul waren, über die neuesten Trends in der Mode und flirtete sogar ein wenig mit Dennis, obwohl sie wusste, dass sie absolut keine Chance bei ihm hatte. Tatjana ging übel gelaunt in die Küche zurück, schenkte sich noch ein Glas Sekt ein und schob die Pizzableche in den Ofen, danach drehte sie „We'll never speak again" von Morten so laut auf, dass auch ihre Nachbarn etwas davon hatten, ob sie wollten oder nicht. Sie sang munter mit, während sie die Salatsoße mixte.

> …and all of us are broken
> and all of us in pain
> though some of us have spoken
> WE'LL NEVER SPEAK AGAIN

Irgendwann kam Lars in die Küche und umarmte Tatjana von hinten. „Hey, lass das, geh lieber wieder raus und kümmere dich um deinen Gast!", schnauzte Tatjana Lars an.

„Ist da jemand etwa eifersüchtig?", grinste Lars.

Das reizte Tatjana aber noch mehr, sie drehte sich ruckartig um, warf ihren Kopf in den Nacken und stolzierte extrem hüftwackelnd mit ihrem kurzen schwarzen Rock und den schwarzen Pumps, in die sie schnell wieder hineingeschlüpft war, nach draußen, Richtung Terrasse.

„Ich liebe dich, besonders wenn du so böse guckst!", rief ihr Lars hinterher, und das stimmte! Lars war absolut verrückt nach Tatjana, wenn er merkte, dass sie eifersüchtig wurde. Doch nun musste er aufpassen, dass Tatjana nicht noch explodierte, denn das könnte böse ausgehen, sie hatte sehr viel Temperament, besonders, wenn sie jemanden verteidigen wollte, den sie sehr liebte.

Also versuchte Lars einzulenken und hielt eine kleine Geburtstagsrede für seine Frau. „Liebe Freunde und Geburtstagsgäste, ich möchte keinen langen Vortrag halten. Ich wollte einfach nur etwas Wichtiges loswerden. Für mich ist Tatjana die absolute Traumfrau, auch wenn sie total ein Chaotenweib ist, aber sie ist wunderbar, ich liebe sie und all ihre Macken auch. Danke, Tatjana, dass du damals vor acht Jahren angerufen hast, um dich mit mir zu treffen!" Er küsste Tatjana nach der romantischen kleinen Rede und schenkte ihr noch einen wunderschönen Ring mit einem türkisfarbenen Stein. Den hatte Tatjana vor einem halben Jahr in Sizilien an einem Promenadenstand entdeckt, doch sie war damals zu geizig gewesen, 100 Euro dafür auszugeben. Lars war am nächsten Tag noch einmal dort vorbeigegangen und hatte ihn gekauft, aber er wollte ihr den Ring erst am Geburtstag schenken. Die Geburtstagsgäste klatschten und freuten sich mit Tatjana zusammen über die tolle Rede und das entzückende Geschenk. Tatjana hatte nun ein schlechtes Gewissen, weil sie Lars eben noch so vorwurfsvoll angezickt hatte.

Sie ging zu ihm, umarmte ihn stürmisch und flüsterte „Entschuldigung, Bärchen" in sein Ohr. Lars hatte ihr schon längst verziehen, eigentlich fand er es auch gar nicht so schlimm, dass Tatjana ein bisschen eifersüchtig war, denn sonst war er eher derjenige, der auf Tatjana aufpassen musste.

Sie war schließlich eine gut aussehende Frau mit viel Charme und Esprit. Sie konnte sich fast mit jedem unterhalten und hatte einen besonderen Witz, in dem was und wie sie es sagte. Sandy musste sich urplötzlich ganz schnell verabschieden, was Tatjana natürlich sehr bedauerte. Chris und seine zwei gut aussehenden Jungs wollten Sandy begleiten. Sie waren noch bei einer wichtigen Theaterparty eingeladen, bei der Herr von und zu und Frau so und so anwesend waren. „Ganz wichtige Menschen, die man unbedingt treffen musste als Frau von Welt", meinte Chris zu Tatjana, als er sich theatralisch verabschiedete. „Tschüssi, meine Liebe, es war entzückend und es hat lecker geschmeckt. Du musst mir unbedingt das Rezept von deiner Salatsoßenmixtur geben!"

Die Krise beginnt

Tatjana war froh, dass sie jetzt nur noch zu dritt waren. Katrin war seit einem Jahr solo und öfters mal abends bei Sandbergs zum Essen eingeladen. Lars machte das nichts aus, wenn die beiden von früheren Zeiten schnackten und meistens eine Flasche Sekt oder Rotwein dabei leerten.

Die Tage vergingen wie im Flug, und Tatjanas Geburtstag war jetzt schon wieder vier Wochen her.

Katrin und Tatjana gingen seit einigen Tagen abends walken, um eine bessere Figur machen zu können bei dem wichtigem Termin in Oslo. Tatjana fing nach ihrem Geburtstag sogar eine Diät an, sie wollte unbedingt zehn Kilo abnehmen, weil sie schließlich in ihre absoluten Lieblingsjeans passen wollte. Sie hatte sie zum letzten Mal vor acht Jahren angezogen, als sie Lars kennengelernt hatte. Er meinte damals, dass sie darin einen unheimlich „sexy Knackarsch" hätte.

Sie fieberte dem Konzerttermin immer mehr entgegen und freute sich wie ein kleines Mädchen über die Backstage-Karten. Lars empfand diese Sache mittlerweile als ziemlich nervend und fühlte sich auch ein wenig zurückgesetzt von seiner Frau. Es fing leicht an zu kriseln bei den beiden, ohne dass Lars und Tatjana es sich bewusst waren. An einem Abend kam es zu einem heftigen Streit, und Tatjana schlief für eine Nacht bei Katrin. Sie rief abends ihre Freundin an. „Hi Kati, bin total fertig! Kann ich heute Nacht bei dir schlafen?" Tatjana weinte in den Hörer hinein.

Als sie 20 Minuten später an Katis Haustür klingelte, bedankte sie sich mit einer Flasche Rotwein aus St. Emilion bei ihr. Katrin machte leise „Hunting high and low" an, holte die riesengroßen, bauchigen Rotweingläser aus der Vitrine und schenkte den Wein ein.

„So, jetzt trink erst mal einen guten Schluck und erzähl!", versuchte Katrin, ihre weinende Freundin zu beruhigen.

Tatjana berichtete, dass Lars sehr gereizt an diesem Abend von der Arbeit nach Hause gekommen war, gerade als sie in der Küche das Essen vorbereitete. Dabei hatte sie laut die neue CD von ihrem Lieblingsnorweger gehört und eifrig mitgeträllert. Das Erste, was Lars in den Sinn gekommen war, als er in die Küche gekommen war, war es gewesen, die Stereoanlage leise zu drehen.

„Was soll das denn?", schnauzte Tatjana ihn daraufhin an.

„Ich bin genervt, außerdem kann ich diese CD bald nicht mehr hören!", fluchte Lars.

Es gab plötzlich einen richtigen Vulkanausbruch aus Vorwürfen und hässlichen Beschimpfungen.

Lars war überhaupt nicht begeistert davon, dass Tatjana nur noch an diese Wohnmobil-Tour und das Konzert dachte. Er wollte seine Tatjana für sich haben und sie nicht mit einem norwegischen Sänger teilen. Er hatte Angst, seine Frau zu verlieren. Sie war nur noch mit sich selbst beschäftigt, und beide unternahmen in den letzten Wochen fast nichts mehr gemeinsam. Lars war ratlos und konnte sich diese Verwandlung seiner Frau nicht wirklich erklären.

„Was ist denn nur los mit dir?", hatte er sie angeschrien.

„Nichts Schlimmes, ich entfalte mich einfach nur, ich will mal wieder raus aus meinem grauen Alltag, verstehst du das denn nicht?", fauchte Tatjana ihn vorwurfsvoll an.

„Du bist wie eine pubertierende Göre! Da hab ich keine Lust drauf, werd endlich mal wieder du selbst!", herrschte Lars sie an.

Tatjana nahm reflexartig eine große Tomate, die sie gerade für den Salat schneiden wollte und knallte sie auf den Boden, der Tomatensaft spritzte überall herum.

Lars schüttelte den Kopf, griff nach seiner Brieftasche und seiner schwarzen Lederjacke und sagte: „Ich muss hier raus, gehe in die Stadt was trinken, warte nicht auf mich!" Er warf mit voller Wucht die Haustür ins Schloss.

Tatjana war sich so alleingelassen und nicht verstanden vorgekommen .

„O je, das hört sich aber nicht gut an!", klagte Katrin mitfühlend. Sie musste ihrer Freundin irgendwie helfen. „Ruf doch Lars mal auf dem Handy an und frag, wo er ist!", schlug Katrin vor.

„Ich weiß nicht, der war so sauer auf mich, er hat ja auch schon irgendwie recht, ich meine, wenn es jetzt umgekehrt wäre und er würde sich so verhalten wie ich, würde ich an seiner Stelle auch durchdrehen, oder?", fragte Tatjana Kati um Rat. Doch sie nahm schließlich ihr Handy, nachdem sie ihr Glas Rotwein ziemlich schnell ausgetrunken hatte, und tippte die Nummer von Lars.

„Ja, hallo, Lars am Handy, hicks!", nuschelte es am anderen Ende unverständlich.

Lars hatte wohl einen im Tee, dachte Tatjana und verdrehte die Augen. Im Hintergrund war laute Musik zu hören und irgendeine tussige Stimme, die Tatjana von irgendwoher kannte.

„Wo bist du denn, und wer ist da noch bei dir?", lallte Tatjana zurück, denn auch sie war gut aufgetankt.

„Bin in unserem Lieblingsbistro mit den guten Caipis, weißt du noch, damals, als wir uns zum ersten Mal getroffen haben?"

Tatjana konnte sich noch gut an diesen Tag erinnern. „Ja, und wer ist jetzt die Trulla, die dauernd in dein Handy kichert?", fragte Tatjana nun noch einmal.

„Stell dir vor, das is' die Sandy, die war ganz zufällig hier und leistet mir ein wenig Gesellschaft", murmelte Lars etwas unverständlich.

Tatjana beendete aus lauter Wut sofort das Gespräch. Sie wurde so sauer, dass sie ihr Handy in die Ecke warf und laut „Verdammter Arsch!" schrie.

Katrin konnte sich gleich denken, dass es irgendetwas mit einer anderen Frau zu tun hatte. Sie kannte ihre Freundin schon so lange und wusste, wie sie bei solchen Angelegenheiten reagierte.

Sie holte Pralinen aus dem Schrank und köpfte ihre beste Flasche Sekt, die sie noch im Kühlschrank hatte. „Hier, meine Süße, greif zu und ärgere dich nicht. Morgen sieht alles wieder besser aus!", beruhigte Katrin ihre in Tränen aufgelöste Freundin.

Am nächsten Morgen wachte Tatjana mit einem dicken Kopf auf, sie hatte eindeutig zu viel getrunken und bereute es auch. Sie wankte erst mal ins Badezimmer und stellte sich unter die Dusche, um wach zu werden. Danach rief sie bei ihrer Kollegin an und meldete sich für diesen Tag krank.

Sie konnte heute unmöglich in die Schule gehen, den Lärm hätte sie nicht ertragen können in diesem Zustand. Kati kochte Tatjana einen Kräutertee und stellte ihr frische Croissants auf den Küchentisch. Sie selbst aß einen Apfel und dazu einen Naturjoghurt. Tatjana staunte immer wieder, dass ihre Freundin so konsequent sein konnte beim Essen.

Als Katrin ins Büro ging, legte sich Tatjana noch einmal auf das bequeme Ikea-Sofa, um zu dösen und ihre schrecklichen Kopfschmerzen loszuwerden. Irgendwann klingelte dann ihr Handy.

„Jaaa, hallo?", brummte Tatjana.

„Guten Morgen, hier ist Lars! Bist du bei Kati?", fragte Lars etwas zögernd.

„Hm, ja. Wieso?", antwortete Tatjana, auch wenn sie schon wusste, dass Lars nur so eine Frage stellte, um sich bei ihr zu entschuldigen.

„Kann ich vorbeikommen, wir haben zu Hause keinen Kaffee mehr", schwindelte Lars, um einen Grund zu haben, Tatjana zu sehen.

„Okay, bis gleich!", freute sich Tatjana, aber sie versuchte ihre Stimme so monoton wie möglich klingen zu lassen, damit Lars nicht gleich ihre Freude bemerkte.

20 Minuten später stand Lars an Katrins Haustür mit frischen Kaffeestückchen und einer Sonnenblume, die er im Garten gepflückt hatte. „Hi, wie geht's dir? Siehst noch ein bisschen verpennt aus, Süße!" lächelte Lars.

Da wurde Tatjana fast schon ein bisschen schwach, diesem Lächeln hatte sie schon vor acht Jahren nicht widerstehen können. „Magst du Kaffee oder lieber einen Latte Macchiato?", fragte sie Lars schnell, bevor sie ihn stürmisch anfiel oder ihm die Kleider vom Leib riss, viel fehlte jedenfalls nicht mehr daran.

„Darf ich reinkommen, oder soll ich meinen Latte draußen vor der Tür trinken?", fragte Lars mit einem zweideutigen Grinsen.

„Natürlich, komm doch einfach rein und leg dich, ääh … setz dich aufs Sofa!" Tatjana wurde es auf einmal ganz heiß, sie wollte eigentlich nur noch leidenschaftlichen Sex mit Lars. Sie konnte sich kaum noch zusammenreißen.

Lars merkte die Erregung seiner Frau sofort. Ihre Brustwarzen stellten sich auf, und er konnte sie durch Tatjanas weißes, enges T-Shirt durchscheinen sehen. Nun wurde auch er heiß und überlegte, wie er sie überreden konnte mit ihm wild durch die Gegend zu … Tatjana ließ Lars einen kurzen Moment allin, um sich ein wenig frisch zu machen. Lars konnte kaum einen klaren Gedanken fassen, als Tatjana in ihrer ganzen weiblichen Pracht, wie Gott sie erschaffen hatte, aus dem Badezimmer kam und sich am Türrahmen vor ihm rekelte. Er ging langsam auf sie zu und biss ihr zärtlich in den Hals …

Die beiden liebten sich innig auf Katrins Flokati im Wohnzimmer und versprachen sich hinterher, nie mehr so kindisch zu streiten. „Du warst so wild und trotzdem so zärtlich, Schatz! Ich liebe das so an dir!", schmachtete Tatjana Lars an. Er küsste sie sanft auf den Mund, bevor sie sich beide anzogen, um zusammen nach Hause zu gehen.

Tatjana schrieb Katrin noch eine kurze Mitteilung: Liebe Kati, danke für die Übernachtung, den Wein und das Frühstück. Lars und ich haben uns auf deinem Flokati wieder versöhnt. Bussi Tati :-)

Ein Wunsch ist noch frei

Katrin und Tatjana trafen sich wie jeden Donnerstag in ihrem Stammbistro an der Ecke, um die Mittagspause gemeinsam zu verbringen. Sie redeten gerade eifrig, als sich am Nachbartisch eine Frau in ihrem Alter mit drei kleinen Kindern hinsetzte und etwas bestellte. Als Tatjana die Stimme der Frau hörte, musste sie sich zu ihr umdrehen, sie kam ihr sehr bekannt vor.

„Nein, du hier, Tina?", kam es erstaunt von Tatjana.

Tina war mit Katrin und ihr auf die gleiche Schule gegangen, sie waren gut befreundet gewesen. Vor fünf Jahren war Tina mit ihrem Mann aus beruflichen Gründen nach Australien ausgewandert.

„Hallo Tatjana und Katrin, das ist ja ein Zufall, oder? Bin seit einer Woche wieder aus Australien zurück. Carsten kommt in ein paar Tagen nach, er muss noch den Rest vom Umzug erledigen!", erzählte Tina. Ihre Kinder waren immer nur ein Jahr im Alter voneinander entfernt. Der Älteste war vier Jahre alt, die beiden Jüngeren waren Mädchen.

Tina verriet Tatjana und Katrin, dass sie wieder im dritten Monat schwanger sei. „Und was ist mit euch, wollt Ihr keine Kinder?", wollte Tina neugierig wissen.

Kati erklärte gleich, dass sie eher die Karriere-Frau sei und mit Kindern nicht gar so viel am Hut hätte. Doch Tatjana traf diese Frage wie ein Stich ins Herz. Jetzt musste sie wieder an ihre Fehlgeburt vor einigen Wochen denken.

Sie hatte das doch so gut verdrängt, glaubte sie zumindest. Sie konnte gar nichts antworten und trank verlegen ihren Prosecco aus. Doch Tina war hartnäckig und fragte Tatjana direkt.

„Ja, und du, Tatjana, langsam wird es doch Zeit, bist du nicht vor Kurzem 36 geworden?"

„Ach, wir lassen uns noch ein bisschen Zeit, weißt du, Lars hat momentan ein größeres Projekt bei der Arbeit laufen, und ich fahre erst mal im September nach Norwegen mit Kati, mit dem Wohnmobil Ihrer Eltern!", versuchte Tatjana schnell eine Erklärung zu finden, dabei wurde sie sehr nervös, und sie hatte das Gefühl, ihr würde jemand die Kehle zuschnüren. Sie räusperte sich ungeduldig und fragte Katrin, ob sie dann zahlen wollten.

Tina tauschte noch Telefonnummern mit den beiden aus und verabschiedete sich mit dem Kommentar: „Hey, Tati, aber warte nicht mehr so lange mit dem Baby, sonst bist du zu alt, und es klappt dann oft nicht mehr!" Dabei zwinkerte sie mit einem Auge Tatjana zu.

Das gab Tatjana den Rest, sie drehte sich schnell um und merkte, wie ihr Tränen übers Gesicht rollten, sie konnte sie einfach nicht mehr stoppen.

„Ach Tati, sei nicht so traurig. Lass diese Vollblutmama doch schwatzen, hast du gesehen, wie ausgemergelt und faltig sie aussah? Du bist dagegen ein wahrer Jungbrunnen!" Kati kniff ihrer Freundin liebevoll in die Hüfte und versuchte sie aufzuheitern.

Am Abend erzählte Tatjana Lars von ihrer schrecklichen Begegnung mit Tina. Lars machte sich Sorgen um sie, er merkte, wie verzweifelt Tatjana wegen des unerfüllten Kinderwunsches war, und er überlegte, wie er sie auf andere Gedanken bringen könnte. Er schlug Tatjana vor, mit ihm zum Lieblingsitaliener zu gehen und lecker zu Abend zu essen. Tatjana knurrte sowieso der Magen, und essen gehen war immer eine gute Idee, vor allem, wenn sie mit Lars allein war. Sie konnten sich so gut unterhalten. Sie ging ins Schlafzimmer und überlegte, was sie am besten anziehen sollte.

Sie nahm ihren Lieblingsrock, schwarz mit großen Blumen in Türkis bedruckt, der etwas ausgestellt war und bis leicht über die Knie ging, dazu streifte sie sich ihr enges, schwarzes Oberteil mit tiefen Ausschnitt über und legte sich ihre türkisfarbene Häkelstola um, dann schlüpfte sie noch in ihre schwarzen Ballerinas.

Tatjana sah sehr weiblich aus, und das gefiel Lars sehr an ihr. Sie konnte jeden Mann mit ihrem Charme verführen, sie hatte einfach eine unglaubliche Ausstrahlung. „Du siehst bezaubernd aus, mein Schatz! Ich liebe dich!", flüsterte Lars auch gleich in Tatjanas Ohr hinein.

„Ich dich viel mehr!", schmeichelte Tatjana ihm.

Der Abend tat den beiden gut und Tatjana erzählte Lars von ihren Träumen und Wünschen.

Aber ein Wunsch wurde ihr immer wichtiger. Sie wollte unbedingt einmal mit ihrem Teenieschwarm Morten Harket zusammentreffen. Das wünschte sie sich schon, seit sie 15 gewesen war, mehr als alles andere auf der Welt, und nun hatte sie wieder ganz stark das Gefühl, dass ihr dieser Wunsch unbedingt in Erfüllung gehen müsse. Als sie ihre damalige Freundin Tina heute wieder getroffen hatte, wurde sie noch entschlossener, wenigstens diesen einen Wunsch zu realisieren, wenn sie schon nicht das Glück hatte, Mutter werden zu können. Sie erinnerte sich an die Worte von Morten, die er vor Kurzem in einem Interview gesagt hatte: „Ich bin davon überzeugt, das Träume umsetzbar sind!"

„Also", dachte Tatjana, „dann werde ich jetzt meinen Traum umsetzen." Sie erzählte auch Lars davon, denn sie wollte nicht, dass er denken könnte, sie hätte Geheimnisse vor ihm.

Lars war erst mal nicht so begeistert von Tatjanas Vorstellungen, aber er schätzte an ihr, dass sie ihm alles so offen erzählte und ihn nicht anlog.

Die Reise nach Oslo beginnt

… move to Memphis (Oslo) that's what I'll do
going to move to Memphis (Oslo) and follow you
trace that highway down to your doorway
going to move to Memphis (Oslo) and be with you

Die Tage vergingen immer schneller, der Sommer näherte sich langsam dem Ende, jetzt war es endlich soweit – nur noch ein paar Stunden bis zum großen Start, um Tatjanas Traum wahr werden zu lassen. Sie packte ihren Koffer und hörte dabei Musik, als Lars von der Arbeit nach Hause kam.

„Hi Schatz!" Lars gab ihr einen flüchtigen Kuss. „Ich muss gleich wieder weg, bin verabredet mit Arbeitskollegen." Er hastete Richtung Bad.

Tatjana wunderte sich, wie gleichgültig er mit ihr sprach. Sie hatte ein komisches Gefühl in der Bauchgegend, das hatte sie immer, wenn etwas passierte. „Lars!", rief Tatjana ins Badezimmer. „Sehen wir uns heute Abend noch? Morgen früh gegen fünf Uhr holt mich Kati ab!"

„Ich weiß noch nicht, wie spät es wird, aber wir werden uns bestimmt noch sehen!"

Tatjana war auf einmal sehr enttäuscht von Lars, sie wollte aber nicht am letzten Abend streiten, also schluckte sie ihre Traurigkeit hinunter. Lars sah gut aus, als er ging, er hatte seine gut sitzenden Jeans und ein sportliches schwarzes Hemd an. Er trug seine coole Sonnenbrille und hatte sein Lieblingsparfum aufgelegt, das ihm Tatjana zu Weihnachten geschenkt hatte. Tatjana war erschrocken, als Lars ihren Abschiedskuss kaum erwiderte.

Sie machte sich große Sorgen, ob er sich wirklich mit seinen Kollegen treffen würde. Sie beschloss daher, ihm hinterherzufahren, um zu erfahren, was er vorhatte. Lars blieb an einer Straßenecke stehen, und Tatjana traute ihren Augen kaum, als sie eine Blondine in sein Auto einsteigen sah. Sie überlegte, wer das nur sein könnte. Sie wurde eifersüchtig und wäre am liebsten mit quietschenden Reifen Lars hinterhergefahren, doch das schaffte ihre Ente nicht. Auch durfte sie nun nichts überstürzen, sie wollte noch mehr Beweise sammeln und Lars auf frischer Tat ertappen. In ihrer Wut und ihrer Verletztheit stiegen Tatjana Tränen in die Augen, sie konnte teilweise die Verkehrsschilder gar nicht mehr erkennen. Irgendwann fuhr Lars rechts ab, direkt auf einen Parkplatz vor einem 5-Sterne-Hotel. „Nein, das ist jetzt nicht wahr!", schrie Tatjana auf, also waren ihre Vermutungen richtig? Sie konnte den Anblick nicht ertragen, als Lars der großen Blonden den Arm reichte, damit diese sich bei ihm einhaken konnte. Sie fuhr los, nach Hause, so schnell sie konnte. Tatjana weinte und war total fertig. Sie machte sich Vorwürfe.

Vielleicht hatte sich Lars einen Ersatz gesucht, weil sie allein in den Urlaub fuhr. „Er muss ganz schön deprimiert deswegen sein", dachte Tatjana. Als sie nach Hause kam, klemmte sie sich gleich das Telefon ans Ohr, um mit Kati zu reden.

Sie erzählte ihr alles und beschloss, dass Kati sie in einer Stunde mit dem Wohnmobil abholen sollte. Sie wollte nur noch weg und schrieb Lars einen kurzen Brief, in dem stand: Bin schon früher weggefahren, wirst mich ja nicht besonders vermissen! Bis in zehn Tagen, Tatjana. Ach ja, ich melde mich, wenn ich in Oslo angekommen bin – kümmere dich bitte gut um Gregor!

Kati stand wenige Minuten später vor dem Haus. Das bunte Wohnmobil war kaum zu übersehen. Tatjana nahm ihren Koffer und ihren Rucksack und verabschiedete sich noch von Gregor. Katrin umarmte Tatjana fest und nahm ihr das Gepäck ab. Sie stellte ihr Navigationsgerät an und ließ sich die Route nach Norwegen bis Oslo berechnen. Es waren genau 1.326 Kilometer bis zu ihrem Glück, jedenfalls eine lange Strecke. Tatjana begutachtete erst einmal das Wohnmobil von innen.

Es war echter Siebziger-Jahre-Style, in orange-braunen Farbtönen. Katrins Eltern waren in den 68ern stehengeblieben, totale Spät-Hippies. Tatjana war sich sicher, dass irgendwo unter dem Bett oder hinter dem Kühlschrank noch ein Joint rumliegen würde. Aber all das empfand Tatjana nicht als schlimm, sondern eher als befreiend. Katrin übernahm dann das Steuer, sie merkte, dass ihre Freundin mit den Gedanken noch ganz woanders war. Tatjana legte sich auf das runde, große Bett mit den weißen Lammfellen und hörte ihr Lieblingslied „With you, with me" von Mortens neuer CD.

Sie dachte dabei an Lars, ob er sich bald bei ihr melden würde und wie es wohl mit ihnen beiden weitergehen sollte. Sie wusste nicht, ob sie ihm einen Seitensprung jemals verzeihen könnte, aber sie liebte ihn doch so sehr und spürte Wut und Angst gleichzeitig in sich. Ihre Gedanken drehten sich in ihrem Kopf wie ein Kettenkarussell. Um sich ein wenig abzulenken, nahm sie sich eine Frauenzeitschrift von dem Stapel, den Kati ihr zum Lesen neben das Bett gelegt hatte. Prompt stand doch gleich auf der ersten Seite ein Interview mit Morten Harket, und das konnte sich Tatjana natürlich nicht entgehen lassen und las es konzentriert. Morten meinte, wenn er eine Frau sehen würde, schaue er, ob sie gesund aussähe und im Gleichgewicht mit sich selbst sei. Das wäre für ihn attraktiv. Dieser Satz imponierte Tatjana sehr.

Als Katrin kurz vor Hamburg auf einen Rastplatz fuhr, weckte sie ihre Freundin aus einem tiefen Schlaf, mit Kaffeeduft und leckeren, belegten Brötchen, die sie unterwegs geholt hatte, während Tatjana tief und fest träumte, wahrscheinlich von Morten. Die beiden frühstückten im Wohnmobil, draußen regnete es in Strömen.

Katrin fragte Tatjana, wie es ihr gehen würde. Tatjana sagte daraufhin: „Ach, Kati, ich weiß es momentan selbst nicht. Lars hat sich bisher noch nicht gemeldet, was ich von ihm so nicht kenne. Traust du ihm zu, dass er mich betrügen könnte?"

Katrin überlegte kurz und sagte: „Ich glaube nicht! Vielleicht war das ja nur eine Arbeitskollegin und mehr nicht."

Tatjana konnte nicht mehr klar denken, sie war zu sehr enttäuscht von Lars. Irgendwann wechselten sie dann lieber das Thema, um nicht zu viel zu grübeln, und sie fragte Katrin, wie es denn eigentlich beim Frauenarzt gewesen sei. Katrin hatte seit einigen Wochen das Gefühl, sie könne einen kleinen Knoten in ihrer Brust fühlen. Kati wurde erst sehr ruhig und erzählte dann Tatjana, dass der Arzt etwas noch Undefinierbares gefunden hat. Sie sollte in 14 Tagen operiert werden, weil der Arzt eine Gewebeprobe entnehmen wollte, um dementsprechend weitere Schritte einzuleiten.

Katrin erzählte das so gefasst, als würde sie die Geschichte einer Freundin weitergeben. Tatjana stiegen Tränen in die Augen und sie bekam Gänsehaut. „Meine Liebe, und das sagst du erst jetzt, wenn ich das gewusst hätte, wären wir doch zu Hause geblieben!" Tatjana umarmte Katrin und hatte ein schlechtes Gewissen, weil sie die ganze Zeit ihrer Freundin nur ihre dämlichen Selbstfindungsprobleme vorgeplappert hatte, ohne zu merken, dass es ihrer Freundin gar nicht gut ging.

Katrin reagierte sehr gelassen und erklärte Tatjana, dass sie froh sei, jetzt erst mal abgelenkt zu sein, vor der Operation. Sie wollte dann auch nicht mehr darüber reden.

Tatjana übernahm das Steuer, damit Katrin sich ein wenig ausruhen konnte. Während sie Richtung Flensburg fuhr, bekam sie eine SMS. Sie war tatsächlich von Lars. Tatjana war aufgeregt und fuhr 200 Meter weiter in eine kleine Parkbucht.

Katrin wurde wach, sie hatte nicht so einen tiefen Schlaf wie ihre Freundin. Tatjana zeigte Katrin, was Lars geschrieben hatte. „Hallo Tatjana, ich hoffe ihr kommt gut voran, pass gut auf dich auf und meldet euch mal, wenn ihr angekommen seid. Übrigens, Gregor geht es gut, liebe Grüße, Lars."

Katrin war erstaunt, wie förmlich Lars schrieb. Tatjana wusste nicht, was sie machen sollte. Wäre es besser, die SMS zu ignorieren, oder sollte sie zurückschreiben? Auf der einen Seite hatte sie Sehnsucht nach Lars, und auf der anderen Seite wurde ihr fast schlecht vor Wut, weil sie das Bild vom gestrigen Abend nicht aus dem Kopf bekam.

Katrin gab ihr den Tipp, sich erst mal nicht zu melden. „Frau muss Mann zappeln lassen!", sagte sie. Sie wollte Tatjana ein bisschen den Rücken stärken.

Tatjana trifft Morten

Es gibt Dinge, die du mit den Augen nicht sehen kannst
Du musst sie mit dem Herzen sehen,
und das ist das Schwierige daran.
Wenn du zum Beispiel in dein Inneres blickst
und spürst,
dass dort ein junges Herz schlägt,
werdet ihr beide mit deinen Erinnerungen
und seinen Träumen losziehen
und einen Weg durch jenes Abenteuer,
das man Leben nennt, suchen,
stets bestrebt, das Beste daraus zu machen.
Und dein Herz wird niemals müde werden
oder alt …

Sergio Bambaren

Kurz nachdem sie den Elbtunnel in Hamburg hinter sich gelassen hatten und nach einem langen Stau von über einer Stunde endlich weiterfuhren, wurden sie auf einen winkenden Mann im Anzug aufmerksam, der neben seinem Wagen stand. Der Motor seines Wagens qualmte. Katrin fuhr sofort rechts heran.

„Lass uns gleich die Feuerwehr und den Notarzt rufen, vielleicht ist ja auch jemand verletzt!" Tatjana mochte keine Unfälle und hatte Angst vor schrecklichen Bildern, die sie vielleicht dort erwarteten.

„Da ist noch ein Mann, glaube ich … dann sollten wir vorsichtig sein, nicht dass hier ein Spiel getrieben wird …!" Katrin war gleich wieder vorsichtig und wollte hundertprozent sichergehen, dass sie nicht überfallen würden, also beschloss sie, vorsichtshalber schon einmal die Polizei zu informieren.

„Jetzt warte doch mal, wir wollen doch die Kirche im Dorf lassen, Kati … wir schauen nach und entscheiden dann", beruhigte Tatjana ihre Freundin.

Sie stellten ihr Wohnmobil in größerem Abstand von dem dunklen Van mit getönten Scheiben ab und gingen vorsichtig zu dem großen Mann im dunkelgrauen Anzug hin. „Was ist denn passiert? Wie können wir Ihnen helfen?", fragte Katrin.

„Gibt es Verletzte, brauchen wir einen Notarzt?" Tatjana war besorgt.

„Nein, wir sind nur zu zweit, bei uns ist alles in Ordnung ... Wir müssen nur ganz schnell zum Flughafen, die Maschine geht in einer halben Stunde, und mit defektem Motor haben wir ein Problem ... Können Sie uns vielleicht dorthin fahren?" Der große Mann war sehr gut gebaut, hatte eine getönte Sonnenbrille auf und machte auch sonst einen sehr gepflegten Eindruck.

Katrin zögerte aber trotzdem, sie nahm nicht gern zwei wildfremde Männer in ihrem Auto mit.

Da kam der zweite Mann unter dem Auto herausgekrochen, ölbeschmiert im Gesicht. Er hatte eine Brille auf, eine gut sitzende Jeans und ein weiß-blau gestreiftes Ringelshirt, das jetzt mit einigen Ölflecken verunziert war.

„Hi, könnten sie uns mitnehmen?", fragte er in gebrochenem Deutsch.

Tatjana und Katrin schauten sich an und man konnte in ihren Blicken ein großes Fragezeichen erkennen, wahrscheinlich, nein, ganz bestimmt dachten sie genau das Gleiche in diesem Moment.

„Entschuldigen Sie die direkte und plumpe Frage, aber kann es sein, dass wir uns von irgendwoher kennen?", platzte es aus Tatjana heraus, sie wurde rot im Gesicht.

„Hm ... das weiß ich nicht ... ich kenne Sie jedenfalls nicht!", sagte der nette, gut aussehende Mann mit einem charmanten Lächeln, und Tatjana konnte ein kleine Zahnlücke erkennen.

Katrin gab Tatjana einen leichten Stoß in die Hüfte. „Jetzt weiß ich, woher ich Sie kenne ... Sie hingen in meiner Jugendzeit in meinem Zimmer …" Tatjana bekam ihren Mund nicht mehr zu.

„Das ist aber schlecht … dann bin ich jetzt wohl ein Geist?" Der Mann grinste schelmisch und stellte sich dann endlich mit seinem Namen vor, sodass Tatjana sicher sein konnte, dass sie gerade nicht träumte. „Harket … Morten Harket, sehr angenehm!"

Es konnte doch nicht sein, dass Morten vor ihrer Nase stand, aber Tatjana wollte ganz lässig reagieren und streckte ihm ihre Hand entgegen. „Sandberg … Tatjana Sandberg, nett, Sie kennenzulernen."

Katrin verschluckte sich fast. „Also, die Herren, dann mal los, bitte einsteigen, sonst kommen Sie so schnell nicht mehr in Ihren Flieger."

Der Chauffeur verständigte in der Zwischenzeit noch den Abschleppdienst, der sich um den Wagen kümmern sollte. Tatjana setzte sich neben Morten, sodass er in der Mitte zwischen ihr und Katrin saß, und der Chauffeur konnte im Wohnmobil auf der kleinen Eckbank Platz nehmen.

„Hatten Sie gerade ein Konzert, Herr Harket?", fragte Tatjana so harmlos, wie es nur ging.

Katrin musste sich das Lachen verkneifen.

„Ja, in Hamburg, ich habe gerade eine kleine Solotournee mit meinem neuen Album vor mir."

„Schön, das freut mich für Sie!"

„Und wo wollen Sie hinfahren mit ihrem schönen Wohnmobil?" Morten wollte Tatjana ein wenig aus der Reserve locken, er konnte es nicht fassen, dass sie so locker und cool auf ihn reagierte, das war er von der Frauenwelt nicht gewohnt.

Katrin antwortete gelassen: „Nach Norwegen … Richtung Oslo."

Morten schaute die beiden an und wunderte sich, was solch lebenslustige, nette und hübsche junge Frauen in das kalte und langweilige Norwegen zieht. „Was haben Sie denn dort Schönes vor?"

„Wir wollen Oslo sehen … und auch in ein Konzert!",
kicherte Tatjana dann verlegen.

„Okay, wir haben Karten für Ihr Konzert, in Oslo!", verriet Katrin schließlich.

Morten lacht.: „Na, wenn das mal kein Zufall ist …!"

„Da wir auch Backstage-Karten haben, hätten wir uns sowieso früher oder später kennengelernt!", triumphierte Tatjana. Katrin hatte am Flughafen einen Parkplatz gefunden .

„Wie kann ich das denn wieder gutmachen, dass Sie uns mitgenommen haben?", wollte Morten nun wissen, als er ausstieg.

„Wie wäre es mit einem Kaffee bei Ihnen zu Hause … wenn es keine Umstände bereitet."

Morten ging erst einmal nicht darauf ein, denn viele seiner Fans waren erpicht auf sein privates Leben, und das konnte unter Umständen sehr lästig werden. Manche Fans hatten keinen Respekt vor seiner Privatsphäre. Doch Morten ist im Grunde seines Herzens ein offener und freundlicher Mensch mit einer unglaublichen Ausstrahlung, bei Tatjana machte er eine Ausnahme, er fühlte, dass sie keine bösen Absichten hatte oder ihn nerven würde. Er hatte ein sehr wohliges Gefühl, wenn er in ihre Augen schaute, und so bekam sie auch seine Adresse. Tatjana war total überwältigt, als sie in Mortens grau-blaue Husky-Augen sah, sie wollte aber nicht wie so viele, meist weibliche Fans völlig ausrasten und fragen, ob Morten mit ihr zusammen ein Bild machen könne oder hysterisch herumschreien … Das konnte Tatjana absolut nicht leiden bei den Fans. Also gab sie ihm zum Abschied einfach die Hand und wollte wieder in das Wohnmobil steigen, in dem Katrin auf sie wartete, doch Morten kam ihr schon mit einer Umarmung entgegen. Er küsste sie links und rechts auf die Wange und wünschte ihr und Katrin noch eine gute Reise. „Ha det… wir sehen uns!"

Um sich wieder zu erholen von dem positivem Schock fuhren Tatjana und Katrin kurz vor Dänemark dann auf einen Rastplatz, es dämmerte auch schon ein wenig, und sie beschlossen, sich eine Flasche guten Rasthof-Rotwein zu genehmigen und ein paar Leckereien zum Essen, das musste jetzt erst einmal gefeiert werden. So etwas passiert schließlich nicht alle Tage.

Am nächsten Morgen fuhren sie schon um sechs Uhr weiter, sie wollten nicht in einen Stau geraten und mussten noch 160 Kilometer mit der Fähre bis Oslo fahren. Tatjana hatte das Gefühl, mit Morten auf einer Wellenlänge zu sein, sie spürte eine sehr enge Verbindung zu ihm, aber nicht wegen seines Aussehens oder weil er ein bekannter Sänger war, sondern weil sie glaubte, ähnlich zu denken wie er, und seine entspannte, ausgeglichene Art sehr mochte. Lars dagegen spukte momentan eher negativ in ihrem Kopf herum, sie hatte einen schrecklichen Traum, in dem er und diese Blondine ein Kind bekamen.

Katrin fragte ihre Freundin, ob sie in Morten verliebt wäre.

Tatjana meinte dazu, dass Morten zwar ein sehr attraktiver Mann sei, aber Lars ihre große Liebe wäre und sie ihn niemals aufgeben würde.

Nach knapp drei Stunden waren sie dann in Hjörring angekommen. Sie mussten jetzt Richtung Hirtshals auf die Fähre fahren, die sie dann über die Nordsee nach Larvik bringen würde. Auf der Fähre gingen Tatjana und Katrin erst einmal eine Runde spazieren und schauten auf die tobende See, dabei wehte ihnen der Wind kräftig um die Ohren, und Tatjana genoss ein extremes Freiheitsgefühl. Sie war mittendrin in ihrer ganz eigenen Story, endlich hatte sie diesen Punkt voll Angst und Selbstzweifel überschritten und konnte sich ihren Wünschen widmen, zumindest versuchte sie das. Natürlich sprudelten noch einige Gedanken in ihrem Kopf herum, die sie nicht einfach so abstellen konnte ... Lars war zum Beispiel ein ganz wichtiger Gedanke, den sie auch nicht verdrängen wollte.

Katrin holte sich und Tatjana einen Cappuccino im Becher. „Bist du glücklich?", fragte Katrin.

„Ich weiß nicht. Aber ich weiß, dass ich mich gerade sehr frei fühle, und das ist irgendwie ein schönes Gefühl!", erkannte Tatjana. Sie nahm Katrin in den Arm und drückte sie ganz fest an sich, ihr liefen Tränen über das Gesicht, weil sie auf einmal merkte, wie glücklich sie sein konnte, dass es ihr so gut ging. Sie hatte ein schlechtes Gewissen gegenüber Katrin, weil die noch einen unangenehmen Eingriff vor sich hatte wegen des Knotens in ihrer Brust.

Nach etwa vier Stunden waren sie in Larvik angekommen und konnten nun auf der E18 Richtung Oslo weiterfahren. Jetzt war es nicht mehr weit bis zum Ziel. Tatjana hatte auf einmal das Bedürfnis, Lars eine SMS zu schicken: „Hallo Lars, sind bald in Oslo, hoffe, dir und Gregor geht es gut! Alles Liebe, Tatjana :)"

Sie hoffte, dass Lars jetzt mal anrufen würde, und wartete ungeduldig.

Kurz darauf klingelte auch wirklich ihr Handy. „Hi!", meldete sich Tatjana.

„Hi, wie geht's euch?", fragte Lars eher kumpelhaft.

„Soweit ganz gut, wie war denn gestern dein Abend mit deinen Kollegen so?", fragte Tatjana mit Betonung auf dem Wort „Kollegen". Lieber hätte sie gefragt: mit deiner „blonden Kollegin", doch das wäre viel zu eindeutig gewesen.

„Ganz gut, war erst um kurz nach drei Uhr zu Hause, waren noch in einer Cocktailbar im Hotel nach dem Essen!", erklärte Lars sehr locker.

„Aha, können ja die nächsten Tage mal wieder telefonieren, mach's mal gut! ... Ach übrigens, du glaubst ja nicht, wen ich in Hamburg zufällig getroffen habe!", zickte Tatjana.

„Na, den Papst!", sagte Lars ironisch.

„Nicht ganz so heilig, aber fast ... Ich habe Morten Harket kennengelernt, und zwar ganz persönlich!" Tatjana beendete schnell das Gespräch, sie wollte jetzt keinen blöden Kommentar von Lars hören, sie wollte ihm eins auswischen, weil er mit dieser Blondine unterwegs gewesen war.

Katrin bekam das Gespräch zwischen Tatjana und Lars mit und machte sich Sorgen um die beiden. Sie fragte ihre Freundin, warum sie nicht einfach Lars sagen würde, dass sie ihn mit dieser Blondine gesehen hatte. Tatjana hatte Angst, dass Lars ihr aber dann Vorwürfe machen könnte, weil sie nach Norwegen fuhr, um ihrem Jugendschwarm hinterherzureisen. Sie wusste, dass ihm das gar nicht passte, und verstand ihn auch.

Bei Morten in Saetre

... in the dark space
when I close my eyes
I see your face shining
Like the moon in the night
And I must tell you
From my heart
I've been waiting my time
My love, all over the world
You're with me, you're with me, you're with me ...

Endlich kamen sie in Oslo an und suchten sich gleich einen Campingplatz in Ekeberg, etwa neun Kilometer von der Innenstadt entfernt. Nachdem Katrin das Wohnmobil auf dem Stellplatz geparkt hatte, nahmen die beiden ihre Fahrräder und erkundeten die Gegend, erst einmal Richtung Hafen.

Die Norweger, denen sie begegneten, waren sehr freundlich und aufgeschlossen. Als sie ein schönes Bistro fanden, beschlossen sie, einen eiskalten Sekt zu trinken und einen Salatteller mit Meeresfrüchten zu essen. Das Wetter war wunderschön, die Sonne schien, und Wolken formten sich zu witzigen Fantasiefiguren. Tatjana und Katrin waren gut gelaunt und freuten sich riesig auf das Konzert in zwei Tagen. Als sie mit dem leckeren Essen fertig waren, fuhren sie mit ihren Fahrrädern in die Innenstadt, um ihrer Shopping-Laune nachzugehen. Tatjana suchte noch ein schönes Kleid oder etwas ähnliches für den wichtigen Anlass, und Katrin wollte sich noch ein paar bequeme Schuhe kaufen, in denen sie lange stehen konnte.

Beide wurden glücklicherweise fündig und kehrten ruhig und zufrieden zurück zu ihrem Wohnmobil, als Tatjanas Handy eine SMS von Lars anzeigte. „Hallo Schatz, so kann es nicht weitergehen – ich dachte, du machst dir mal endlich Gedanken wegen unserer Situation momentan!

Hast du nicht gemerkt, wie weh du mir getan hast mit der Oslo-Geschichte? Melde dich mal, bitte. LG Lars."

„Oh je", stöhnte Tatjana „da ist jemand mächtig sauer, und er hat ja auch irgendwie recht, oder?" Tatjana zeigte Katrin die Nachricht und war erst mal blockiert, sie hatte so ein schlechtes Gewissen und merkte, dass sie Lars ziemlich verletzt haben musste, dass er so hart reagierte.

Katrin gab ihrer verzweifelten Freundin den Rat, gleich bei Lars anzurufen, denn sie wollte auf keinen Fall, dass die beiden sich trennen würden.

Tatjana tippte daraufhin mit zittrigen Händen die Rufnummer in die Tastatur ein, dann meldete sie sich unsicher mit: „Hallo Schatz, hab gerade deine Nachricht erhalten. Wie geht's dir so?" Tatjana wollte ein wenig ablenken, aber Lars stellte sie gleich zur Rede.

„Hallo Tatjana, wollte dir nur sagen, dass ich es schade finde, dass du trotzdem nach Oslo gefahren bist, obwohl …"

Tatjana ließ ihn nicht ausreden. „Obwohl was? Ich habe dich mit dieser Blondine gesehen, auf dem Parkplatz vor dem Nobelhotel!" Tatjana kochte vor Wut und wurde aufbrausend. „Und jetzt willst du mir Vorwürfe machen, weil ich auf ein Konzert in Oslo gehe?" Sie schrie immer lauter, doch auch Lars verlor langsam die Geduld und tobte lauthals zurück.

„Erstens war das einfach nur 'ne neue Arbeitskollegin, die mich fragte, ob ich sie mitnehmen kann, weil sie kein Auto hat. Zweitens gehst du nicht einfach nur auf ein Konzert, sondern hast Backstage-Karten und vergötterst diesen Morten mehr als sonst wen und benimmst dich wie eine 15-Jährige!"

Tatjana versuchte, Lars zu erklären, dass sie in Morten nur jemanden sähe, dem sie geistig und seelisch auf irgendeine Art nahe ist, doch das war der Tropfen, der das Fass zum Überlaufen brachte … Lars wollte sich dieses esoterische Gesülze nicht schon wieder reinziehen, prustete laut los, machte sich über Tatjanas Erklärung lustig und beschimpfte sie als „peinliches Groupie". Tatjana machte das sehr wütend, sie wollte das Gespräch beenden, sie merkte, dass es zu einem heftigen Streit mit Beleidigungen auszuarten drohte. Sie schaltete ihr Handy aus und fing an zu weinen. „Wahrscheinlich hat mir jetzt der ganze Campingplatz zugehört!"

Katrin streichelte Tatjana über die Wange und beruhigte sie. „Mach dir darüber nicht auch noch Sorgen, die meisten hier verstehen doch eh kein Deutsch, und hessisch schon gar nit!" Katrin konnte den hessischen Dialekt eigentlich nicht leiden, aber ihrer traurigen Freundin zuliebe machte sie fast alles möglich, sie versuchte es zumindest. Tatjana fing daraufhin an zu lachen, sie merkte, welch Opfer Katrin auf sich nahm, um sie zum Lachen zu bringen. Außerdem war Tatjana erleichtert zu hören, dass Lars wohl doch nichts mit der Blondine am Laufen hatte. Sie fragte sich selbst, ob sie jetzt sehr gemein wäre, weil sie in Oslo ist und Morten zum zweiten Mal treffen würde. Sie wusste noch keine richtige Antwort auf ihre laut gedachte Frage, aber eines war sicher, sie war kein peinliches Groupie, und sie hatte sich am Flughafen ziemlich normal verhalten, als sie Morten dort verabschiedete.

Katrin bestätigte das Tatjana, als diese ihre Gedanken laut sortierte. „Du bist wirklich total cool geblieben, Tati, das kann ich bezeugen! Das fand ich schon eher erstaunlich, dafür, dass du Morten schon so lange persönlich kennenlernen wolltest." Das beruhigte Tatjana erst einmal. Die beiden legten sich dann für eine Stunde aufs Ohr, um den verpassten Schlaf vom letzten Tag nachzuholen.

Gegen Abend beschlossen Tatjana und Katrin, noch einmal mit den Rädern in die Stadt zu fahren, um etwas Leckeres essen zu gehen. Bei der Fahrt durch die schöne Landschaft fiel Tatjanas Blick auf ein Bild an einem Zeitungsstand, und sie musste automatisch anhalten. Sie rief Kati, die mal wieder schneller unterwegs war, durchtrainiert, wie sie war: „Kati, Stopp! Halte bitte mal an und sieh dir das an!"

Katrin kam sofort zurückgeradelt und ahnte schon Schlimmes, als Tatjana ihr eine deutsche Zeitung unter die Nase hielt und somit ihre Vorahnung bestätigte. Sie schaute direkt auf ein großes Foto mit der Überschrift „IST DAS DIE NEUE VON MORTEN?" Das Bild zeigte Tatjana und Morten am Flughafen, als sie sich gerade umarmten und voneinander verabschiedeten. Tatjana blieb fast die Luft weg, sie musste gleich daran denken, welche Gedanken Lars haben würde, wenn er dieses Bild je zu sehen bekäme. „Oh nein, irgendein Idiot von Paparazzi hat uns fotografiert, Kati!"

Katrin war auch geschockt und wunderte sich, dass sie alle drei nicht gemerkt hatten, dass sie beobachtet wurden. Tatjana beschloss auf der Stelle, am nächsten Tag Morten zu besuchen, um ihm davon zu berichten, außerdem wollte sie auf keinen Fall, dass er mit seiner Lebensgefährtin ihretwegen Ärger bekam. Doch erst einmal musste sie Lars anrufen, um ihre eigenen Probleme zu beseitigen, wenn es dafür nicht sogar schon zu spät war. Sie setzte ihre dunkle Hippie-Sonnenbrille auf, um nicht vielleicht schon wieder erkannt zu werden, und rief bei Lars an. „Hi Lars, hier ist Tati – hast du es schon gesehen?", fragte Tatjana aufgeregt.

„Was soll ich denn gesehen haben?", fragte Lars erstaunt zurück.

„Ich bin im ‚Wochenblick' auf dem Titelbild mit Morten zusammen zu sehen, aber es nicht so, wie es aussieht, ehrlich!", stammelte Tatjana verzweifelt, doch Lars hörte schon gar nicht mehr zu.

„Wie viel musst du eigentlich noch zerstören, was ist los mit dir? Ich hab langsam die Nase voll von deinem Egotrip! Bleib doch am besten bei Morten in Norwegen und werde mit ihm glücklich!", schrie Lars enttäuscht in sein Handy hinein.

Das waren die letzten Worte, die Tatjana von Lars hörte, dann war es nur noch still. Katrin sah die Verzweiflung ihrer Freundin und nahm sie in die Arme. „Ich muss jetzt gleich nach Saetre zu Morten, Kati, bevor noch mehr Missverständnisse auftreten!", erklärte Tatjana ihrer Freundin.

Katrin wusste, wie wichtig das für ihre Freundin war, und schon kurze Zeit später fuhren die beiden Richtung Hurum, um Mortens Zuhause zu suchen, was mithilfe des Navigationsgeräts nicht ganz so schwer war. Kurz vor ihrem Ziel musste Tatjana noch einmal bei Lars anrufen, um mit ihm die schreckliche Angelegenheit zu klären. „Hallo Lars, bitte leg jetzt nicht auf und höre mir zu! Ich bin jetzt gleich bei Morten zu Hause, um ihm und seiner Lebensgefährtin zu berichten, was passiert ist ..."

Lars hörte sich Tatjanas Erklärung zwar an, aber er war nicht gut auf das Ganze zu sprechen. Doch immerhin konnte sie ihn etwas beruhigen und war schon mal froh darüber.

Endlich waren sie in der Straße, in der Mortens weiße Holzvilla stand – mitten in der Natur, ruhig und einfach, aber gemütlich. Die Gegend war wunderschön, sehr grün mit tollen Häusern im skandinavischen Baustil. Tatjana und Katrin kamen sich vor wie in einem Traum, sie waren sehr aufgeregt, als sie vor dem Haus standen. An der Klingel war ein Namensschild, auf dem HARKET – ANDERSON stand.

Katrin übernahm die Initiative und klingelte, weil sie merkte, dass Tatjanas Knie zitterten. „Ich hoffe, es geht alles gut, bitte mach, dass alles gut wird ...", betete Tatjana zu ihrem Lieblingserzengel Michael. Doch niemand öffnete die Tür, sie warteten eine Weile und klingelten erneut. Als sich nichts im Hause Harket regte, beschlossen die beiden, einmal ganz frech um das Haus zu gehen und zu schauen, ob sie im Garten vielleicht jemanden sehen würden. Schließlich sahen sie schon von Weitem einen Mann, der in irgendwelchen Beeten grub. Als Tatjana und Katrin näher kamen, erkannten sie Morten, der leicht verschwitzt mit Dreitagebart in kurzer Hose und Muskelshirt mit nackten

Füßen mitten in einem Beet arbeitete. Tatjana und Katrin versuchten, ihn laut zu rufen, er wurde nach einiger Zeit auch endlich aufmerksam und gab ihnen von Weitem ein Zeichen, dass ihnen gleich die Tür vorn aufgemacht würde. Eine etwas ältere Dame, die wohl als Haushälterin bei der Familie arbeitete, öffnete den beiden dann schließlich die Tür und zeigte ihnen ein kleines Zimmer mit einem gemütlichen, weißen Sofa und einem wunderschönen, großen Bild einer weißen Orchidee an der Wand. Sie sollten dort einen kleinen Moment Platz nehmen und warten, bis Morten sich ein wenig frisch gemacht hatte, um sich um seine spontanen Gäste zu kümmern.

Einen kurzen Augenblick später stand Morten in dreiviertellangen, beigen Hosen und Ringelshirt barfuß im Zimmer und lächelte die beiden an, als hätte er gewusst, dass sie heute noch kommen würden. Er freute sich wirklich über den Besuch und fragte, ob Tatjana und Katrin Lust hätten, mit ihm in seinem Wintergarten einen Kaffee zu trinken. Katrin holte aus ihrer Tasche aber gleich die Zeitung heraus, weil sie so aufgeregt war und Mortens Kommentar hören wollte, sie hielt das Bild direkt vor sein Gesicht und schaute ihn verunsichert an. Tatjana wurde verlegen und versuchte, sich nichts davon anmerken zu lassen. Morten lachte, als er die Überschrift las, und fragte Tatjana, ob sie nur deshalb gekommen wären. Tatjana war irritiert über Mortens Reaktion und fragte, ob er nicht wütend über solchen dummen Tratsch wäre. Morten erzählte, dass es ihm schon öfter passiert war und er sich mittlerweile ein dickes Fell zugelegt habe für solche blöden Storys.

Den beiden fiel erst mal ein Stein in Größe eines Felsbrockens vom Herzen, und sie nahmen gern die freundliche Einladung zum Kaffee an. Mortens Heim war sehr gemütlich im skandinavischen Stil eingerichtet, mit vielen weißen Holzmöbeln, ausgefallenen Orchideen und kreativen Bildern an den Wänden. Er hat Geschmack, überlegte Tatjana und fühlte sich sofort wohl …

Butterfly, Butterfly in Tatjanas Bauch

Der Wintergarten war ein Ort der Erholung und Entspannung, man schaute direkt auf den Fjord und auf grüne Wiesen. „Hier war es ein bisschen wie im Paradies", dachte Tatjana, als sie sich in den gemütlichen Sessel setzte und ihren Kaffee schlürfte. Nach einiger Zeit kam auch Mortens Lebensgefährtin Inez mit der kleinen Karmen im Arm und stellte sich Katrin und Tatjana vor. Sie war eine hübsche, natürliche Frau mit langen dunklen Haaren und schlanker Figur. Als sie den Zeitungsartikel sah, lächelte sie nur und meinte, dass sie sich schon an solchen Unsinn gewöhnt hätte. Tatjana war erleichtert und umarmte vor Freude Inez, die erst etwas irritiert schaute, aber dann die Umarmung annahm und sich mit Tatjana freute. Als das erste Eis gebrochen war, kamen Tatjana und Morten in ein intensives Gespräch über Natur und über Gott. Morten war sehr offen und erzählte Tatjana, dass er eigentlich Theologe werden wollte, bevor er mit der Musik begann, das beeindruckte sie sehr, und so erzählte sie über ihre Engel, mit denen sie oft kommunizierte. Tatjana hatte ihren Jugendtraum endlich verwirklicht, das wurde ihr in diesem Moment deutlich, aber sie war auch dabei, ihren Mann zu verlieren, obwohl sie sich weigerte, darüber nachzudenken, aber es wurde für sie immer deutlicher, dass sie und Lars ein riesengroßes Problem hatten. Morten war eben einfach ganz anders als Lars, er hörte intensiv zu und sie hatten so viele gemeinsame Interessen, er war so engagiert und konnte stundenlang diskutieren.

Tatjana musste sich beherrschen, sich nicht Hals über Kopf in ihn zu verlieben. Katrin unterhielt sich mit Inez über das Leben mit einem Star, der außerdem noch so verdammt gut aussah und so viele weibliche Fans hatte. Es wurde immer später, und Tatjana war auf einmal sehr müde. So beschlossen Katrin und sie, im Wohnmobil vor Mortens Haus zu schlafen. Morten bot an, sie könnten auch in seinem Gästezimmer übernachten, doch Tatjana war es lieber, nicht noch weitere Unannehmlichkeiten zu verursachen, außerdem wollte sie nicht in das Revier von Inez eindringen, sie selbst hätte das an deren Stelle auch nicht wirklich gut gefunden. Alle verabschiedeten sich herzlich voneinander und verabredeten sich für das Frühstück am nächsten Tag. Als Morten Tatjana beim Abschied in die Augen sah, sprühte es vor Funken nur noch so, und Tatjana merkte, dass ihr ganz heiß wurde.

„Ha det bra", sagte Morten und lächelte dabei verschmitzt, das bedeutete im Norwegischen „Mach's gut".

Tatjana wurde verlegen und lächelte zurück. Sie hoffte, dass Inez nicht merkte, wie sie mit Morten flirtete, aber Katrin beugte dem vor, und lenkte Inez ab, dann schnappte sie irgendwann Tatjanas Hand, um schnurstracks Richtung Tür zu gehen, sie wollte nicht noch irgendwelche Tragödien an diesem Abend erleben. Katrin fragte ihre Freundin, ob alles okay mit ihr sei.

„Ja, mehr als okay, ich glaube, ich falle gleich in Ohnmacht. Hast du den Blick von ihm gesehen – wie soll ich denn da widerstehen?" Tatjana setzte ihren Dackelblick auf und begann, Katrin von Morten vorzuschwärmen. Katrin öffnete daraufhin erst mal einen eisgekühlten Prosecco im Wohnmobil, und versuchte, Tatjana wieder in eine normale Stimmung zu versetzen, was aber ziemlich schwer wurde, weil die total verwirrt war und ununterbrochen von Morten schwärmte. Sie redeten noch lange über den aufregenden Tag und träumten von dem Konzert am nächsten Abend, als sie schließlich völlig erschöpft mit ihrem Glas in der Hand im Sitzen einschliefen. Plötzlich brummte das Handy von Tatjana unangenehm laut, sie schaute nach, wer da noch zu später Stunde anrief.

Es war ihr liebenswerter Bruder Chris, der laut ins Handy kreischte: „Ooh, hi meine Süße, was sag ich denn dazu, hab dich heute Mittag in der Zeitung gesehen, ich musste zweimal hinschauen, als ich dich mit dem Frontmann von a-ha sah, und ich muss schon sagen, ich war richtig neidisch! Wie ist das denn nur möglich, Schwesterherzchen?"

Tatjana war ganz schnell wieder hellwach, schüttelte sich kurz und sagte nur: „Ach, weißt du, das sind meine Connections, hättest du wohl von einer Sozialpädagogin mit Übergewicht nicht erwartet?"

Katrin lachte im Hintergrund und wusste, dass dies nur Tatjanas Bruder sein konnte.

„Bist du noch in Norwegen?", wollte Chris neugierig wissen und fragte, ob er am Wochenende mal vorbeikommen solle. Tatjana gab ihm ganz deutlich zu verstehen, dass sie das nicht wollte, da sie mit ihrem Leben gerade genug zu tun hatte und keinen nervenden Bruder gebrauchen konnte.

Am nächsten Morgen klopfte es an der Tür des Wohnmobils, und Tatjana bemühte sich, schnell aus dem Bett zu krabbeln, um zu schauen, wer sie so früh weckte. Sie suchte nach ihrem himmelblauen Snoopy-Bademantel, schüttelte kurz ihre lockige Mähne und öffnete zaghaft und noch leicht verschlafen die Tür. „God morgen!", sagte Morten auf Norwegisch und lächelte Tatjana an, doch dann sprach er wieder Englisch. „Hast du gut geschlafen, möchtet ihr mit uns frühstücken?"

Tatjana wurde erst mal rot im Gesicht, bevor sie antworten konnte, und bat ihn dann reinzukommen. Kati kam dazu und setzte einen Kaffee auf, sie sah gleich in Tatjanas Augen das Funkeln und fragte Morten, ob sie bei ihm im Haus mal duschen gehen könnte, um die beiden nicht zu stören.

Morten sagte, dass die Haustür offen wäre und erklärte, wo sie das Gästebad finden würde.

Tatjana ging in der Zwischenzeit im Wohnmobil in das Mini-Bad und putzte ihre Zähne, sprühte ihren Lieblingsduft auf und kämmte sich kurz die Haare.

„So, dann setz dich doch und trinke einen Kaffee mit mir, so lange, bis Kati kommt!", bat sie Morten, der nicht ablehnte und sich setzte.

„Hast du Lust, mit deiner Freundin mit mir zum Soundcheck für heute Abend mitzukommen?", fragte er Tatjana.

„Gern, klar! Stört es dich auch nicht?"

„Warum sollte mich eine so bezaubernde Frau mit solchen wunderschönen Augen stören?"

Tatjana merkte, dass sie verlegen wurde, und versuchte einen lockeren Spruch. „Na ja, jetzt übertreib mal nicht, ich bin bestimmt eine von Millionen Frauen, die du kennenlernen könntest, bist du nicht ein Frauenheld?"

Morten lachte und fragte frech zurück: „Was denkst du?"

„Ich hab dich zuerst gefragt, also musst du mir eine Antwort geben, nur keine falsche Scham!" Tatjana kokettierte mit Morten, was das Zeug hielt, und die beiden wurden immer offener und lachten viel miteinander.

Etwa eine Stunde später kam Katrin frisch geduscht und gestylt zurück, und Tatjana löste sie ab, schließlich wollte sie sich für diesen Tag besonders in Schale werfen.

Morten fragte Katrin, ob sie auch gern mit zum Soundcheck mitfahren wollte, nach dem Frühstück. „Ja gern, aber stört das denn nicht?" Kati hatte Bedenken wegen ihrer Angst, dass sonst immer mehr zwischen den beiden entstehen könnte.

Tatjana wurde stutzig und überzeugte ihre Freundin schnell mit dem Argument, dass es bestimmt interessant sei, vor einem Konzert hinter die Kulissen zu schauen.

„Okay, dann fahren wir so in zwei Stunden los!", lächelte Morten Tatjana zu.

Katrin ging mit Morten zum Frühstücken auf die Terrasse, in der Zeit nutzte Tatjana die Duschgelegenheit und stylte sich auf, sie zog nach dem Duschen ein türkisfarbenes, langes Kleid im Hippie-Look an, braune Wildlederstiefel mit Absatz und ihre Lieblingsethnokette. Sie sah aus wie eine 70er-Jahre-Ikone, umwerfend sexy und weiblich, wie Morten bemerken musste, er konnte kaum den Blick von ihr lassen. Zum Frühstücken hatte Tatjana nun keine Zeit mehr, aber sie hatte vor lauter Aufregung auch keinen

Hunger. Kati zwickte sie irgendwann in den Oberschenkel, als sie merkte, dass ihre Freundin zu sehr flirtete, doch Tatjana schwebte gerade auf Wolke Nummer sieben und hatte das Gefühl, eine ganze Horde Schmetterlinge im Bauch zu haben (Butterfly, Butterfly ;-), es kribbelte so schön … Tatjana unterhielt sich so angeregt mit Morten, dass sie kaum noch etwas anderes wahrnehmen konnte. Morten holte dann bald den schwarzen Mercedes-Van, um die zwei Damen einzuladen und nach Oslo zu fahren. Sie fuhren knapp eine Stunde und hatten Zeit, sich ausgiebig zu unterhalten. Tatjana fragte Morten, ob er auch ihr Lieblingslied „With you, with me" singen würde. Er hatte nichts dagegen und erzählte ihr, wie er auf die Lyrics zu diesem Lied gekommen war, es handelte von einer verlorenen Liebe, er verarbeitete diese in dem Song, Morten legte viel Wert auf tiefgründige Texte in seinen Liedern, was Tatjana sehr gefiel. Sie quetschte ihn über alles aus, denn jetzt hatte sie endlich mal Gelegenheit dazu. Katrin hörte den beiden zu und überlegte, wie sie ihre Freundin wieder auf den Boden der Tatsachen zurückholen konnte. Das würde auf keinen Fall leicht werden, merkte Katrin. Sie kamen dann nach einigen Staus in der Rockefeller-Music-Hall an, in der Morten sein Konzert am Abend geben würde.

„Send me an angel"

Die Tontechniker waren schon bei der Arbeit, die Visagistin und die Friseurin warteten schon auf Morten, er musste gleich in die Maske und danach zum Soundcheck. Tatjana und Katrin durften ihn überallhin begleiten, es war spannend, diese andere Welt hinter der Bühne mal hautnah erleben zu dürfen. Morten empfand die Schminkerei immer als etwas sehr Lästiges, aber er ließ es über sich ergehen.

„Ich stehe eher auf Natürlichkeit und innere Schönheit, ein Mensch muss ausgeglichen und im Reinen mit sich sein, das strahlt er dann auch aus!", bemerkte Morten und lächelte Tatjana an.

Sie war total gerührt, sie merkte, dass er auch sie damit meinte. Kurz darauf verließen Katrin und Tatjana dann den Backstage-Bereich, um noch gute Plätze in der ersten Reihe zu bekommen. Tatjana drückte ihn noch mal fest und wünschte ihm viel Glück. Das Konzert war gut besucht, und als Morten anfing zu singen, kreischte die Frauenwelt hysterisch auf. „Er hat eben immer noch die gleiche Ausstrahlung wie vor gut 20 Jahren", dachte Tatjana, als Morten mit Herz und Seele seine Songs sang. Bei „With you – with me" blickte er die ganze Zeit in Tatjanas Augen, als wäre der Song nur für sie bestimmt …

„Can I see you for a moment, can I sit with you a while. I know it's late, but everything is late …" Ihr kamen Tränen vor Rührung und sie war so aufgeregt, dass ihre Halsschlagader vibrierte.

Am Ende des Konzerts stürmten noch ein paar „Faninnen" zu Morten, um noch ein Foto von ihm zu machen oder ein Autogramm zu bekommen. Er bedankte sich bei allen herzlich für den Abend und verließ die Bühne. Jetzt konnten Katrin und Tatjana wieder hinter die Bühne, sie hatten ja schließlich Backstage-Karten.

Morten war nun auch entspannter und wischte sich noch die letzten Schweißtropfen vom Gesicht. „Sorry, aber die

Scheinwerfer sind wirklich sehr heiß!", entschuldigte er sich, als Tatjana ihn umarmte und ihn lobte, wie toll das Konzert war. Darüber freute er sich sehr und fragte die beiden, ob sie mit ihm etwas essen gehen wollten. Er wollte sich nur noch etwas anderes anziehen, und dann konnte es losgehen. Tatjana trug noch mal ihren Lipgloss auf und wühlte durch ihre langen Locken.

Katrin sprach sie an, ob sie sich keine Sorgen um Lars machen würde.

„Warum fragst du mich das jetzt, Kati?", entgegnete Tatjana ihr fast ein bisschen vorwurfsvoll.

„Ich möchte als deine beste Freundin und eure Trauzeugin, dass ihr euch wieder versteht. Du bist gerade dabei, dich zu verlieben, wenn das nicht sogar schon passiert ist!", befürchtete Katrin besorgt.

„Ach Katilein, lass mich doch ein bisschen Spaß haben. Keine Angst, ich weiß, wann ich aufhören muss!", erklärte Tatjana mit einem breiten Grinsen.

Kati wusste, dass sie jetzt nicht mehr viel tun konnte für ihre Freundin und betete aus Verzweiflung auch zum Erzengel Michael, dass er ein Auge auf ihre Freundin haben sollte, oder besser vielleicht zwei Augen. Sie glaubte ja eigentlich nicht an Engel und so einen Kram, aber sie wusste jetzt auch nichts anderes mehr, und, wie wir alle wissen, beten wir Menschen immer in der größten Not, oder nicht?

Morten war fertig gestylt und schloss sich den beiden interessiert an, er wollte wissen, über was sie sich denn so unterhalten würden.

Kati erzählte ihm von Lars und Tatjana, dass sie einen heftigen Streit hatten, wegen der Geschichte mit Norwegen und so … Sie hoffte, dass sie Morten ein bisschen dazu anhalten könnte, die Finger von Tati zu lassen. Es kam daraufhin zu einer angeregten Diskussion, Morten merkte an, dass er sich niemals in eine Beziehung reindrängen würde, sondern glaubte, wenn das Schicksal etwas mit einem vorhatte, würde es sowieso auf nichts und niemanden Rücksicht nehmen.

Tatjana war begeistert von dem, was und wie er es sagte, und schmachtete Morten von der Seite her an. Sie gingen in ein Restaurant mit dem Namen „Klosteret" in der Fredensborgveien. Dort konnten sich die drei gemütlich unterhalten, sie suchten sich eine ruhige Ecke, überall standen Kerzen, es lief ruhige klassische Musik im Hintergrund. Morten wollte unerkannt bleiben, und tarnte sich deshalb mit einer Kappe und einer anderen Brille.

Tatjana staunte, wie anstrengend es sein musste, wenn man berühmt ist. Katrin fragte Morten beim Essen, warum er Inez, seine Lebensgefährtin, denn noch nicht geheiratet hätte. Er antwortete, dass er schon einmal den Bund der Ehe eingegangen wäre und jetzt einfach ein wenig vorsichtiger sei. Vielleicht würden ja auch bald die Glocken läuten, lachte er Tatjana zu und fing das Thema „Lars" an. Er wollte wissen, wie sie über ihre Ehe dachte, ob sie noch eine Chance sehen würde.

Tatjana errötete bei der Frage, weil sie sich ertappt fühlte. Hatte Morten bemerkt, dass sie sich in ihn verguckte?, überlegte sie. Sie wollte aber cool bleiben und erzählte, dass Lars und sie zwar gerade eine kleine Ehekrise hätten, die sich aber bestimmt wieder mehr oder weniger von selbst einrenken würde. Außerdem wäre die Liebe groß genug, um solch eine Phase zu überstehen. Morten war aber sensibel genug, und so, wie Tatjana erzählte, blickte er gleich durch und glaubte zu wissen, wie es in Wirklichkeit hinter den Kulissen aussähe. Tatjana ging kurz darauf zur Toilette, um sich kaltes Wasser ins Gesicht zu spritzen, ihr war ganz heiß geworden von dem intensiven Gespräch.

Katrin nutzte die Gelegenheit, allein mit Morten zu sein, und fragte ihn ganz offen, ob er es auf Tatjana abgesehen hätte. „Hey, Kati, was fragst du so was, ich bin vor Kurzem zum fünften Mal Papa geworden. Deine Freundin ist zwar sehr hübsch und hat einen besonderen Charme, in den man sich schnell verlieben kann, aber ich habe aus meinen Erfahrungen gelernt. Es ist nicht gut, sich blind in etwas hineinzustürzen. Ich bin fast 50 Jahre alt und habe meine Hörner abgestoßen, ich habe alles im Griff und bin mir dessen bewusst, dass ich nicht mit allen Frauen, die ich so treffe, zusammensein kann. Man muss sich schließlich im Leben für einen Weg, für eine Frau entscheiden, und dann all seine Leidenschaft investieren, auch wenn das bedeutet, etwas anderes aufzugeben!"

Morten klopfte Katrin leicht auf die Schulter. Tatjana kam wieder zurück und fragte die beiden, ob sie noch einmal zur Bar gehen würden, um einen Cocktail zu schlürfen, doch Morten lehnte ab mit der Begründung, er hätte Inez versprochen, bald nach Hause zu kommen, damit er der kleinen Karmen noch einmal die Flasche geben könnte, weil sie um drei Uhr nachts wieder Hunger bekam. Da es schon nach Mitternacht war, müsste er sich verabschieden, sie bezahlten dann und fuhren mit Morten zurück nach Saetre. Auf der Fahrt war eine beklemmende Stille zwischen den Dreien.

Tatjana verstand gar nicht, warum Morten nicht mehr redete, aber sie dachte, dass er vielleicht vom Konzert zu müde sei und machte sich dann keine Gedanken mehr darüber.

Als sie ankamen, sagte Katrin, dass sie dann gern losfahren wollte, weil sie sich am nächsten Morgen ein paar Sehenswürdigkeiten in Oslo ansehen wollte. „Du willst jetzt noch fahren? Es ist schon nach ein Uhr in der Nacht, Kati!", nörgelte Tatjana. Sie wollte gern noch ein bisschen in Mortens Nähe sein, aber sie hatte keine Chance. Kati war fest entschlossen zu fahren. Tatjana tauschte mit ihrem Lieblings-Norweger noch Telefonnummern aus, umarmte ihn herzlich und bedankte sich für alles. „Ich hoffe, wir sehen uns mal wieder und hören voneinander?", fragte sie ihn.

Er lächelte sie an. „Ich glaube schon. Menschen, die mir nahe sind, trage ich immer bei mir, so wie einen Engel ...!"

Bei diesen Worten schmolz Tatjana fast ganz dahin, und sie merkte, wie sie wieder mit den Tränen kämpfen musste.

... Is it possible, Mr. Lovable is already in my life?
Right in front of me or maybe you're in disguise.
Who doesn't long for someone to hold
Who knows how to love you without being told
Somebody tell me why I'm on my own
If there's a soulmate for everyone ...

(„Soulmate" von Natasha Bedingfield)

Auf der Fahrt zurück nach Oslo fragte Tatjana, warum
Katrin so schnell von Morten wegwollte, obwohl sie eigentlich schon ahnte, aus welchen Gründen sich ihre Freundin
so entschieden hatte. Katrin erklärte ihr, dass sie Angst
hätte, wegen Lars und Tatjana ... Sie käme sich schuldig
vor, wenn die beiden deswegen auseinandergehen würden.

„Och Kati, es hat mir so gutgetan, mit ihm zu reden, wir
sind uns einfach geistig sehr nahe!", jammerte Tatjana.

Katrin lachte und meinte dazu: „Wie bitte? Willst du
mich auf den Arm nehmen? Das glaubst du doch selbst
jetzt nicht! Ihr habt euch angestarrt wie Ingrid Bergmann
und Humphrey Bogart in ‚Casablanca' ... Es hat nur noch
gefehlt, dass Morten zu dir gesagt hätte: Ich schau dir in
die Augen, Kleines!" Katrin war sauer auf Tatjana, weil sie
mal wieder nicht zugeben konnte, dass sie sich etwas vor-
machte.

Tatjana hasste es, auf frischer Tat ertappt zu werden, und
wollte ablenken, doch Katrin versuchte ihr die Augen zu
öffnen. Tatjana nahm nach einer Weile ihr Handy aus ihrer
Tasche und sandte Lars eine Kurzmitteilung: „Hallo Lars,
hoffe, dir und Gregor geht's gut! Ich denke, wir müssen
bald über alles noch mal in Ruhe reden, wenn ich zurück
bin. Hoffentlich bist du dann eher dazu bereit ... Alles
Gute, Tatjana."

Katrin fuhr irgendwann gegen zwei Uhr nachts auf einen
kleinen Rastplatz in der Nähe vom Hafen in Oslo, sie war
hundemüde und wollte einfach nur noch schlafen. Deswe-

gen legte sie sich dann auch neben Tatjana, die schon fest schlief.

Morgens um halb neun klingelte Tatjanas Handy, eher gesagt, es machte Musik von a-ha … „Hunting high and low", das war Tatjanas Klingelton, wie es sich für einen echten Fan gehörte. Es war Morten, der sich erkundigte, ob die beiden gut angekommen seien in Oslo. „Hi Tatjana, hast du gut geschlafen? Ich würde dich gern heute Abend treffen, einfach zum Philosophieren, hast du Lust?"

Er sprach mit solch einer sanften, aber trotzdem männlichen Stimme, dass Tatjana am liebsten durch das Handy gekrabbelt wäre, um ihn stürmisch und leidenschaftlich zu knutschen. Sie liebte seine Stimme und sein Lachen, doch im gleichen Moment musste sie auch an Lars denken und bekam ein schlechtes Gewissen. Sie versuchte, ihm zu antworten, wobei sie aber mit zittriger und aufgewühlter Stimme sprach: „Ja, äh … i…ich … denke schon, dass ich Lust habe, aber … also allein, nur du und ich, wo und wann?"

„An der Aker Brygge, im Bolgen & Moi, wollen wir uns dort vor dem Eingang treffen?", wollte Morten wissen.

„An der Aker Brygge, das finde ich, denke ich, werd mit dem Taxi fahren! Hoffentlich erkenne ich dich, wenn du getarnt bist!", lachte Tatjana.

„Ich sehe dich, das ist doch die Hauptsache, oder?", fragte er charmant zurück.

Tatjana zitterten schon wieder die Knie, als sie daran dachte, mit Morten allein loszuziehen. Dann organisierte sie erst mal ein frisches Brot, Trauben und etwas Ziegenkäse, den gab es in Norwegen gut zu kaufen.

Als sie zurückkam, saß Katrin schon am gedeckten Tisch, und frischer Kaffeeduft stieg Tatjana in die Nase. Sie entschuldigte sich bei Katrin für ihr Verhalten der letzten Nacht und umarmte sie herzlich. Sie sprachen dann wieder über Katrins unangenehme Geschichte mit ihrer Brust, auch wenn sie ja eigentlich nicht mehr darüber reden wollten, aber Tatjana hatte sonst keine Ruhe, sie machte sich schließlich große Sorgen um ihre Freundin. Doch Katrin beruhigte sie und sagte ihr, dass sie keine Schmerzen habe. Sie wollte aber auch nicht weiter darüber nachdenken, sondern lieber einen schönen Tag in Oslo verbringen. Tatjana berichtete dann, sie würde sich gegen Abend mit Morten treffen. Katrin war nicht sehr begeistert, dass ihre Freundin allein ausgehen wollte, weil sie nach wie vor befürchtete, Lars' und Tatjanas Ehe könnte dann endgültig daran zerbrechen. Sie versuchte, ihr davon abzuraten.

Daraufhin meinte Tatjana: „Wir fahren doch in zwei Tagen schon wieder heim, wer weiß, ob ich Morten noch einmal persönlich treffen kann! Du brauchst dir echt keine Sorgen zu machen, ich weiß, was ich tu!"

„Du musst es ja wissen, Tati! Ich glaube, es ist eh schon zu spät … Du bist total verknallt, was ich ja auch verstehen kann, aber denke daran: Du bist verheiratet, und das eigentlich auch sehr glücklich, oder?", probierte Katrin ihre liebste Freundin umzustimmen, aber mal wieder ohne Erfolg.

Schließlich fuhren die beiden in die Stadtmitte von Oslo, suchten sich einen Parkplatz in einer Seitenstraße, die nicht so befahren war, und wollten in die Nationalgalerie gehen, die die größte Kunstsammlung Norwegens mit vorwiegend einheimischen Künstlern besaß. Außerdem wollte Tatjana noch durch den wundervollen Schlosspark spazieren, um das königliche Schloss zu sehen. Sie genossen den Tag zusammen und machten ein Foto nach dem anderen, Tatjana war begeistert von Oslo und stellte sich vor, wie es wohl wäre, hier zu leben.

Als sie dann auf ihre Uhr schaute, musste sie feststellen, dass es schon fast 19 Uhr war, um halb acht wollte sie sich mit Morten treffen. „Oh nein, Kati, ich muss mich noch frisch machen … das schaffe ich gar nicht in einer halben Stunde!", sagte Tatjana ziemlich nervös.

Katrin fand das gar nicht schlecht, sie wollte ja nicht, dass Tatjana zu gut aussah an diesem Abend. „Ich begleite dich noch bis zum Treffpunkt, du siehst doch gut aus, jedenfalls gut genug, um nichts anzustellen …!", grinste Katrin ihrer Freundin zu, die den Witz aber in dieser Situation nicht verstand und etwas beleidigt reagierte.

„Mach dich nur lustig über mich … ich weiß, dass es dir nur recht ist, wenn das mit dem Treffen schiefläuft."

Katrin sagte daraufhin nichts mehr, sie wollte keine Diskussion mit Tatjana anfangen. Morten stand wie abgemacht am Cafe Bolgen & Moi, das Magne Fururholmen künstlerisch dekoriert hatte.

„Mein Gott, sieht er nicht wieder zum Verlieben aus?", fragte Tatjana ihre Freundin, die sich eher Gedanken machte, wie sie Tatjana wieder auf den Boden der Tatsachen zurückbringen könnte.

„Hi, gut schaut ihr aus!", bewunderte Morten sie, er war eben ein Charmeur.

Katrin verabschiedete sich nach einer kurzen Begrüßung und ließ die beiden magnetisch aufgeladenen Leuchtsterne allein. Sie fragte auch gar nicht, wann Tatjana vorhatte, wieder zurückzukommen.

Tatjana und Morten gingen in das wunderschön gestaltete Café, suchten sich einen etwas abgelegenen Platz und versuchten, so wenig wie möglich aufzufallen. Morten hatte extra eine leicht orange getönte Brille auf, um nicht erkannt zu werden. Sie bestellten sich einen Kaffee und erzählten sich von früheren Beziehungen.

„Liebst du Inez sehr?", wollte Tatjana wissen.

„Ja, wir haben eine süße kleine Tochter, ich glaube, Liebe ist etwas, das man mit vielen Menschen teilen kann und schenken kann!" Morten erzählte Tatjana, dass er mit seiner Ex-Frau Camilla noch einen sehr guten Kontakt hatte, schon allein wegen der drei Kinder Jakob, Jonathan und Tomine. Er liebte seine Kinder über alles, auch wenn er wenig Zeit mit ihnen verbringen konnte. Er schätzte auch

Anne Mette noch sehr, mit ihr hatte er die kleine Henny, er versuchte so oft, wie es ging, mit den Kindern etwas zu unternehmen. Die Frauen, mit denen er zusammengelebt hatte, waren für ihn etwas Besonderes, was er nicht vergessen oder verdrängen wollte. „Ich weiß, du würdest so etwas nie zulassen, dass ich dauernd auf Tournee bin und so viele weibliche Fans habe, das können die wenigsten Menschen ... Ich auch nicht!", begann Morten, mit Tatjana zu diskutieren, was er sehr gern machte ... aber Tatjana auch, und so verging die Zeit rasend schnell.

Bygdøy, ein Tag am Meer

Der nächste Tag begann damit, dass Tatjana hektisch in ihrer Reisetasche wühlte, um ihren Bikini zu finden, Morten wollte sie gegen zehn Uhr abholen und mit ihr zur Halbinsel Bygdøy fahren, zum Badestrand bei Huk. Die Einladung dazu konnte sich Tatjana natürlich nicht entgehen lassen, Katrin war bei der Aktion auch dabei und freute sich auch sehr darüber, weil sie so ihre Freundin ein wenig kontrollieren konnte, damit sie keine schwachen Momente bekam ;-)

Tatjana und Katrin standen dann pünktlich am Campingplatzeingang in Ekeberg und warteten auf Morten, der kurz darauf mit seinem Van angefahren kam, um die beiden Damen einzuladen. Tatjana setzte sich auf den Beifahrersitz, begrüßte Morten aber vorher herzlich mit einem Wangenküsschen links und rechts. Katrin musste mit dem hinteren Platz vorliebnehmen, womit sie aber auch schon gerechnet hatte. Sie fuhren auf die Ekebergveien, um auf die E18 zu gelangen. Die Landschaft war herrlich, und Tatjana träumte davon, wie es wohl wäre, mit Morten eine Beziehung zu haben. Er hatte ihr ja am letzten Abend gesagt, dass er glaubte, Tatjana könnte nie mit ihm zusammensein, weil er ständig unterwegs war, und damit hatte er auch nicht unrecht, also träumte sie erst mal nur davon.

Die Fahrt dauerte knapp 20 Minuten. Als sie in der Strømsborgveien ankamen, suchten sie sich auf dem Huk Pakering einen Parkplatz. Das Wetter war echt skandinavisch, ein kräftiger Wind, etwas Sonne und wieder viele Wolken, aber absolut passend, um ein schönes Strandpicknick zu genießen. Tatjana kam sich vor wie in einem Traum, von dem sie schon so lange geträumt hatte.

> … I dream myself alive
> Dream myself alive
> Dream myself alive

Break my heart
And dream myself alive
What can it mean?
I'm drawing pictures of the sea
Right from the start
I knew this girl (man) would break my heart …

Sie wollte nie mehr aufwachen und genoss diesen wunderschönen letzten Tag mit Morten in vollen Zügen. Die drei gingen die Strandpromenade entlang und suchten nach einem schönen Plätzchen. Katrin fragte Morten über die Zeit mit seinen Bandkollegen Pål Waaktaar Savoy und Magne Fururholmen aus. Vor allem interessierte sie sich für Pål, der sie schon seit ihrer Jugend faszinierte.

Morten wollte aber nicht darüber sprechen, er brauchte Abstand von der Zeit mit der Band, obwohl er auch sagte, wie sehr er diese Zeit schätzte, aber jetzt fing ein neuer Abschnitt in seinem Leben an, und den wollte er nicht mit der Vergangenheit beginnen: „Mein Plan ist jetzt erst einmal, keine Pläne zu haben!", sagte er entschlossen, und somit widmete er sich anderen Themen, die das Leben, die Natur und die Umwelt betrafen.

Tatjana hatte einen Picknickkorb gepackt, mit einer Flasche Prosecco, Käse, Trauben und frischem Dinkelbrot. Sie wusste, dass Morten sich gern gesund ernährte, also hatte sie auch noch eine Flasche Wasser dabei, sie wollte ja bei ihm einen guten Eindruck hinterlassen. Irgendwann fanden sie einen großen Baum, unter dem sie ihre Picknickdecke ausbreiteten und es sich gemütlich machten.

Morten wollte keinen Alkohol, er begründete es damit, dass er noch fahren musste. „Hier in Norwegen wird sehr streng kontrolliert, außerdem vertrage ich Alkohol auch nicht so gut … aber von dem Käse und den Trauben koste ich gern!"

Kurz nachdem sie sich niedergelassen hatten, klingelte mal wieder das Handy von Tatjana. Sie kramte es mit einem leicht genervten Blick aus ihrer riesengroßen Korbtasche, was nicht einfach war, aber das braucht man ja keiner Frau zu erzählen. Jede von ihnen weiß nur zu gut, dass immer im falschen Moment das Handy klingelt, und dann ist es wie ein Glückstreffer im Lotto, das Handy zu finden, oder wenn man es dann endlich in den Händen (richtig herum) hält, noch das Glück zu haben, dass es nicht in genau dem Moment aufhört zu klingeln und die ganze Mühe umsonst war.

„Hallo!", meldete sich Tatjana hektisch, schon ein bisschen, wie das ihre Mutter sonst gern tat, manche Dinge werden eben doch gern weiter vererbt.

„Hier ist Lars. Bitte, bleib jetzt ganz cool, ich wollte dir nur sagen, dass ich in Oslo bin!", erklärte Lars im ruhigen Ton.

Tatjana rollte mit den Augen und musste aufpassen, nicht in Ohnmacht zu fallen.

Katrin wusste, dass es sich eigentlich nur um Lars handeln konnte, und schenkte ihrer verwirrten Freundin ein Glas Prosecco ein.

„Was machst du denn hier in Oslo?" Tatjana fragte in einem so schrillen Ton, dass Morten lachen musste, weil es sich einfach nur komisch anhörte.

„Wer lacht denn da im Hintergrund, ist das dein Norweger-Heinz?", fragte Lars ziemlich gereizt.

„Nee, also na ja, vielleicht ... sollen wir uns irgendwo, irgendwie treffen ... wo bist du denn?", Tatjana wusste nicht mehr ein noch aus, sie wollte doch so gern mit Morten den letzten Tag verbringen, aber sie konnte Lars doch auch nicht im Stich lassen, weil er sich doch die Mühe gemacht und den Flug nach Oslo genommen hatte, obwohl er Flugangst hatte. Jetzt holte sie ganz schnell die Realität ein, und sie machte einen Plan, wie es weiter gehen sollte. Sie verabredete sich mit Lars in einer Stunde am Rådhus in Oslo, denn das konnte eigentlich niemand übersehen, auch Lars nicht mit seinem schlechten Orientierungssinn. Die große

Turmuhr war allein schon auffällig, er würde den zentralen Platz schon finden, dachte Tatjana, und teilte Lars kurz und bündig den Treffpunkt mit, dann beendete sie schnell das Telefonat und sortierte ihre Gedanken. Sie erzählte Morten und Katrin von Lars' spontanem Oslotrip und fragte die beiden, ob sie sie bis zum Rådhus begleiten konnten, sie hatte keinen Nerv, sich jetzt noch mit Fahrplänen der norwegischen Straßenbahnen auseinanderzusetzen.

„Klar fahre ich dich gern dorthin, wenn du das wirklich möchtest …!" Morten sprach zweideutig, weil er das Gefühl hatte, dass Tatjana gegen ihren eigentlichen Willen handelte, aber er wollte ihr und Lars auch nicht im Weg stehen.

Katrin war sehr froh darüber.

The blood that moves the body

Tatjana fühlte einen Kloß im Hals, als sie die Picknicksachen zusammenpackte. Morten streifte ihre Hand ganz zufällig mit seinem Zeigefinger, doch als er merkte, dass sie ihn dabei mit ihren großen braunen Augen anblickte, konnte er nicht widerstehen, er musste einfach ihre Hand halten. Tatjanas Blut kochte in ihren Adern, sie merkte, wie sich ihr Blut in Lava zu verwandeln schien und sich anfühlte, als wollte es überkochen.

> It's the way we feel tonight
> as if it's all unreal
> all right.
>
> My love won't you come back to our
> love you know I'll react to
> The blood that moves the body now covers the ground.
> The blood that moves the body
> the blood that moves the body …

Sie fühlte sich wie verzaubert, alles in ihr wurde leichter, so, als hätte sie eine Droge genommen … Konnte das nur von dieser einen Berührung kommen?, fragte sie sich. Mortens Augen durchblitzten ihren Verstand, sie drehte sich aber verlegen um, weil sie merkte, dass Katrin sie beobachtete, also begann sie einfach, stupide ihre Arbeit zu erledigen, schließlich sollte sie ja in einer Stunde bei Lars sein, und dann … Wie sollte sie mit ihm reden, wenn sie dauernd an diesen wunderschönen Augenblick denken musste? Katrins Stimme mischte sich in Tatjanas Gedanken: „Tati, wir sollten dann mal losfahren, Lars wird schon bald dort sein … Tati, hörst du mir eigentlich zu?"

Zwischenzeitlich kämpfte Lars damit, sich in Oslo irgendwie zurechtzufinden. Er war wütend und enttäuscht zugleich. Sie war so seltsam am Handy, dachte er. Schließlich fand er die richtige Straßenbahn, die ihn zum Rådhus brachte, er war wie immer sehr pünktlich und wartete am ausgemachten Treffpunkt. Nervös schaute er immer wieder auf seine Armbanduhr, die ihm Tatjana noch vor einiger Zeit geschenkt hatte. Sie brachte ihm gern mal ein Geschenk mit und war glücklich, wenn er sich darüber freute. „Was ist nur mit uns geschehen?", dachte Lars, als er gerade ein Plakat an einer Litfaßsäule sichtete mit Mortens Gesicht, er sollte wohl bald ein Konzert geben in Stavanger. „Was findet sie denn an ihm? Gut, er sieht nicht schlecht aus, aber sie kennt ihn doch gar nicht, sie muss völlig übergeschnappt sein, ob das alles wegen dem unerfüllten Kinderwunsch geschah?" Lars dachte immer mehr nach und wurde schließlich sehr ungeduldig, weil Tatjana schon 15 Minuten zu spät war.

Gerade in diesem Moment saß Tatjana neben Morten im Auto und verabschiedete sich. Sie waren allein, weil Katrin vorher ausgestiegen war, sie wollte noch etwas zu essen einkaufen. Tatjana verschlug es die Sprache, Tränen rollten ihre Wangen hinunter, passend dazu fing es in Strömen an zu regnen.

If I wait for cloudy skies
You won't know the rain from the tears in my eyes.
You'll never know that I still love you
So though the heartaches remain
I'll do my crying in the rain.

Raindrops fallen from heaven
Will never wash away my misery
But since we're not together
I'll wait for strong weather
To hide these tears I hope you'll never see

Morten nahm ihre Hand. „Die Zeit wird zeigen, wie es weitergeht, Tatjana. Sei nicht traurig, sondern glaube an das Schöne in deinem wertvollen Leben. Wir sind durch unsere Gedanken verbunden, oder?", fragte Morten sie lächelnd, und zeigte dabei seine charmante Zahnlücke, die Tatjana so sehr an ihm liebte. „Alles Gute für dich, ha det!" Morten küsste ihre Stirn.

Tatjanas Herz klopfte bis zu ihrem Hals, aber sie musste ihm noch etwas sagen, sie versuchte, ihre Englischkenntnisse hervorzukramen, und stotterte leicht dabei: „Also, lieber … nein, allerliebster Morten … Du bist für mich nicht nur der Popstar, nein … wirklich nicht … Du bist ein toller Mensch, und ich bewundere deine Ausstrahlung … nicht dein Aussehen berührt mich … deine Aura, verstehst du, was ich sage?"

Morten nickte und lächelte.

„Ich hoffe ,du vergisst mich nicht, danke für die kurze, aber schöne Zeit … viel Glück!" Bei diesen Worten sah Tatjana auf die Uhr im Auto, sie hatte ja völlig die Zeit vergessen, jetzt musste sie gehen, sie drückte die Autotür auf, doch sie blickte noch mal kurz in Mortens wunderschöne Augen, er lächelte sie an, sie konnte nicht anders und küsste ihn auf seinen Mund, doch nur kurz, sie wollte nicht, dass es noch mehr Schwierigkeiten gab. Ohne Worte stieg sie aus.

Morten schaute ihr noch hinterher, wie sie durch den strömenden Regen zum gegenüberliegenden Rådhus rannte, dann fuhr er langsam los.

Tatjana sah Lars, er ging nervös auf und ab, sie hatte ein schlechtes Gewissen, doch sie versuchte, es zu überspielen als sie ihn begrüßte. „Hallo Lars, entschuldige bitte die Verspätung … Wie hast du den Flug überstanden?" Sie gab ihm einen flüchtigen Kuss auf die Wange.

„Wo hast du denn gesteckt? Warst du nicht mit Katrin unterwegs, als ich vorhin anrief?", fragte Lars bohrend.

„Wollen wir einen Kaffee trinken gehen?" Tatjana wollte vom Thema ablenken, sie hatte keine Lust, jetzt mit Lars zu diskutieren und ihm zu erzählen, was sie die letzten Tage erlebt hatte.

Lars war mit der Idee einverstanden, und sie suchten sich ein Straßencafé in der Nähe. Sie konnten zu Fuß in die Ruselokkveien gehen, dort gab es ein schönes Café namens Raymonds. Lars beobachtete Tatjana schon auf dem ganzen Weg dorthin und überlegte, was sie ihm jetzt auf seine Frage antworten würde. Er hoffte, sie könnte wieder so sein wie früher … einfach frei von diesen Hirngespinsten, die sie sich in den Kopf gesetzt hatte.

Im Café war viel los. Die Norweger schienen gern Kaffee zu trinken, es war 17 Uhr, und fast alle Tische waren besetzt, aber Tatjana sah in einer Ecke noch einen kleinen Platz, sie stürmte gleich hin und setzte sich.

Lars kam hinterher und verzog das Gesicht: „Hättest du nicht auf mich warten können, ich trottele dir nach wie ein alter Hund!" Lars war gereizt.

Tatjana verstummte. Sie konnte keinen Ton herausbringen, was sollte sie sagen? Sie war sich im Klaren, dass Lars allen Grund hatte, auf sie sauer zu sein. Der Kellner brachte die Wein- und Getränkekarte. Lars bestellte ein Bier und Tatjana ein Wasser, sie hatte keine Lust auf Alkohol, ihr war schlecht.

„Du wirst auf einmal kreidebleich, geht's dir nicht gut?", fragte Lars.

„Ach, ist schon gut, habe vielleicht einfach das Essen gestern nicht vertragen … Katrin und ich wollen morgen wieder zurückfahren, kommst du mit uns, oder willst du wieder fliegen?" Tatjana versuchte krampfhaft, ein Gespräch zu führen, aber sie wurde dabei immer unsicherer.

„Ich dachte, wir bleiben noch zwei bis drei Tage, hast du keine Lust mehr auf Oslo … es gibt doch bestimmt noch viel zu sehen, oder?" Lars gab nicht auf, er brauchte eine Antwort.

Plötzlich hatte sie das Gefühl, einige Minuten für sich zu brauchen, sie sprang auf, entschuldigte sich noch kurz bei

Lars und verschwand auf der Toilette. Dort schloss sie sich ein, setzte sich auf den Klodeckel, stützte sich mit den Ellenbogen auf ihren Knien ab und weinte leise vor sich hin. Sie war so durcheinander und wäre am liebsten davongelaufen. Sie schrieb Katrin eine Kurzmitteilung auf ihrem Handy: „Hallo Kati, bitte rette mich, sitze auf der Toilette, weiß nicht, was ich mit Lars reden soll … ich kann nicht mehr! Kannst du kommen?" Sie schickte die Nachricht ab, und wartete noch einen kurzen Augenblick auf eine Antwort.

Die treue Seele von Freundin antwortete natürlich in den nächsten Sekunden: „Wo finde ich dich … bin so schnell es geht bei dir, bleib cool!"

Tatjana teilte Katrin die Adresse des Cafés mit, dann raffte sie sich auf und ging zum Waschbecken, um sich mit kalten Wasser zu erfrischen. Sie spritzte es sich in ihr Gesicht, zwei-, dreimal, sie schaute sich im Spiegel an. Ihr Make-up war verwischt, obwohl sie sich nur dezent die Augen geschminkt hatte, aber die Heulerei und der Regen hatten alles entstellt. So konnte sie unmöglich zum Tisch zurückgehen, ihre Tasche hatte sie am Tisch vergessen, sonst hätte sie ein bisschen Schminke gehabt. Also wartete sie, bis ihre Retterin eintraf.

Lars machte sich langsam Sorgen, er wartete schon zehn Minuten. „Was macht sie so lange da?", dachte er. Schließlich wurde er unruhig und beschloss, ihr nachzugehen. Just in diesem Moment kam Katrin ins Café, nass vom Regen und ausschauhaltend, ob sie Lars und Tatjana finden würde.

Lars entdeckte sie und stürmte auf sie zu, ohne sie zu begrüßen. „Bitte schau auf der Toilette nach, sie ist schon eine Viertelstunde dort verschwunden, ich mache mir langsam Sorgen …!"

Katrin beruhigte Lars erst mal, umarmte ihn und erzählte von der Nachricht, die sie von Tatjana erhalten hatte. Lars war beruhigt und ging wieder zu seinem Platz.

Katrin fand Tatjana auf der Toilette, wo sie immer noch fassungslos vor dem Spiegel stand. Sie hatte verheulte Augen.

„Hey, ich bin da, meine Süße, mach dir keinen Stress, das wird schon wieder!", wollte Katrin sie beruhigen, doch in diesem Moment klingelte Tatjanas Handy.

Es war ihre Mutter, die aufgeregt ins Handy brüllte, eigentlich wie immer: „Tatjana, bist du noch in Kopenhagen, äh, ich meine in Stockholm? Also jedenfalls, egal wo du jetzt bist, setze dich, ich habe eine wunderbare Neuigkeit … Ich heirate Günther, ist das nicht schön?"

Tatjana lehnte sich an die Wand und rutschte mit dem Rücken an ihr herunter. „Kati, ich glaube, ich muss kotzen!" Tatjana war total blass im Gesicht und fing an, am ganzen Körper zu zittern. Sie hatte das Gefühl, die Welt würde sich um sie herum drehen, ihr wurde schwindelig.

Katrin kniete sich neben sie auf den Boden und hielt ihre Hand: „Möchtest du dir Wasser ins Gesicht spritzen? … Komm, ich helf dir hoch!" Katrin versuchte, Tatjana zu helfen, aber Tatjana sackte wieder nach unten. „Ich hole Lars, okay?"

Doch Tatjana wehrte sich dagegen, sie wollte auf keinen Fall Lars in ihrer Nähe haben, es war ihr unangenehm, und so nahm sie alle Kraft, die sie noch hatte, zusammen und schwang sich zum Wasserhahn, um sich noch mal zu erfrischen. „Kati, ich muss hier weg, bitte bring mich zum Wohnmobil, und sag Lars, er soll bitte ohne mich nach Hause fliegen … ich brauch noch Zeit!" Tatjana wusste, dass es nicht richtig war, wie sie handelte, aber sie wollte einmal in ihrem Leben das tun, was sie, und nur sie, für richtig hielt.

„Okay, ich werde mit ihm reden, Tati. Aber du weißt, dass Lars nicht begeistert sein wird, und er schlimmstenfalls sogar die Trennung will …!"

Tatjana nickte und drehte sich von Katrin weg, um nicht ihr trauriges Gesicht zu zeigen.

Katrin ließ ihre Freundin kurz allein und erzählte Lars von dem Gespräch mit Tatjana.

„Was? Sie will mich noch nicht einmal sehen? Kati, bitte richte ihr aus, wenn sie das jetzt durchzieht, bin ich nicht mehr bereit für ein weiteres Gespräch mit ihr. Ich kann und will nicht mehr!" Lars wurde laut, im Café drehten sich einige Leute um und starrten ihn an. Er ging an die Bar, bestellte sich einen Whisky on Ice, trank ihn in einem Zug aus, bezahlte und verabschiedete sich bei Katrin, die Tränen in den Augen hatte.

„Lars, bleib doch, vielleicht renkt sich doch bald alles wieder ein!" Katrin konnte Lars aber nicht davon überzeugen. Sie ging zurück zur Toilette und sammelte Tatjana ein, die zusammengekauert am Boden saß.

Nichts ist für immer

Das war kein schöner Abend, und so versuchten Tatjana und Katrin, sich die Nacht mit Chips, Schokolade und Rotwein zu versüßen. Tatjana trank nur ein kleines Glas, weil ihr immer noch etwas übel war, aber die Schokolade war dafür zum größten Teil ihre Beute.

„Weißt du was, Kati … Ich werde ein Buch über meine Erlebnisse in Oslo mit Morten schreiben, ich denke, die Fans werden das doch bestimmt gern lesen!" Tatjana war sehr überzeugt davon, außerdem wollte sie schon immer mal ein Buch veröffentlichen. Warum nicht jetzt, in ihrer Selbstverwirklichungsphase? Das würde doch passen.

„Oh mein Gott … du willst wirklich ein Buch schreiben, Tati … du bist ja total crazy! Aber ich find's toll, echt! Warum nicht? Aber Lars flippt dann erst recht aus!" Katrin war immer die Vernünftigere von den beiden, und sie erinnerte ihre spontane Freundin gern im richtigen Moment daran, keine Dummheiten zu machen. Tatjana überhörte aber diesen gut gemeinten Ratschlag, sie fühlte, dass sie das einfach machen musste.

Lars übernachtete in einem kleinen Hotel in Oslo. Er wollte morgen wieder zurückfliegen, auch wenn er dann wieder Todesängste ausstehen musste wegen seiner Flugangst. Er gönnte sich noch ein paar Schnäpse aus der Minibar, um nicht mehr über den schrecklichen Abend nachdenken zu müssen.

Am nächsten Morgen nahm alles seinen geplanten Lauf, Lars frühstückte mit einem dicken Brummschädel ein Aspirin, aufgelöst in Wasser, packte seine wenigen Sachen zusammen und bestellte sich ein Taxi, das ihn auf dem schnellsten Weg zum Flughafen bringen sollte. Er wollte nur noch nach Hause und vergessen, was die letzten 24 Stunden passiert war.

Ähnlich erging es Tatjana, die in der Nacht kaum Schlaf gefunden hatte, weil sie ständig über Morten und Lars nachdenken musste. Sie kam aber zu keiner vernünftigen Lösung, außer die beiden Helden wären damit einverstanden, Tatjana zu teilen. Sie fand die Idee ja ganz attraktiv, aber sie glaubte nicht an ein Wunder, also wischte sie diese Gedanken wieder weg und widmete sich dem Kaffeekochen. Katrin kam dann allmählich auch zu sich und gesellte sich zu Tatjana, die verschlafen am Tisch saß und der Musik im Radio lauschte, es spielte gerade das neue Lied von a-ha „Butterfly, butterfly …" Sie wäre jetzt auch gern so frei wie ein Schmetterling gewesen, einfach in den Himmel fliegen und sich treiben lassen, warten, wo der Wind sie hintragen würde.

„Tati, träumst du wieder von jemand Bestimmtem? Wann wollen wir losfahren … willst du Lars nicht noch mal anrufen?" Katrin versuchte, Tatjana umzustimmen. Sie glaubte, dass Lars und sie noch eine Chance hatten.

Katrin trank ihren Kaffee und schlüpfte in ihre Jeans und ihr Shirt. Sie hielt Tatjana das Handy unter die Nase und deutete mit dem Finger darauf, wie eine Mutter, die ihrer Tochter klar machen wollte, dass sie jetzt endlich für die Schule lernen sollte.

„Nein, vergiss es, Kati. Ich kann ihn jetzt nicht anrufen, wird nur alles noch schlimmer, glaub's mir!" Tatjana winkte genervt ab und ging zur Toilette. Sie überlegte sich beim Zähneputzen, ob sie Morten noch einmal anrufen sollte, aber sie wollte auch nicht aufdringlich wirken. Außerdem hatte er Inez und die kleine Karmen, sie wollte ihm ja auch nicht sein Familienglück zerstören. Als hätte Morten Tatjanas Gedanken lesen können, rief er in diesem Moment an.

Katrin schaute auf das Display des Handys und erkannte seine Nummer, am liebsten hätte sie es einfach ausgeschaltet, doch Tatjana stürzte sich darauf wie eine Wölfin, die schon eine Woche nichts mehr gefressen hatte und ging dran, um endlich von ihrer Sehnsucht nach Morten befreit zu werden. „Hallo … Tatjana hier!" Sie verstummte kurz und hörte dann Mortens Stimme, er sang ihr „Send me an angel" a cappella ins Handy hinein. Tatjana lauschte seiner wunderschönen Stimme, mit Tränen in den Augen.

> … and every dream is far too sweet
> I let them all come down
> I do not know that we will meet
> Do not know that now
> Before I'm coming home
>
> Send me God
> Send me an angel
> Send me a sign
> Send me God …

„Warum machst du es mir so schwer, Morten?", fragte sie ihn traurig, weil sie wusste, dass sie nach Hause musste, zu Lars und ihrem alten Leben. Morten war ein Star, hatte seine Lebensgefährtin und Kinder, wie sollte sie dort noch einen Platz bei ihm finden? Das war doch total unrealistisch.

„Ich wollte nur noch mal deine Stimme hören, ohne eine bestimmte Absicht", sagte Morten. Er erzählte ihr, dass er in zwei Tagen in Stavanger ein Konzert geben würde, und fragte, ob Tatjana ihn in einer Woche anrufen wolle, dann sei sein Terminkalender frei.

Tatjana war unsicher und gab Morten keine Antwort, sondern verabschiedete sich mit den Worten: „Wir sehen uns, ha det!" Dann schaltete sie ihr Handy aus, sie wollte keine Anrufe mehr.

> I'll be here through the night
> With you till the first signs of light
> Say the word and I'll come tonight
>
> It's all right now

Don't you cry now
Hush …
Wipe your tears away
THERE'S NEVER A FOREVER THING

Lars hatte eingecheckt und saß bald darauf im Flugzeug, er schaute aus dem kleinen Fenster und wartete nervös, dass die Maschine endlich startete. Die Flugzeit betrug zwar nur knapp zwei Stunden, aber für Lars war das so lange wie zwanzig Stunden. Seine Gedanken drehten sich, und er erinnerte sich plötzlich an die Hochzeit vor sechs Jahren. Sie hatten damals so schön gefeiert mit all ihren Freunden in ihrer kleinen, alten Villa. Es war eine Einweihungs- und Polterhochzeitsparty gewesen, da sie kurz vor der Hochzeit dort eingezogen waren. Der Tag ist damals so wunderschön gewesen, viele hatten die beiden beneidet. Lars schluckte, ihm liefen auf einmal Tränen über die Wangen, er konnte es nicht verhindern, auch wenn es sonst nicht seine Art war, seine Gefühle so offen zu zeigen.

Auch Katrin und Tatjana traten die Heimreise an, sie waren beide noch sehr müde und saßen wortlos nebeneinander. Katrin fuhr, Tatjana schaute sich die vorbeiziehenden Wolken am Himmel an. Es lief keine Musik, man hörte nur das Brummen des Motors.

Katrin sagte auf einmal: „Ich hab Angst wegen der OP nächste Woche!"

Tatjana streichelte ihrer Freundin über den Arm. „Du schaffst das, du hast bestimmt nichts Bösartiges, Kati … ich bin bei dir, hab keine Angst."

Katrin zeigte nicht oft ihre Schwächen, aber in ihrer jetzigen Situation musste selbst sie sich eingestehen, wie sehr sie Ängste hatte, die sie nicht einfach unterdrücken konnte. Sie weinte plötzlich und konnte sich nicht mehr beruhigen, deshalb fuhr sie an die Seite. Tatjana umarmte ihre traurige Freundin, ohne ein Wort zu sagen. Sie hielt sie ganz fest und streichelte ihr über den Kopf, als würde sie ein kleines Kind trösten. „Ach, Tati … es tut mir leid, dass ich so heulen muss … aber …" Katrin entschuldigte sich, obwohl sie wirklich keinen Grund dazu hatte.

„Kati, bitte sei einfach ganz entspannt … Du musst jetzt gar nichts sagen, okay?", beruhigte Tatjana sie mit ihrer ruhigen, sanften Stimme. Sie betete leise zu ihrem Erzengel Michael, er solle ihrer Freundin Kraft und positive Energie geben.

Tatjana merkte, dass ihr Leben wieder normal wurde, sie war in die Realität zurückgekommen. Hier wurde sie jetzt dringend gebraucht und sollte nicht ständig in ihre Traumwelt flüchten. Sie entschuldigte sich bei Katrin für ihr Verhalten in den letzten Tagen. Langsam beruhigte die sich auch wieder. Sie wollte nur noch einen Augenblick zur Ruhe kommen und sich hinlegen, also übernahm Tatjana das Steuer, machte leise das Radio an und prompt spielte „The sun always shines on TV."

Touch me
How can it be
Believe me
The sun always shines on TV
Hold me
Close to your heart
Touch me
And give all your love to me
To me

„Komisch", dachte Tatjana, „immer wenn ich das Radio anmache, spielen sie irgendein Lied von den Jungs … Das kann doch nicht mit rechten Dingen zugehen." Auf einmal wurden ihre kurzen Träumereien von ihrem Handyklingeln gestört, es war Tatjanas Mutter.

„Hallo … bist du dran?" Hektisch schrie ihre Mutter wieder ins Handy. „Lars hat mich angerufen und fragte mich, ob ich noch eine Woche nach Gregor schauen kann, er muss geschäftlich weg, ab morgen!"

Tatjana war erstaunt, dass Lars ihr das nicht selbst erzählt hatte. „Du, lass mal gut sein, bin gerade auf der Heimreise, und ich denke, dass ich heute Nacht zu Hause bin, dann kann ich mich selbst um Gregor kümmern, danke!" Tatjana war gereizt und erklärte ihrer Mutter, dass sie jetzt das Gespräch beenden wollte, weil sie fahren musste.

„Ach so, aber sag mal, bist du wirklich diesem Sänger in Oslo, da warst du doch, begegnet? Dein Bruder hat mir das Bild in der Zeitung gezeigt, letzte Woche … was sagt Lars dazu?"

Tatjanas Mutter verstand offensichtlich nicht, dass ihre Tochter während des Autofahrens nicht telefonieren wollte, also machte Tatjana es kurz und schmerzlos. „Hör zu, Mama, das erzähl ich dir ein anderes Mal, ruf dich dann an!" Damit beendete sie das Gespräch endgültig.

Früh am Morgen

Nach mehreren Pausen kamen sie sehr erschöpft früh morgens um fünf Uhr zu Hause bei Tatjana an. Katrin übernachtete bei ihr. Tatjana war gespannt, was Lars jetzt noch sagen würde, wegen der Sache in Oslo. Sie war froh, dass Katrin bei ihr war, dann würde das Gespräch vielleicht nicht wieder so eskalieren. Als sie die Haustür öffnete, kam ihr Gregor schmusend entgegengetigert, er schnurrte wie ein Löwe. Tatjana hatte Schwierigkeiten geradeaus zu gehen, weil er Slalom um ihre Beine lief. Katrin schnappte sich irgendwann den süßen, kleinen Stubentiger und beschmuste ihn ausgiebig, damit ihre Freundin mit Lars reden konnte, ohne Störung jeglicher Art. Tatjana machte sich auf die Suche, um ihren eingeschnappten Mann zu finden, aber der war weg. Auf dem großen Ikea-Küchentisch aus massivem Buchenholz lag ein Zettel. Darauf stand: Bin heute Nacht bei einem Arbeitskollegen, wir wollen frühmorgens los, nach Berlin … bin so in knapp einer Woche wieder zurück. Wegen Gregor habe ich mit deiner Mutter gesprochen, hoffe, es hat alles geklappt! Ich melde mich mal, wenn ich angekommen bin … Grüße, Lars.

Tatjana setzte sich hin und starrte den Zettel fassungslos an, sie hatte sich jetzt schon auf ein Versöhnungsgespräch mit Lars eingestellt. Sie wollte sich bei ihm entschuldigen, es sollte alles wieder normal werden, so wie früher … „Der kann doch jetzt nicht einfach weggehen", dachte sie enttäuscht.

„Soll ich uns einen Tee kochen?", fragte Katrin, die inzwischen in die Küche gekommen war und den Zettel in Tatjanas Händen sah. Katrin fragte, wann Lars wiederkommen würde, aber sie bekam keine Antwort. Tatjana war immer noch nicht bereit, ein Wort aus sich herauszubringen.

„Tati, jetzt sei nicht so traurig … ist besser so, dann habt ihr mal ein bisschen Abstand voneinander und könnt in Ruhe nachdenken!", sagte Katrin einfühlsam.

„Ich … Ich will aber keinen Abstand, ich brauche ihn jetzt zum Reden … Er fehlt mir auf einmal so sehr … Ich weiß doch, dass ich übertrieben hab!", schluchzte Tatjana.

Katrin nahm Tatjana in den Arm und tröstete sie. „Wir gehen jetzt erst einmal schlafen … Morgen reden wir einfach noch mal darüber. Jetzt können wir sowieso nichts ändern. Okay?"

Tatjana brauchte eine heiße Dusche. Katrin legte sich schon ins Bett, in dem Gregor bereits auf dem Kopfkissen wartete. Unter der Dusche kreisten die Gedanken in Tatjanas Kopf, sie dachte an damals, als Lars ihr einen Heiratsantrag gemacht hatte, am Strand in Dänemark, es war so romantisch gewesen. Gleichzeitig musste sie an Morten denken, er hatte so schöne Augen und diese Stimme … „Wie soll es denn weitergehen?", überlegte sie. Doch irgendwann wurde Tatjana so müde, dass sie ganz schnell aus der Duschkabine hinausmusste, um nicht dort einzuschlafen. Sie trocknete sich ab, zog den Pyjama von Lars an, der noch über der Heizung hing, und kuschelte sich ins Bett hinein. Katrin schnarchte schon leise vor sich hin.

Early morning

Eight a' clock precise
I see the lonely August sun arise
Say you know
You will
Move me like you do …

Viel Schlaf bekamen Katrin und Tatjana jedoch nicht. Morgens um acht Uhr klingelte es an der Tür. Tatjana saß sofort senkrecht im Bett, sie wurde aus einem wilden Traum gerissen und musste sich erst einmal orientieren, wo sie war. Dann zog sie sich ihren Snoopy-Morgenmantel über und hastete zur Tür.

Chris, ihr Bruder, stand mit frischen Brötchen und einer Flasche Prosecco angelehnt am Türrahmen und grinste Tatjana freundlich an. „Hallo Schwesterherzchen, wie siehst du denn aus? Ich dachte, ich schneie mal so vorbei, ohne Ankündigung, ist ja auch total spießig … Hab Frühstück mitgebracht. Ist Lars auch da?" Chris redete ohne Punkt und Komma. Tatjana gähnte provokativ, bat ihn aber dann doch hinein, schließlich hatte sie ja Hunger, da war das mit den Brötchen keine schlechte Idee.

„Sei ein bisschen leise, Kati ist da und schläft noch!", erklärte sie ihrem Bruderherz, aber dieser konnte offenbar nur in schrillen Tönen reden.

„Wie, du und Kati, na na na … ihr seid doch nicht ein Paar? Du verbringst ja mehr Zeit mit ihr als mit Lars!", stellte Chris kichernd fest, und lachte laut und affektiert über seinen eigenen Witz.

Kati kam in diesem Moment aus dem Schlafzimmer getaumelt, sie war noch sehr müde, konnte aber wegen des Lärms nicht mehr weiterschlafen. „Guten Morgen allerseits! Habt ja schon viel zu lachen am frühen Morgen!", brummelte Katrin, sie war etwas genervt.

Tatjana entschuldigte sich für die Lautstärke und deckte den Frühstückstisch, während Chris sich gemütlich in den Schwingsessel in der Küche platzierte und Tatjana über die Reise nach Oslo ausquetschte. „So, Süße, jetzt erzähl mal ganz genau, was da läuft zwischen dir und diesem Sänger … wie heißt er noch gleich … irgendwas mit Harkon, oder so?"

„M o r t e n   H a r k e t !", verbesserte ihn Tatjana, indem sie ganz langsam die einzelnen Buchstaben aussprach.

Katrin ging ins Bad, sie konnte die Stimme von Chris so früh am Morgen noch nicht ertragen. Sie brauchte sowieso erst einmal eine frische Dusche zum Wachwerden.

Chris spielte sich gern in den Vordergrund, und so kam es natürlich zu weiteren, bohrenden Endlosfragereien. Er wollte jedes Detail über Morten erfahren, schließlich war auch er ein bisschen verliebt in ihn, natürlich nur in seine äußere Erscheinung. Chris konnte sich absolut nicht vorstellen, was so ein hübscher Kerl von seiner pummeligen, durchgeknallten und nicht genug gestylten Schwester wollte. „Ja, also du und Morten, ihr habt doch nicht etwa was angestellt?", fragte Chris mal wieder ganz plump.

„Ja, also in der kurzen Zeit mindestens siebenmal, dann machen wir seitdem jeden Abend auch Telefonsex … na ja, du weißt ja, wie wichtig Sex für mich ist, oder, Bruderherzchen?", meinte Tatjana ironisch.

Chris rollte seine Augen und öffnete dann galant die Proseccoflasche mit laut knallendem Korken. „Ach, du liebes Sahnetörtchen … Du bist ja spaßig heute. Ich kann mir ja denken, dass Mortilein ganz viele Chancen bei so vielen Frauen hat, da kann er dich bestimmt nicht auch noch gebrauchen. Ist natürlich jetzt nicht abwertend gemeint, Süße!" Chris verstand es, anderen so richtig schön auf die Füße zu treten.

Tatjana kochte innerlich vor Wut, aber sie wollte es sich auf keinen Fall anmerken lassen, sie gab einfach Contra, indem sie sagte, dass Morten ja absolut nichts mit schwulen Männern anfangen könnte, und er eher auf weibliche Frauen mit Sinn für soziales Engagement stehen würde.

In diesem Moment klingelte Tatjanas Handy. Es war Morten, der wissen wollte, ob Tatjana gerade zu Hause wäre. Er war in Frankfurt auf dem Flughafen, um dort ein kleines Konzert zu geben für einen Radiosender, danach wollte er sie gern treffen. Tatjana pochte das Herz bis zum Hals, sie war nur noch selig. Morten konnte wohl Gedanken lesen, er rief fast immer im richtigen Augenblick an.

Ein Duft aus Orchideen und Sandelholz

Das Frühstück mit Chris und seine nervenden Fragen über Morten zogen an Tatjana wie eine schlechte Daily Soap vorbei. Sie war in Gedanken nur bei der Verabredung mit Morten, sie wollten sich gegen Nachmittag am Flughafen treffen. Katrin fuhr nach dem Duschen heim, sie hatte keinen Hunger und wollte mal eine Auszeit haben, um sich wieder zu sammeln. Sie war eher der Mensch, der gern auch mal allein war, gerade wenn sie Probleme hatte. Tatjana knuddelte sie noch mal herzlich, bevor sie ging, und versprach Katrin, sich abends bei ihr zu melden. Kurze Zeit später kehrte sie dann ihren Bruder hinaus, der erst nach mehrmaligen Versuchen bemerkte, dass Tatjana ihn eigentlich nur noch loswerden wollte. Schließlich brauchte sie noch Zeit, sich mindestens dreimal umzuziehen, ihre Zähne zu putzen, die Haare zu frisieren, in verschiedenen Variationen, bis sie die richtige Frisur gefunden hatte … also all das, was eine Frau eben vor einem wichtigen Date so macht, um sich von ihrer Schokoladenseite zeigen zu können.

Als Tatjana dann endlich das passende Outfit gefunden hatte, sprühte sie sich noch ihren Lieblingsduft aus wilden Orchideen und Sandelholz auf, und dann konnte ihre Verabredung wahr werden. Sie zitterte schon wieder am ganzen Körper. In ihrer Ente fuhr sie rasch durch Frankfurts Innenstadt, bis sie dann die Ausfahrt Richtung Flughafen nehmen konnte. Sie war so ungeheuer aufgeregt, überlegte sich, was sie Morten alles sagen wollte. Wahrscheinlich bekam sie wieder kein einziges Wort heraus, wenn sie vor ihm stand. Seine Augen, Tatjana sah sie direkt vor sich leuchten. Dieser Mann brachte sie noch um den Verstand, aber den brauchte sie doch jetzt umso mehr, da sie wusste, dass Morten in einer Beziehung lebte. Er führte das Leben eines Stars, war ständig im Rampenlicht. Da fiel ihr ein, dass sie ihre Engelkarten noch in ihrer Handtasche hatte. Sie beschloss, noch einen Engel zu ziehen, bevor sie zum Treffpunkt ging. Tatjana suchte im Parkhaus des Flughafens einen Platz, atmete dreimal tief ein und aus und zog die Karten aus ihrer Tasche. Sie machte ihre Augen fest zu und wünschte sich eine Antwort von einem Engel. Sie zog ihren Erzengel Michael, die beiden waren irgendwie füreinander bestimmt, jedenfalls riet er ihr zu Ruhe, Gelassenheit und Geduld. Sie solle außerdem in sich gehen und auf ihre innere Stimme hören. „Wie soll ich denn in mich gehen, wenn ich momentan gar nicht weiß, wo mein Eingang ist?", überlegte Tatjana laut. Darüber musste sie dann selbst schmunzeln. Sie bedankte sich bei ihrem Himmelsboten, denn das ist oberstes Gesetz in der Engelwelt, im Gegensatz zu den Menschen, die ja gern das Wort „Danke" vergessen … geschweige denn das Wort „Bitte" kennen. Sie schaute dann kurz in den Autospiegel und legte ein wenig Lipgloss auf, um ihren vollen Lippen noch mehr Ausdruck zu geben.

Jetzt sah Tatjana selbst aus wie ein Star. Sie hatte ihre dunkelblaue Röhrenjeans an, ihre Chucks, eine lilafarbene Tunika mit einem breiten, schwarzen Ledergürtel um die Hüften. Sie setzte sich ihre dunkelbraune Lieblings-Hippie-Sonnenbrille auf und hatte um ihre Stirn ein Häkelbändchen gebunden. Sie suchte die Besucherterrasse auf, dort wollte Morten nach dem Konzert und der Autogrammstunde auf sie warten. Sie sah ihn schon von Weitem an einem Tisch sitzen, umzingelt von mindestens 50 Frauen, die mit ihm Fotos machen wollten oder ihm CDs unter die Nase hielten, auf denen er unterschreiben sollte. Sein Lachen war umwerfend, wie immer … er hatte diese Magie in seinem Lächeln, die Frauen einfach schwach werden ließ. Tatjana beobachtete ihn eine Weile und ging dann langsam auf die Menge wildgewordener Mittdreißigerinnen zu. Sie stellte sich an die Seite, lächelte ihn an und hielt ihm die Engelskarte hin. „Kann ich bitte ein Autogramm haben?", fragte sie. Morten schaute zu ihr hoch, er hatte seine Brille auf, die ihn so männlich und sexy aussehen ließ.

„Natürlich, junge Frau!", gab er zurück, in einer strahlenden Leichtigkeit, die Tatjana direkt zum Schmelzen brachte und sie sprachlos werden ließ, so wie sie es schon geahnt hatte.

Die anderen Fans drängelten sich unentwegt dazwischen und riefen Mortens Namen, sie waren schon fast neidisch auf Tatjana, weil er ihr seine ganze Aufmerksamkeit schenkte. Morten gab Tatjana ein Zeichen, dass sie sich gleich treffen würden, er verabschiedete sich von seiner weiblichen Fangemeinde und ging mit seinem Bodyguard Richtung Ausgang. Dort wartete ein Chauffeur in einem dunkelblauen Van, der ihn ins Hotel zurückbringen sollte. Tatjana ging ihm mit ein wenig Abstand hinterher, sie wollte nicht so auffallen, vor allem sollten nicht wieder irgendwelche Paparazzi seltsame Fotos schießen wie beim vorigen öffentlichen Treffen. Sie bekam eine Mitteilung auf ihrem Handy von Morten: Hotel Intercontinental, Zimmer 222!

Tatjana ging daraufhin schnell zu ihrer Ente im Parkhaus und steuerte das besagte Hotel an. Ihr wurde kalt und heiß zugleich. „Was würde jetzt passieren?", dachte sie. Sie wollte keinen Fehler machen, den sie vielleicht bereuen würde. Kurz vor der Einfahrt zum Hotel drehte sie um und fuhr nach Hause. Sie wollte sich lieber hier mit Morten treffen, nicht wieder in der Öffentlichkeit, sie wollte kein Publikum, vielleicht würde ihm das auch lieber sein. Sie schrieb sofort eine Mitteilung zurück, mit ihrer Adresse. Kurze Zeit später bestätigte Morten ihre Nachricht mit einem einfachen: Okay! Tatjana rannte sofort zur Toilette, als sie zu Hause ankam. Sie musste sich übergeben, ihr war entsetzlich schlecht. Sie schaute sich im Spiegel an und bemerkte, wie blass sie trotz Make-up wirkte. „Ausgerechnet jetzt muss ich so scheiße aussehen", dachte sie, und war wütend auf sich selbst. Sie spülte ihren Mund mit Mundwasser aus, trug noch einmal Lippenstift auf und wuschelte sich durch ihre langen braunen Haare. Sie wollte einfach nur perfekt und trotzdem natürlich aussehen, doch sie hatte das Gefühl, es eher immer noch schlimmer zu machen mit ihren Stylingversuchen. Ihre Zeit war auch schon nach 15 Minuten abgelaufen, denn da klingelte es an der Tür. Tatjanas Herz setzte einen winzigen Moment aus. „Oh Gott, hilf mir jetzt, ich will keinen Fehler machen", sagte Tatjana laut zu sich selbst. Sie ging langsam zur Haustür, schaute sich ein letztes Mal im großen Spiegel in der Diele an, atmete tief durch und öffnete aufgeregt die Tür. Da stand er, in voller Pracht.

Ein Mann, der es wert war, ein ganzes Leben zu verändern, dachte Tatjana. „Herzlich willkommen in meinem bescheidenen Haus!" Tatjana konnte gar nicht viel mehr sagen, da wurde es ihr schon wieder übel, sie ließ Morten stehen, rannte zur Toilette und übergab sich, ohne wahrzunehmen, dass Morten ihr folgte. Er wollte ihr helfen, holte ein Handtuch, das über der Badewanne hing, machte es mit kaltem Wasser feucht und legte es ihr vorsichtig in den Nacken. Tatjana spürte die angenehme Frische auf ihrer Haut, aber es war ihr unsagbar peinlich, als sie Morten neben sich stehen sah. „Wie kann ich mich denn so gehen lassen?", dachte sie und entschuldigte sich für ihre seltsame Art von Gastfreundlichkeit.

Morten lachte und streichelte ihr sanft über ihre Wange. „Ist nicht schlimm, ich bin doch auch nur ein stinknormaler Mensch, schäm dich nicht vor mir!"

Tatjana raffte sich nach einer gewissen Zeit wieder auf und sah Morten in die Augen. „Ja, aber für mich bist du immer noch mein absolutes Teenie-Idol … Ich versuche, dich zwar als einen normalen Mann zu sehen, aber es fällt mir noch sehr schwer, auch wenn ich gut verstehe, dass es dich total nervt, wenn du nur als Popstar wahrgenommen wirst …!" Tatjana versuchte, ihm zu erklären, wie sie sich fühlte. Sie dachte, sie fühlte nur diese Übelkeit wegen der ganzen Aufregung. Aber es kam alles noch ganz anders.

Einfach nur überirdisch

Der Abend mit Morten verlief ganz harmlos, Tatjana lag auf ihrem gemütlichen roten Sofa, mit einer Wärmflasche auf dem Bauch, und Morten saß auf dem nicht besonders hübschen, aber ungeheuerlich bequemen Fernsehsessel ihrer Großmutter neben ihr und erzählte aus seiner Jugendzeit, dass er es nicht leicht gehabt hatte, oft gehänselt und verprügelt worden war.

Tatjana war beeindruckt von seinem starken Willen, den er immer wieder in seinem Leben gezeigt hatte, er ließ sich nicht kleinkriegen, das beeindruckte sie sehr. Morten war kein Ja-Sager, der es allen recht machen wollte, nein, er war jemand, der auch gern provozierte, er wollte seine eigene Meinung vertreten, er mochte keine Blender, die ihn anlachten, nur weil er ein Star war, er wollte er selbst bleiben. Deswegen bewunderte er Tatjana so sehr, sie war auch sie selbst geblieben, als sie ihn persönlich traf.

„Danke, Tatjana, dass du so normal mit mir umgehst!", sagte Morten auf einmal sehr bedacht, er nahm ihre Hand und fühlte, wie entspannt Tatjana war.

Das Gespräch tat ihr so gut, sie glaubte, Morten schon lange zu kennen, seine Worte, seine Gedanken und Gefühle waren ihr so nah, sie hatte das Gefühl, Morten und sie würden aus einem Mund sprechen. „Es ist überirdisch", dachte Tatjana und hielt weiterhin Mortens Hand, sie wollte sie am liebsten nie mehr loslassen.

Doch da klingelte das Telefon, Tatjana setzte sich vorsichtig auf, um dann langsam aufzustehen. Ihr war noch schwindelig. Sie nahm den Hörer ab und meldete sich mit „Tatjana Sandberg, hallo?"

Katrin war am anderen Ende und erkundigte sich nach ihrer Freundin. Sie war ein wenig enttäuscht, weil Tatjana noch nicht angerufen hatte, immerhin hatte sie es ja Katrin versprochen. Aber so war Tatjana, sie konnte nicht immer ihre Versprechungen einhalten, dafür war sie zu sehr der Typ Bauch-Mensch. Sie dachte nicht gern allzu lange nach, sondern entschied eben aus ihrem Bauch heraus, der es doch nur gut mit ihr meinte. Manchmal vergaß sie dann leider solche Verabredungen, aber ihre langjährige Freundin verzieh ihr meist wieder ganz schnell, sie kannte sie schon so gut und wusste, dass es Tatjana nie böse meinte.

„Hi Tati ... sorry, dass ich so spät noch anrufe, hab mir Sorgen gemacht, weil du dich doch noch melden wolltest, hast du Besuch?" Katrin ahnte schon, dass Morten bei Tatjana war.

„Oh, tut mir leid, Kati!", entschuldigte sich Tatjana und erzählte von ihrer Übelkeit und von Morten, der sich so rührend um sie kümmerte.

Sie verabredeten sich für den nächsten Tag zum Frühstück. Morten verabschiedete sich dann bald, weil er am frühen Morgen schon wieder zurückfliegen musste, er hatte in zwei Tagen ein Konzert in München und wollte dazwischen noch einmal nach Hause, um ein paar Sachen zu packen und Inez und Karmen zu sehen.

„Liebe Tatjana, ich finde, du bist ein toller Mensch, ich begegne nicht oft solchen Menschen, deswegen hab ich mich auch auf diese Freundschaft eingelassen. Ich schätze deine Offenheit und deine Meinung sehr, bleib so und lass dich nicht verändern! Ich weiß, wir werden uns wiedersehen." Morten küsste Tatjana sanft auf die Stirn und schaute ihr in die Augen.

„Ich danke dir und hoffe, das war wirklich nicht unser letztes Treffen ... Bitte verzeih mir, dass ich so furchtbar aussehe gerade", entschuldigte sich Tatjana, aber Morten lachte nur laut und meinte: „Was ist denn Aussehen schon wert, erstens bist du eine sehr attraktive Frau, und zweitens liebe ich am meisten deine innere Schönheit ... das müsstest du wissen!"

Tatjana errötete und schaute verlegen in eine andere Richtung, sie konnte jetzt unmöglich in Mortens Augen schauen, sonst würde sie vielleicht zu guter Letzt noch ohnmächtig werden.

Höhen und Tiefen

… but I know I'll be hunting high and low
high – there's no end to lenghts I'll go to
HUNTING HIGH AND LOW
high – there's no end to the lenghts I'll go to find
her again

Am nächsten Morgen wurde Tatjana sanft geweckt von ihrem Klingelton „Hunting high and low". Sie wollte es erst nicht wahrhaben, dass es nur ihr Handy war, sie dachte, Morten säße noch neben ihr und würde ihr vorsingen. Sie rieb sich den Schlaf aus ihren Augen und suchte schließlich ihr Handy, das nun schon zum zweiten Mal Musik machte. „Ja, ja, keine Panik, wenn ich dich finde, du blödes Ding … wo steckst du denn nur?", fluchte Tatjana. Sie rannte wie ein Körner suchendes Huhn durch das Wohnzimmer und suchte das Handy, das immer wieder von Neuem anfing zu musizieren. Endlich fand Tatjana es unter dem Sofa, sie griff hektisch danach, prellte sich dabei noch die Nase am Wohnzimmertisch, der im Weg stand, und fragte, wer sie denn so hartnäckig anrief.

„Hallo Tatjana, hier ist deine Mutter! Ich machte mir schon Sorgen, warum gehst du nicht an dein Handy, rufe jetzt schon mindestens zum fünften Mal an!", protestierte Tatjanas Mutter aufbrausend.

Das konnte Tatjana jetzt am wenigsten gebrauchen. Wahrscheinlich hatte ihre Mutter wieder irgendwelche umwerfenden Neuigkeiten. „Vielleicht geht es um die Hochzeitsplanung", dachte Tatjana und fragte sie, was es denn Neues geben würde.

„Stell dir vor, ich hab heute Morgen die neue ‚Goldina' gekauft, und was sehe ich da? Dich und diesen Star aus … Schweden oder Dänemark, nein … ist ja auch egal, jedenfalls stand da irgendwas von, ob du eben die neue Freundin wärst, weil man dich in … ach ja, Norwegen war es, gesehen hätte, mit ihm, in einem Café … Ist denn da was, was ich wissen müsste?" Tatjanas Mutter war sehr neugierig und konnte es kaum erwarten, von ihrer Tochter zu erfahren, was die mit diesem „Star" machte.

„Ach, Mama, jetzt beruhige dich mal, ich habe Morten Harket ein paar Mal getroffen, ja und, er ist auch nur ein Mensch, wir haben Kontakt, mehr nicht … Warum interessiert dich das überhaupt, ich bin dir doch sonst auch mehr oder weniger egal!" Tatjana war wütend auf ihre Mutter. Sie rief nur an, wenn sie unbedingt was Neues erfahren wollte oder wenn sie Tatjana für irgendetwas brauchte. Das Gespräch endete in einem Streit, der aus Vorwürfen bestand und alten, schon längst abgehakten Dingen, aber Tatjana war so enttäuscht, dass sie sich immer mehr in diese alten Geschichten hineinsteigerte und das Handy mitten im Gespräch ausschaltete. Sie wollte nichts mehr hören, ihr wurde es wieder übel.

Sie rannte zur Toilette und übergab sich, dieses Mal begleitete Gregor sie, er schnurrte sanft und versuchte, Tatjana zu trösten, indem er seine Nase an ihrem Knie rieb. „Ach, du süßer, kleiner Tiger, was würde ich nur ohne dich machen? Du weißt genau, wenn es mir schlecht geht …!" Tatjana setzte sich neben das Klo auf den Boden, streichelte ihren Kater und weinte lauthals los. „Ich bin in letzter Zeit so eine Heulsuse", dachte Tatjana und bemerkte plötzlich, dass ihre Brüste spannten. „Nein, das ist jetzt nicht wahr!", schrie sie auf. „Das ist unmöglich! Ich muss sofort Katrin anrufen!"

Sie lief zu ihrem Handy. „Katrin, bitte kannst du jetzt gleich kommen? Ich glaube, ich bin schwanger!", jammerte Tatjana verzweifelt in ihren Telefonhörer.

Katrin wollte sowieso bald darauf kommen, weil sie mit Tatjana zum Frühstück verabredet war. Sie beruhigte ihre Freundin kurz und fuhr dann los. Katrin ging es zur Zeit auch nicht sehr gut, weil sie sich Sorgen wegen der bevorstehenden Operation machte, aber sie versuchte, ihr

Problem zu verdrängen, das konnte sie gut, sie hasste es sowieso, im Mittelpunkt zu stehen, und wollte auch kein Mitleid von anderen. Auf der Fahrt überlegte sie, wie sie ihrer Freundin helfen könnte. Sie fuhr zur nächsten Apotheke und holte verschiedene Schwangerschaftstests, dann kaufte sie nebenan beim Bäcker noch ein paar frische Brötchen. Kurze Zeit später stand Katrin bei Tatjana vor der Haustür, voll bepackt mit Frühstücksutensilien und einer größeren Apothekentüte mit den Tests von mehreren Herstellern. Katrin wollte immer auf Nummer sicher gehen, wenn sie etwas in Angriff nahm.

„Hallo meine Liebe, mach dir jetzt keine unnötigen Sorgen, bevor du nicht weißt, was wirklich Sache ist!", redete Katrin auf Tatjana ein, die mit geschwollenen Augen vor ihr stand.

„Wie soll ich denn jetzt mit Lars umgehen? Er will doch nichts mehr von mir, er wird denken, dass das Kind von Morten ist … Das ist es definitiv nicht, aber das wird er mir nicht glauben!" Es brach eine Woge über Tatjana zusammen, sie war völlig durcheinander.

Katrin ging mit ihrer verwirrten Freundin ins Bad, um erst einmal Klarheit zu schaffen. Sie holte sämtliche Päckchen aus der Einkaufstasche und hielt sie Tatjana hin. „Ich soll die alle machen?", fragte diese erstaunt Katrin, die nur nickte und antwortete: „Sicher ist sicher!"

Tatjana setzte sich auf die Toilette und weinte weiter, sie versuchte, den Becher mit Urin zu füllen, dann packte sie die Wunderstreifen aus und hielt sie alle gleichzeitig in den Becher. Katrin stellte den Wecker auf drei Minuten, dann begann die schlimmste Zeit, die Wartezeit. Wird Tatjana Sandberg in etwa neun Monaten ein Kind im Arm halten, wer wird der Vater sein, wie wird es weitergehen, wird Lars einen Vaterschaftstest machen, weil er sich unsicher ist, ob er wirklich der Papa ist …? Tausend Fragen, keine Antwort. Katrin und Tatjana standen die Schweißperlen auf der Stirn.

Endlich war die Zeit abgelaufen, der Wecker rappelte schrecklich laut und Tatjana erhob sich von der Toilette.

Alle Stäbchen wiesen nach, dass Tatjana schwanger war.

„Ich glaub es nicht … Kati, soll ich mich jetzt freuen oder soll ich weinen?"

Katrin lächelte Tatjana an, nahm sie in die Arme und gratulierte ihr. „Mensch, Tati, das ist doch super, du wolltest doch immer ein Kind. Lars wird sich beruhigen, lass ihm einfach ein wenig Zeit!"

Tatjana sah die Situation nicht so entspannt wie Katrin, eigentlich war sie ja immer die Gefühlschaotin gewesen und Katrin der Verstandesmensch. „Aber irgendwie haben sich die Zeiten wohl geändert", dachte Tatjana und blickte ins Leere. Sie war erschöpft und wollte nur noch schlafen.

„Ich muss mich mal aufs Sofa legen, kannst du mich in einer Stunde wecken, Kati?", fragte Tatjana laut gähnend.

Sie hatte sich kaum hingelegt, da war sie schon eingeschlafen. Sie hörte noch nicht einmal ihr Handy klingeln. Lars rief an. Katrin meldete sich. „Hallo, hier ist Kati, Tatjana schläft gerade, wo bist du?"

Lars erzählte, dass er jetzt in Berlin gut angekommen sei und viel zu arbeiten habe, er erkundigte sich nach Tatjana, weil er sich wunderte, dass sie schon schlief. Katrin wimmelte ihn ab, sie sagte, Tatjana hätte einfach tierische Bauchschmerzen. Damit gab sich Lars zufrieden, er bestellte noch schöne Grüße an Tatjana und meinte, dass er in fünf Tagen wieder zu Hause wäre.

Lars machte sich natürlich Sorgen, er wollte es nur nicht Kati gegenüber zugeben, weil er sich und Tatjana eine Auszeit geben wollte. Um aber nicht noch mehr in Gedanken zu versinken, widmete er sich seiner Arbeit.

Nachdem Tatjana zwei Stunden fest geschlafen hatte, weckte Katrin sie mit einer Tasse ayurvedischen Tee. Tatjana konnte aber den Duft von Kardamon und Zimt gerade gar nicht ertragen, und schob die Tasse weit weg von sich.

„Ich muss einen Frauenarzttermin ausmachen, Kati!", beschloss Tatjana, ihr kamen schon wieder Tränen bei dem Gedanken, was noch alles auf sie zukommen würde.

Katrin holte die Kleenex-Tücher und legte Tatjanas Lieblings-CD ein, „Hunting high and low" von a-ha. Sie erinnerte sich an die Zeit in den 80er-Jahren, als sie zusammen auf das erste Konzert gegangen waren.

Erinnerungen an die alten Zeiten

„Weißt du noch, wie jung wir damals waren, Tati? Das waren noch unbeschwerte Zeiten, oder? Jetzt rede ich schon wie meine Oma." Katrin schwelgte in Jugendträumereien.

Tatjana beruhigte sich schlagartig, nahm ihre Freundin in die Arme und drückte sie ganz fest: „Ich werde jetzt nicht mehr heulen, ich hab doch gar keinen Grund. Jetzt kümmere ich mich erst mal um dich, meine Liebe!" Tatjana wischte sich noch die letzten Tränen vom Gesicht und sah auf ihrem Handy, dass eine Kurzmitteilung angekommen war. Lars hatte ihr geschrieben: Hallo Schatz, ich hoffe es geht dir wieder besser, habe mit Kati gesprochen, komme vielleicht schon in zwei Tagen nach Hause.

Tatjana war gleich wieder besorgt, weil sie dachte, Katrin hätte ihm schon mitgeteilt, dass er Papa werden würde.

Katrin klärte aber schnell das Missverständnis auf und erzählte Tatjana, dass sie nur kurz mit Lars gesprochen und ihm von Bauchschmerzen erzählt hatte.

Am Abend verabschiedete sich Katrin dann, weil sie noch die Reisetasche packen wollte. Sie hatte in zwei Tagen den OP-Termin und wollte für alles gerüstet sein.

Tatjana hatte noch den Rest der Woche freigenommen, um ihre Freundin ins Krankenhaus zu begleiten.

Sie lag an diesem Abend noch lange wach im Bett und dachte an Lars, an das Baby in ihrem Bauch und an Morten. Sie erinnerte sich daran, dass in ihrem Jugendzimmer damals alle Wände tapeziert gewesen waren mit a-ha-Postern, und Morten hing als Porträt direkt neben ihrer Jugendliege an der Wand. Er bekam jeden Abend einen Kuss von Tatjana, dann wünschte sie sich, dass sie ihn irgendwann einmal persönlich kennenlernen würde. Und der Wunsch ist tatsächlich in Erfüllung gegangen. Vielleicht hatte ihr Lieblingsengel Michael ihren Wunsch erhört. Mit diesem Gedanken schlief sie dann entspannt ein und träumte von ihren Erinnerungen an ihre Jugendzeit. Es war schon sehr spät in der Nacht. Nur Gregor war immer noch munter und spielte mit Tatjanas Strumpf.

>...Oh but how can I sleep with your voice in my head
>with an ocean between us and room in my bed
>Oh have I come to the point where I'm losing the grip
>Or is it still time to get into
>THE SWING OF THINGS

Am nächsten Morgen rief sie gleich bei Katrin an, sie wollte mit ihr gemeinsam frühstücken und sie dann zum Frauenarzt begleiten, Katrin musste noch ein paar Voruntersuchungen über sich ergehen lassen.

Tatjana sauste kurz nach dem Anruf zu ihrer Stammbäckerei an der Ecke und besorgte die ihrer Meinung nach leckersten Croissants, die es in Frankfurt zu kaufen gab. Sie stand vor der Theke, und alle möglichen Plunderteilchen lachten sie an, sie hatte einen ungeheuren Hunger auf Süßes und war froh, dass es ihr nicht schon wieder schlecht war.

Voll gepackt mit Leckereien fuhr sie zu Katrin, sie war fast eine halbe Stunde zu spät. Katrin hatte schon den Frühstückstisch gedeckt, Tee und Kaffee gekocht und ein gesundes Müsli mit frischem Obst zubereitet. Sie war der Auffassung, dass Schwangere sich unbedingt sehr gesund und vollwertig ernähren sollten, und damit hatte sie ja auch nicht ganz unrecht!

Tatjana hatte einen gesunden Appetit, es schmeckte ihr endlich mal wieder richtig gut, und sie genoss jeden Bissen. Katrin dagegen hatte kaum Hunger, jetzt war ihr schlecht, weil sie sich Sorgen wegen den Untersuchungen machte. Sie hasste es, zum Frauenarzt zu gehen. Obwohl sie sonst eher selbstsicher war, in dieser Sache war sie sehr verklemmt.

Tatjana erzählte ihr von den Träumen, die sie nachts gehabt hatte, und konnte Katrin so ein wenig ablenken.

Der Termin beim Arzt war um 11 Uhr, Tatjana und Katrin waren um 10.30 Uhr da.

Aber da Katrin Privatpatientin war, musste sie trotzdem nicht lange warten, obwohl die Viertelstunde ihr wie eine halbe Ewigkeit vorkam.

Tatjana nutzte die Gunst der Stunde und machte auch gleich einen Untersuchungstermin für sich selbst aus, sie musste schließlich wissen, in welcher Schwangerschaftswoche sie war und ob alles in Ordnung war. Die Arzthelferin suchte lange im Terminkalender, um ihr in zwei Wochen dann endlich einen Termin geben zu können.

„Liegt wohl daran, dass ich nur Kassenpatientin bin, oder?", motzte Tatjana.

Daraufhin meinte die Arzthelferin: „Tut mir wirklich leid, so sind eben die Vorschriften, das ist bestimmt nicht gegen Sie persönlich gerichtet, Frau Sandberg!"

„Ja, ja, Sie können ja auch nichts dafür, ist eben manchmal einfach nervig!" Tatjana rollte bei diesem Satz die Augen und setzte sich dann wieder ins Wartezimmer.

Katrin wurde in der Zwischenzeit schon ins Behandlungszimmer gerufen, und der Arzt untersuchte sie gründlich. Dann erfuhr sie, dass sie schon am nächsten Morgen operiert werden sollte. Katrin war sehr gefasst und ließ sich nicht anmerken, dass sie am liebsten in Panik davongerannt wäre. Sie hatte Angst vor dem Eingriff, wollte aber natürlich auch so schnell wie möglich das Ergebnis erfahren.

Als sie wieder ins Wartezimmer zurückkam, wollte sie nur noch ganz schnell an die frische Luft. Sie schnappte ihre Jacke, nahm Tatjanas Hand und rannte, wie von einer Tarantel gebissen, aus der Frauenarztpraxis heraus. Draußen vor der Tür verschnaufte sie dann kurz und brach in Tränen aus, ihre ganze Anspannung verschwand, und sie konnte sich endlich bei Tatjana fallen lassen. Tatjana tröstete ihre verzweifelte Freundin und machte ihr den Vorschlag, einen Sekt trinken zu gehen. Sie selbst durfte zur Zeit zwar keinen trinken, aber Katrin gönnte sie dafür mindestens zwei Gläser, das konnte sie in ihrer Situation gut gebrauchen.

Die beiden schlenderten gemütlich Arm in Arm zu ihrem Lieblingscafé. Katrin beruhigte sich auf dem Weg dorthin wieder, sie sprachen über alles Mögliche, nur nicht über die Operation und Tatjanas Schwangerschaft. Sie wollten diese Themen für einen Moment ausblenden. Katrin trank ein Glas Prosecco und Tatjana ein Wasser, dazu bestellte sie sich noch ein Spaghetti-Eis.

Danach beschlossen sie, noch ein bisschen shoppen zu gehen. Katrin brauchte jetzt dringend Ablenkung und hatte Lust, sich ein paar schöne Klamotten zu kaufen. Tatjana erinnerte das an frühere Zeiten, als sie noch Teenager waren. Da waren sie oft in Frankfurt in der City unterwegs gewesen, um einfach Kleider in allen Variationen anzuprobieren und vor dem Spiegel herumzualbern.

Katrin kaufte, ohne zu überlegen, als wäre es der letzte Tag in ihrem Leben. Sie hatten mal wieder richtig Spaß zusammen und wollten den Einkauf in der Esoterik-Buchhandlung beenden. Tatjana schenkte Katrin ein Buch über Engel, auch wenn sie wusste, dass ihre Freundin normalerweise nicht viel davon hielt. Aber Katrin freute sich sehr und versuchte sogar, ein wenig an diese Engel zu glauben. Sie wollte einfach etwas, woran sie sich festhalten konnte, und dafür waren Engel gar nicht schlecht.

Als sie zurück zum Auto gingen, kam ihnen Sandy entgegen, die arrogante frühere Freundin von Lars und Arbeitskollegin von Chris. „Hey, wie geht's euch? Schon lange nicht mehr gesehen, na ja, außer in der Zeitung, Tatjana!", grinste Sandy und machte Anspielungen auf den Artikel in der „Goldina" mit Morten und Tatjana. Doch diese ging nicht darauf ein, sondern erzählte von der Shoppingtour und vom Besuch beim Frauenarzt, was sie besser nicht erwähnt hätte.

„Oooohh! Wer von euch beiden ist denn schwanger?", fragte Sandy gleich mit hysterischer Piepsstimme und schaute auf Tatjanas Bauch, der eher ein bisschen nach Schwangerschaftsbauch aussah als Katrins.

Katrin lachte ironisch und meinte schlagfertig: „Wir sind beide im sechsten Monat und bekommen Drillinge, wir wissen nur noch nicht, ob Tati zwei Kinder nimmt und ich eins oder umgekehrt. Über die Aufteilung müssen wir uns noch einigen." Sie hakte sich daraufhin bei ihrer verdutzten Freundin ein, drehte sich in die andere Richtung um und verabschiedete sich mit einem „Tschüsschen!"

Sandy stand mit offenem Mund da und überlegte, wie das Katrin jetzt wohl gemeint haben könnte.

Tatjana prustete laut los, als sie zum Parkhaus gingen, und Katrin kamen sogar Tränen vor Lachen, als sie sich noch mal Sandys Gesicht vorstellte.

Es wird schon alles gut

It's a perfect alibi
There's no need to analyse
It will be all right
Through the longest night
Just silence everything

But we could live by the foot of the mountain
We could clear us a yard in the back
Build a home by the foot of the mountain
We could stay there and never come back

Sie fuhren zu Tatjana und kochten sich zum Abendessen Spaghetti mit Tomatensoße. Katrin trank ein Glas italienischen Rotwein zum Essen und entspannte sich mit Tatjana bei der neuen CD von a-ha – „Foot of the mountain".

Bald wurden sie müde und gingen zu Bett. Es regnete sehr stark in dieser Nacht, und Tatjana schlief sehr unruhig, sie träumte von Lars.

Am nächsten Morgen war es dann soweit, Katrin duschte sich ausgiebig, cremte sich mit ihrer teuersten Bodylotion ein, nahm ihr bestes Parfum und zog sich ihre schönste Unterwäsche an. Sie wollte den Tag so positiv wie möglich beginnen.

Tatjana kämmte Katrins lange blonde Haare und flocht ihr einen Bauernzopf, zum Frühstück gab es nur eine Tasse Kräutertee für Katrin. Tatjana hatte die typische morgendliche Übelkeit, die viele schwangere Frauen haben, also verzichtete sie auf jegliches Essen.

Mit gepackter Reisetasche verließen sie dann das Haus und fuhren im strömenden Regen nach Heidelberg zur Uniklinik.

Sie schwiegen fast auf der ganzen Fahrt, die Stimmung war sehr angespannt. Katrin hatte Angst, und Tatjana machte sich Sorgen um sie. Das Wetter passte zu der Situation.

Endlich kamen sie im Krankenhaus an, sie suchten einen Parkplatz,und rannten dann zur Aufnahme. Katrin hatte um neun Uhr den Termin, aber es war schon nach halb zehn.

„Entschuldigung für die Verspätung, aber wir haben im Stau gesteckt!", sagte Katrin der unfreundlichen Empfangsdame mit zerknittertem Gesicht.

„Nehmen sie Platz bitte, es dauert sowieso noch länger!", motzte die Dame zurück und blickte dabei böse über ihre Lesebrille.

Tatjana war schon wieder auf 180 und holte tief Luft, dann meinte sie arrogant: „Sie sind sehr freundlich zu ihren Patienten hier, das kann ich ja nur weiter empfehlen! Können Sie sich eigentlich vorstellen, wie aufgeregt meine Freundin ist? Sie hat einen unangenehmen Eingriff vor sich und weiß nicht, ob sie hinterher eine gute oder schlechte Nachricht bekommt, nur mal so zur Information!" Sie kochte vor Wut und bekam rote Wangen.

Die Dame reagierte daraufhin sehr freundlich und entschuldigte sich damit, dass so viel los wäre und sie auch nicht mehr wüsste, wo ihr der Kopf stehen würde. Als sie dann noch sah, dass Katrin Privatpatientin war, schleimte sie natürlich noch mehr, sie war kaum noch zu bremsen. Tatjana und Katrin wurde es fast schlecht davon. Sie schüttelten nur den Kopf und gingen zum Wartezimmer.

Kurz darauf wurde Katrin aufgerufen zur Blutentnahme und Blutdruckmessung.

Tatjana blätterte so lange durch Frauenzeitschriften, und prompt sah sie das Bild von sich und Morten in einer dieser Klatschpostillen. Sie hielt sich die Zeitung automatisch direkt vor ihr Gesicht, um nicht am Ende noch erkannt zu werden. Es war ihr sehr unangenehm, sich selbst in so einer Zeitung zu sehen. Auf einmal klingelte ihr Handy, das sie ja eigentlich im Wartezimmer ausstellen sollte. Sie ließ die Zeitschrift vor Schreck auf den Boden fallen und kramte ihr Handy aus ihrer Riesentasche heraus, dann lief sie schnell zum Ausgang, sie wollte schließlich nicht noch mehr unangenehm auffallen.

Lars meldete sich und erkundigte sich nach ihr. Tatjana erzählte ihm, dass sie gerade mit Katrin im Krankenhaus sei und fragte, ob sie ihn abends zurückrufen könne.

Lars war sehr distanziert und meinte, sie könnten ja auch am nächsten Tag noch telefonieren. Er richtete Katrin noch schöne Grüße aus und verabschiedete sich dann eher kumpelhaft von seiner Frau.

„Wie soll das noch enden?", dachte Tatjana. Sie war traurig, weil sie merkte, dass Lars immer noch zurückhaltend war und sie ihm doch noch mitteilen musste, dass sie zusammen ein Kind bekommen würden.

Zurück im Wartezimmer saß Katrin wieder auf ihrem Platz. Sie wartete auf eine Krankenschwester, die ihr das Zimmer zeigen sollte. Katrin musste für einen oder zwei Tage im Krankenhaus bleiben, bis die Ergebnisse feststanden. Tatjana richtete ihrer Freundin die Grüße von Lars aus, sie war mittlerweile kreidebleich, und ihr wurde wieder übel. Katrin merkte gleich, dass etwas nicht stimmte, und so erzählte Tatjana von dem Telefonat. Viel Zeit zum Reden hatten die beiden aber nicht, bald wurde Katrin schon zu ihrem Zimmer geführt, es war ein Einzelzimmer mit Balkon, TV, Telefon, eigenem Bad und allem anderen Schnickschnack. Katrin bekam das typische Privatpatientenzimmer.

Katrin musste sich langsam für die Operation fertigmachen, sie bekam das nette weiße Hemdchen, das am Rücken offen war, die wunderschönen Thrombosestrümpfe und ein sehr modernes Häubchen in einem Giftgrünton. Katrin war schwer begeistert, widerwillig verkleidete sie sich. Tatjana gab ihr Hilfestellung, denn die Beruhigungstropfen, die Katrin von der Krankenschwester bekommen hatte, wirkten langsam.

Bald darauf kamen zwei OP-Schwestern mit einem fahrbaren Bett und holten Katrin ab, sie wurde auf direktem Weg zum OP-Saal geschoben. Vorher umarmte Tatjana ihre Freundin ganz fest und wünschte ihr alles Gute. Katrin kamen sogar Tränen, das kannte Tatjana nicht von ihr.

Tatjana blieb im Zimmer zurück und ging auf den Balkon, um frische Luft zu schnappen. Da bekam sie schon wieder eine Mitteilung auf ihrem Handy, aber dieses Mal von Morten: Liebe Tati, ich denke oft an unsere schönen Gespräche. Ich hoffe dir ist nicht mehr übel, bin gerade in Saetre, fliege aber morgen ganz früh nach München … In zwei Wochen muss ich in die Nähe von Heidelberg, zu meinem Gitarrenbauer. Vielleicht könnten wir uns dann dort treffen? Morten.

Tatjana war sehr aufgeregt und schluckte. Sie wusste nicht, ob sie jetzt gleich zurückschreiben sollte. Morten wusste noch gar nicht, dass sie schwanger war. Sie hatte trotz allem ein großes Bedürfnis, mit ihm zu reden. Sie war ihm so nahe, er hatte genau das, was Lars nicht hatte: Er konnte stundenlang philosophieren, über irgendein Thema, das liebte Tatjana so an ihm. Sie überlegte, ob sie am Wochenende noch einmal nach Oslo fliegen sollte, bevor sie nächste Woche wieder arbeiten musste.

Nach zwei Stunden wurde Katrin, noch leicht narkotisiert, zurück in ihr Zimmer geschoben. Sie schlief noch halb. Tatjana freute sich, ihre Freundin wieder zu sehen, sie sprach gleich mit der Krankenschwester.

Katrin hatte keinen bösartigen Tumor in der Brust, es waren Gott sei Dank nur Verwachsungen, die operativ entfernt werden konnten. Tatjana war so sehr erleichtert, dass sie vor Freude weinen musste.

Sie hielt Katrins Hand noch eine Weile fest und wartete, bis sie erwachte. Sie teilte ihrer Freundin die Nachricht mit, und beide waren glücklich. Sie nahmen sich vor, wenn alles vorbei war, ein schönes Fest zu feiern. Jetzt musste nur noch die Sache mit Lars geklärt werden.

Gegen 21 Uhr fuhr Tatjana dann nach Hause, sie war sehr müde und hatte großen Hunger. Auf dem Rückweg holte sie sich eine Käsepizza und einen italienischen Salat, darauf hatte sie einen riesengroßen Appetit.

Als sie gegessen hatte und frisch geduscht war, rief sie dann schließlich doch noch bei Lars an. Sie hatte Sehnsucht nach ihm, und hätte ihm so gern gesagt, dass sie schwanger war.

Er meldete sich erst nach langem Klingeln, er war gerade in der Hotelbar mit Kollegen.

„Hallo Tati, wie geht es dir und Kati?", fragte er.

„Mir geht es den Umständen entsprechend gut, und Kati ist gesund, es war nichts Bösartiges in ihrer Brust!"

Lars freute sich, er ging aber nicht weiter auf Tatjanas Umstände ein.

Tatjana hörte im Hintergrund Lounge-Musik und eine Frauenstimme. „Na, mit wem feierst du denn da?", wollte sie wissen.

Lars erklärte ihr, dass eine Arbeitskollegin neben ihm saß, die schon einen Cocktail zu viel getrunken hatte. Tatjana fand den Gedanken nicht so schön und versuchte, sich dann schnell mit etwas anderem zu beschäftigen.

Lars teilte am Ende des Gesprächs mit, dass er in zwei Tagen nach Hause kommen würde, sich aber nicht lange aufhalten, sondern für einige Zeit bei einem Arbeitskollegen in eine WG ziehen wollte, um ein wenig Abstand zu gewinnen von Tatjana. Er wollte nur ein paar Sachen abholen.

Tatjana war geschockt, wie ernst Lars die Sache meinte. Sie konnte kaum noch einen Ton herausbringen und stotterte nur: „I…in O…o…ordnung, dann bis Donnerstag, ei…einen schöööönen A…Abend noch!" Dann schaltete sie ihr Handy ab.

Es war mittlerweile schon nach Mitternacht. Tatjana legte sich in ihr Bett, mit ihrem verschmusten Kater, sie war so müde, dass sie noch nicht einmal mehr nachdenken konnte. Das würde sie auf den nächsten Tag verschieben.

Am Morgen wachte Tatjana schon sehr früh auf. Sie beschloss, ohne viel zu überlegen, nach Oslo zu fliegen. Sie tippte Mortens Nummer in ihr Handy ein, um ihn darüber zu informieren. Er ging auch sogar ans Telefon und freute sich, Tatjanas Stimme zu hören, er war gerade in Oslo auf dem Flughafen. Morten käme am Donnerstag gegen Abend sehr wahrscheinlich von München wieder zurück, sie verabredeten sich für Samstag im Hotel Bondeheimen in Oslo, dort gab es ein schönes Café, in das Morten gern ging, und Tatjana konnte versuchen, dort ein Zimmer zu buchen.

Als Tatjana dann das Gespräch beendete, fühlte sie sich befreit, sie war so glücklich, dass sie Morten treffen konnte. Sie vermisste seine Nähe und seine Gespräche.

Um sich noch ein wenig zu entspannen und den Tag gut gelaunt zu beginnen, genehmigte Tatjana sich ein heißes Bad mit Lavendelöl und Kerzenschein. Sie legte leise Musik ein, natürlich von Morten, aber dieses Mal auf Norwegisch. Morten hatte vor einigen Jahren auch einige CDs in seiner Muttersprache herausgebracht, als es schon einmal eine Bandpause bei a-ha gab.

Gregor setzte sich wie immer auf den Wannenrand, um mit dem Badeschaum zu spielen. Mittlerweile hatte er auch gelernt, sich nicht zu sehr über den Wannenrand zu beugen, er hatte nämlich einmal die Bekanntschaft mit dem Badewasser gemacht, und das fand er nicht sehr angenehm.

Tatjana fing gerade an, von Oslo und Morten zu träumen, da hörte sie, wie die Haustür aufgeschlossen wurde.

Lars rief: „Hallo Tatjana, ich bin es nur, hole meine Sachen, wo steckst du denn?"

Tatjana zuckte zusammen, mit Lars hatte sie noch nicht gerechnet, er wollte doch erst in zwei Tagen kommen. Lars trat, ohne zu klopfen, ins Badezimmer, das war die Macht der Gewohnheit. Als er Tatjana so splitterfasernackt im Badeschaum liegen sah, kamen ihm auf einmal erotische Gedanken. Sie war einfach seine Traumfrau, aber er wollte es ihr jetzt auf keinen Fall zeigen, wie sehr er sie begehrte.

„Warum bist du schon da?", fragte Tatjana, und versuchte sich unauffällig ihre Brüste mit etwas Schaum zu bedecken. Es war ihr irgendwie peinlich, dass Lars sie so nackt sah, obwohl sie jetzt schon so lange mit ihm verheiratet war. Sie hatte ein schlechtes Gewissen, weil sie ja auch Gefühle für Morten hegte.

Lars setzte sich dann seltsamerweise auf den Bade-
wannenrand. „Hoffentlich ohne hineinzuplumpsen wie
Gregor", dachte Tatjana. Er schaute Tatjana an, ohne etwas zu sagen, sein Gesicht war dabei ernst, nur seine
Augen leuchteten, so wie damals, als er Tatjana das erste
Mal traf und sich über beide Ohren in sie verliebte. Tatjana wurde bei diesem Blick immer schwach, sie wusste
genau, was Lars dachte, sie kannte seine Leidenschaft
und seine Annäherungsversuche und spielte in diesen
Momenten gern die Kühle, das spornte ihn noch mehr
an, und Tatjana auch. Es kribbelte und funkte richtig
zwischen den beiden, man konnte das Knistern schon
fast hören.

„Ich würde gern aus dem Wasser steigen, wenn es dich
nicht stört?", sagte Tatjana etwas überspitzt, aber freundlich. Sie räkelte sich aus dem Schaum und bekam große
Lust, mit Lars zu schlafen.

Er nahm ihre Hand, um sie zu stützen, als sie über den
Wannenrand stieg, dabei konnte er ihre weiblichen Kurven betrachten, ihre Haut glänzte vom Badeöl, und sie duftete wie ein blühendes Lavendelfeld in der Provence. „Tatjana sieht so sexy aus", dachte Lars. Er räusperte sich aus
Verlegenheit, weil er merkte, dass Tatjana seine Erregung
bemerkte. Sie sah ihm provozierend auf seinen Schoß, dort
begann etwas zu wachsen. Er ging daraufhin zum Waschbecken, um sich die Hände zu waschen, er wollte ganz
schnell auf andere Gedanken kommen.

Tatjana musste sich das Lachen sehr verkneifen und versuchte noch eins draufzusetzen, sie fragte ihn, ob er ihr
den Rücken eincremen könne. Sie stellte sich direkt vor
ihn, streckte leicht ihren Po nach hinten und hielt Lars die
Bodylotion hin.

Lars war jetzt kaum noch zu halten, er musste sich wirklich sehr zusammenreißen, er rieb Tatjanas Rücken ein
und seine Hände glitten ganz automatisch nach vorn zu
ihren Brüsten, er begann sie zu massieren.

Tatjana drehte sich um, knöpfte sein Hemd auf, zog seine Hose aus und küsste seinen Hals. Lars war gut gebaut, er hatte zwar schon einen leichten Bauchansatz, aber eine sehr männliche Figur, sehr muskulös.

Lars und Tatjana gingen ins Schlafzimmer, sie fielen übereinander her wie zwei frisch Verliebte.

Als sie hinterher noch einige Zeit im Bett lagen, fragte Lars nach Katrin und wie es in Oslo noch so gewesen war. Tatjana wollte aber nicht darüber reden, sie versuchte schnell abzulenken, indem sie nachfragte, was es in Berlin Neues gab, auch wenn sie sich nicht wirklich dafür interessierte.

Lars durchschaute aber Tatjanas Ablenkungsmanöver, er lachte und küsste sie sanft auf die Stirn.

„Ach, Schatz ... denkst du wirklich ich merke nicht, dass du mir etwas verheimlichst?", sagte Lars.

Tatjana bekam einen roten Kopf. Sie war verunsichert und setzte sich auf den Bettrand. „Ich glaube, es ist besser, ich ziehe mich an, weil ich bald Katrin im Krankenhaus abholen möchte. Was wird jetzt mit uns?"

Lars zuckte mit seinen Schultern, er streichelte Tatjanas Wange und stand dann aus dem Bett auf. Er fing an, seine Kleidung zusammenzusuchen.

Tatjana blickte Lars' nackten Körper an, er sah noch so gut aus, obwohl er fünf Jahre älter war als sie, aber er trieb schon immer viel Sport und versuchte, sich mit dem Essen zurückzuhalten. Sie zog sich dann auch an und sagte nichts mehr.

Lars ging an den Garderobenschrank, holte seine Lederjacke und seinen Schlüssel, er gab Tatjana einen Kuss und sagte: „Lass uns mal sehen, wie es in einigen Wochen mit uns so läuft, ich denke, eine Auszeit ist jetzt für beide besser!"

Tatjana hätte ihm am liebsten in dem Moment gesagt, dass sie schwanger sei, aber sie bekam kein einziges Wort heraus. Sie lächelte ihn an, und drückte ihn noch einmal fest. Dann verschwand Lars aus dem Haus, mit den Worten, er würde sich bei Gelegenheit mal melden.

Mit dir – mit mir

Can I see you for a moment
Can I sit with you a while
I know it's late
But everything is late

All my life I've been a drifter
And that's how you know me, too
I've never seen
Tomorrow's view

All along I hear this song
That's something else some day will come along
Late, but suddenly, I know what I must do
I didn't see it coming
I didn't know it was you

Katrin rief Tatjana an und gab ihr Bescheid, dass sie aus dem Krankenhaus entlassen würde.

Tatjana fuhr bald darauf los nach Heidelberg zur Uniklinik, sie machte laut das Radio an, irgendwie hatte sie richtig gute Laune, auch wenn gerade ihr Mann fortgegangen war, um sich von ihr eine Auszeit zu nehmen, und sie überhaupt nicht wusste, wie es weitergehen würde, wenn das Baby da wäre. Trotzdem war sie beschwingt und glücklich. Plötzlich erklang ein Lied von Morten im Radio, es war ihr Lieblingslied „With you – with me." Sie trällerte eifrig mit und fühlte wieder diese unbeschreibliche Nähe zu Morten. Nach dem Lied wurde Morten interviewt, er war gerade in München in einem Hotel, kurz vor dem Soundcheck. Auf die Frage, warum er so viele Frauen in seinem Leben gehabt und mit dreien auch Kinder hatte, antwortete er: „Ich entdecke immer wieder neue Seiten in mir und an anderen Menschen, manchmal passt man einfach nicht mehr zueinander, weil jeder sich in eine andere Richtung weiter entwickelt hat, aber das heißt nicht, dass ich diese Frauen nicht mehr achten würde. Im Gegenteil, ich schätze sie alle sehr und habe noch einen guten Kontakt!"

Morten wurde darauf angesprochen, dass er in Oslo schon zweimal mit einer Frau gesehen wurde, die angeblich aus Deutschland käme, die Reporterin wollte wissen, was es damit auf sich hätte.

Morten lachte und meinte, dass Frauen einfach zu seinem Leben dazu gehören würden und dass dies nicht immer bedeuten würde, dass da etwas dahinterstecken müsse. Tatjana merkte bei diesem Interview, dass sie und Morten doch sehr verschieden dachten, was Beziehungen anging.

Er war ein Mensch, den man nicht halten konnte und der immer auf der Suche war. Sie dagegen liebte zwar auch die Freiheit, aber sie brauchte einen Partner, der sie ab und zu wieder auf den Boden der Tatsachen zurückholte und ihr Sicherheit und Verlässlichkeit gab. Sie wusste in diesem Augenblick, dass Morten ihr das nie geben könnte.

Sie nahm sich vor, mit ihm darüber in Oslo zu reden. Sie wollte wissen, wie er wirklich darüber dachte.

> …the days are high
> and the nights are deep
> and I can feel it moving in me
> and nothing's like it used to be
> WITH YOU – WITH ME

Als sie in Heidelberg in Gedanken versunken ankam, sah sie Katrin schon von Weitem mit ihrer Reisetasche auf einer Bank sitzen. Tatjana holte sie ab, Katrin war noch schwach auf den Beinen, aber sonst ging es ihr sehr gut. Tatjana erzählte Katrin sofort von ihrem Erlebnis mit Lars, ihren Gefühlen und von dem Interview, was sie vor einigen Minuten im Radio gehört hatte. Es sprudelte gerade so aus ihr heraus, alles war durcheinander in ihrem Kopf, und Katrin musste sich anstrengen, ihrer Freundin folgen zu können.

Sie fuhren zu Katrins Wohnung und tranken noch einen Kaffee zusammen. Katrin war sehr müde und wollte sich noch ein bisschen ausruhen. Sie verabredeten sich für den Abend. Tatjana hatte Katrin noch nicht erzählt, dass sie am Wochenende nach Oslo fliegen würde, um sich mit Morten zu treffen.

Sie setzte sich zu Hause gleich an ihren PC, um ein Hotelzimmer und einen Flug nach Oslo zu buchen.

Sie hatte Glück und bekam noch ein Einzelzimmer, es war zwar nicht gerade sehr günstig, aber in Norwegen war ja alles ein bisschen teurer als in Deutschland, und sie wollte so schnell wie möglich mit Morten reden.

Das Wochenende stand vor der Tür, Tatjana packte ihre Reisetasche und war schon sehr aufgeregt.

Katrin war von der Idee nicht sehr begeistert, sie wollte Tatjana überreden, nicht zu verreisen, aber natürlich hatte sie keine Chance, ihre Freundin zu überzeugen, dass es besser war, in ihrem Zustand nicht zu fliegen. Tatjana hatte tausend und ein Argument, Katrin Kontra zu geben, Tatjana war Meisterin darin, immer das letzte Wort zu behalten.

Freitagabend saß sie dann an einem Fensterplatz im Flugzeug einer norwegischen Gesellschaft und genoss die schöne Aussicht bei Sonnenuntergang, dabei hörte sie MP3, natürlich a-ha.

Sie freute sich riesig auf den morgigen Tag, besonders auf Morten.

Der Flughafenbus brachte sie glücklicherweise direkt zum Hotel Bondeheimen, ein Best-Western-Hotel, es lag mitten im Herzen von Oslo und war nur 100 Meter von der Karl-Johans-Gate und der Nationalgalerie entfernt.

Es war schon nach 21 Uhr, als Tatjana ihre Reisetasche auf dem Hotelbett abstellte, um sich etwas Frisches zum Anziehen herauszuholen, sie wollte noch eine Kleinigkeit im Restaurant Kaffistova essen, dort gab es traditionelle norwegische Gerichte.

Das Restaurant war sehr gut besucht, wohl ein Insider-Tipp, viele Norweger konnte man dort treffen.

Tatjana suchte einen Platz, ein Kellner fragte sie, ob es für sie in Ordnung wäre, sich neben einen anderen Gast zu setzen, weil alle anderen Plätze schon reserviert waren.

Tatjana hatte kein Problem damit und ließ sich zu ihrem Tischnachbarn führen. Es war ein Mann um die 50, er hatte dunkle lockige Haare und blaue Augen, was Tatjana sofort auffiel, sie mochte blaue Augen. Er war gerade in ein norwegisches Tageblatt vertieft und bemerkte erst nicht, dass Tatjana sich zu ihm setzte. Doch dann blickte er auf, als Tatjana ihn mit „Hi" grüßte. Er sah sie an und meinte auf Norwegisch, sie könne sich gern setzen. Tatjana konnte nicht viel, aber einzelne Worte verstand sie mittlerweile.

Sie streckte ihm ihre Hand entgegen, um sich vorzustellen. „Hi, ich bin Tatjana Sandberg aus Deutschland!"

„Hobo Highbrow", sagte der norwegische Autor, der in Oslo lebte.

„Sehr gesprächig ist er wohl nicht", dachte Tatjana, doch so reizte es sie umso mehr, mit diesem Mann ins Gespräch zu kommen, und sie versuchte, ein Thema zu finden. „Können sie mir ein typisch norwegisches Essen empfehlen, Herr Highbrow?", fragte sie und zeigte dabei auf die Speisekarte.

Hobo schaute sie verwundert an und fragte sich dabei wohl, ob alle deutschen Touristen so gesprächig waren. „Versuchen Sie doch Kjottkaker!"

„Was ist das, wenn ich fragen darf?", insistierte Tatjana weiter.

„Fleischklöße", sagte Hobo.

Tatjana wunderte sich über diesen Mann und überlegte, ob alle Norweger so einsilbig waren.

Dann sah Tatjana auf einmal den Aftenposten auf dem Tisch liegen, und erkannte auf dem Titelbild Morten und sich selbst in einem Café sitzen.

Sie versuchte, sich die Zeitung unauffällig zu nehmen, sie wollte nicht, dass ihr Tischnachbar sie erkannte.

„Darf ich die Zeitung haben?" Tatjana nahm sie sich, ohne die Antwort abzuwarten, und blätterte hektisch das Titelbild um, sodass man sie nicht mehr darauf erkennen konnte.

Hobo schaute Tatjana ein wenig irritiert an, dann wurde er auf einmal etwas gesprächiger. Er war neugierig geworden, was Tatjana in Oslo vorhatte, sie machte einen seltsamen Eindruck auf ihn, als hätte sie etwas zu verbergen.

Da klingelte Tatjanas Handy ... „Hunting high and low" von a-ha.

„Hallo! Ja, ich bin gut angekommen, morgen früh ... ja ... um zehn? Geht klar, freue mich! Tschüss."

Tatjana verabredete sich mit Morten und rief dann nach dem Kellner, um sich etwas zu Essen zu bestellen.

„Mögen Sie a-ha?", fragte Hobo.

„Wie kommen sie denn jetzt darauf?"

„Na, wegen dem Klingelton ihres Handys!"

„Ja, bin schon lange ein Fan, seit ich 15 Jahre alt war ..." Tatjana plauderte ein wenig aus dem Nähkästchen, und Hobo hörte interessiert zu.

Endlich schienen die beiden ein gemeinsames Thema gefunden zu haben.

Hobo war selbst ein Fan von a-ha, er hatte vor einigen Jahren Pål Waaktar Savoy und seine Frau einige Male in Oslo gesehen und ist ihnen mehr oder weniger gefolgt. Er wollte wissen, wo Pål wohnte und wie er lebte. Aber er behielt das lieber für sich, er war nicht der Mensch, der gern etwas von sich preisgab, so wie Tatjana es tat. Er war aber ein guter Zuhörer, wenn er für sich selbst etwas Wichtiges erfahren konnte, und so folgte er gespannt Tatjanas Bericht.

Sie erzählte, dass sie Morten vor einigen Wochen durch Zufall auf einer Reise persönlich kennenlernen durfte und dass sie gern irgendwann mal ein Buch schreiben möchte über dieses Erlebnis.

Hobo fand das faszinierend und überlegte, ob er Tatjanas Geschichte vielleicht gebrauchen könnte, um daraus selbst ein Buch zu machen. Er wollte jedenfalls noch gründlich darüber nachdenken. Der Abend ging schnell zu Ende, und so tauschten Tatjana und Hobo ihre Handynummern aus, um in Kontakt bleiben zu können. Hobo ging dann nach Hause, und Tatjana fiel hundemüde in ihr Hotelbett. Sie war noch nicht mal in der Lage, ihre Kleidung auszuziehen, und schlief sofort ein.

Neuer Tag, neues Glück

Unter der heißen Dusche sang Tatjana am nächsten Morgen „Crying in the rain" und träumte von Morten, als plötzlich das Zimmertelefon klingelte. Sie legte sich schnell ein Badehandtuch um und rannte zum Telefon.

Eine freundliche Dame sagte auf Englisch, dass sie ein Gespräch für sie hätte.

„Hallo, hier ist Morten ... hast du gut geschlafen? Ich würde dich gern erst zum Mittagessen im Kaffistova treffen, früher schaffe ich es nicht!"

Tatjana wunderte sich, dass Morten sie nicht auf dem Handy anrief, aber da sah sie, dass es nicht mehr aufgeladen war. Sie freute sich riesig, seine Stimme zu hören, und fragte Morten, ob sie sich auch schon ein bisschen früher sehen könnten, um spazieren zu gehen. Morten wollte es versuchen, er musste noch ein paar wichtige Telefonate führen.

Gegen elf Uhr morgens holte er dann Tatjana in ihrem Zimmer ab, er hatte einen Dreitagebart und trug eine Sonnenbrille mit orange getönten Gläsern.

Tatjana begrüßte ihn herzlich, sie war überglücklich. Morten war sehr locker, wie immer, und umarmte Tatjana. Sie ging noch einmal ins Badezimmer, kämmte sich ihre Haare und schminkte sich noch schnell, aber eher dezent. Sie war mal wieder nicht fertig, sie schaffte es nie, pünktlich zu sein. Danach legte sie ihr Lieblingsparfum auf. Als Outfit trug sie eine enge Jeans, in die sie trotz Schwangerschaft wieder hineinpasste, und darüber ein schwarzes Longshirt mit Ausschnitt.

Morten schaute sie an und meinte: „Genau mein Stil, sportlich, aber sehr feminin, ich mag es, wie du dich kleidest!" Er zwinkerte ihr mit den Augen zu, dann hielt er ihr auffordernd seinen Arm hin, sodass sie sich bei ihm einhaken konnte.

Sie wollten vor dem Mittagessen noch eine Runde spazierengehen. Tatjana hatte Lust, zum Strand zu fahren, und

Morten war sofort damit einverstanden. Er liebte die Natur und auch die Ruhe, Menschen hatte er immer genug um sich herum. Sie fuhren zum Bygdøy Strand und gingen dort spazieren, es war schon ziemlich kalt, man merkte die raue Herbstluft. Tatjana hatte sich vorsorglich ihre Fleecejacke mitgenommen, die brauchte sie auch. Morten hatte einen dicken, weißen Norweger-Strickpullover an und eine Jeans mit Löchern am Knie. Er sieht umwerfend aus, dachte Tatjana, als sie ihn von der Seite betrachtete.

Morten schlug ihr vor, am Sonntag mit ihr in sein kleines Ferienhaus in Sorlandet zu fahren. Dort gab es kein fließendes Wasser und keinen Strom. Er fuhr manchmal dorthin, um nachzudenken, wenn er sehr viel Stress hatte. Tatjana fand die Idee toll, sie hatte sich bis Dienstag freigenommen, und so könnte sie mit Morten noch vielleicht zwei schöne Tage genießen. Morten fragte Tatjana, ob es ihr eigentlich wieder gutginge, doch Tatjana versuchte, über ein anderes Thema zu sprechen. Sie hatte keine Lust, über ihre Probleme zu reden, das wollte sie auf ein anderes Mal verschieben, und so fragte sie ihn zurück, ob seine Freundin kein Problem damit hätte, wenn er sich mit ihr treffen würde.

Morten erklärte ihr, dass er schon immer ein freier Mensch gewesen sei und es auch weiterhin sein wolle, und dass die Frau, die mit ihm zusammenlebte, das akzeptieren müsste. Tatjana war sehr beeindruckt, wie selbstsicher Morten war, und bewunderte seine Freundin Inez dafür, dass sie so tolerant war. Sie erklärte Morten, dass sie Lars nie so viele Freiheiten zugestehen würde, obwohl sie sich diese auch selbst herausnehmen würde. Die beiden führten eine angeregte Diskussion über dieses Thema, und am Ende war Tatjana bewusst, dass Morten zwar ein absoluter Traummann sein könnte, aber mit ihm zusammenzuleben, bedeutete, ihm sehr viel Freiheit zu lassen, und das wäre für Tatjana ein echtes Problem. Lars war ein sehr toleranter Mensch und ging auf ihre Wünsche und Bedürfnisse sehr ein. Tatjana schätzte diese Art sehr an Lars und wusste, dass sie niemals so freizügig bei ihm wäre. Aber sie wollte die Tage in Norwegen genießen und mit Morten eine schöne Zeit verbringen, deswegen war sie ja auch in Oslo.

Morten fragte Tatjana, ob sie Hunger hätte, und so fuhren sie zurück zum Hotel und suchten sich einen gemütlichen, etwas abgelegenen Tisch im Kaffistova. Morten bestellte sich Farikal, ein traditionelles norwegisches Gericht, das man im Herbst gern aß, es bestand aus Lammfleisch mit Kraut und Kartoffeln. Tatjana entschied sich für Graved Lachs auf Toastbrot mit einer Dill-Senfsoße und dazu Salat. Der Kellner fragte Tatjana, ob sie dazu ein Glas Weißwein trinken wollte. Tatjana entschied sich aber für ein Glas Wasser, und Morten wollte einen Kaffee und eine Flasche Wasser.

„Du trinkst doch gern mal einen Wein, oder? Ist dir immer noch schlecht?", fragte Morten, als würde er von Tatjanas Schwangerschaft etwas ahnen.

Sie lächelte daraufhin verlegen und spielte mit einer Haarsträhne in ihrem Gesicht. „Ich wollte dir schon die ganze Zeit erzählen, dass ich …"

Morten fiel ihr ins Wort. „Du bist schwanger!"

Tatjana nickte und bekam heiße Wangen, sie war nervös und wusste nicht, was Morten jetzt von ihr halten würde. Sie war schwanger von ihrem Mann und fuhr in der Weltgeschichte herum, um einen anderen Mann zu treffen, der aber auch vergeben war.

Tatjanas Gedanken schienen auf irgendeiner Weise zu Mortens Gehirn zu gelangen. Er schüttelte den Kopf und hielt Tatjanas Hand. „Du musst dich nicht schämen oder dir unnütze Gedanken machen, ich freue mich für euch, ihr wolltet doch unbedingt ein Kind, sieh es als Geschenk des Himmels an!"

Tatjana merkte, wie ihr bei diesen Worten Tränen in die Augen stiegen, sie konnte nicht glauben, welch gefühlvolle Worte Morten benutzte, um sie zu trösten. Sie war sehr berührt von seiner emotionalen Art und Weise und hätte ihn dafür küssen können.

Morten lächelte sie an und fragte, wann sie morgen bereit wäre, einen Ausflug nach Sorlandet zu machen. Er erzählte ihr davon, dass er schon oft ganz allein dort war und immer am besten abschalten konnte. Tatjana freute sich auf den nächsten Tag.

Sonntag morgens schien die Sonne durch das leicht geöffnete Fenster in Tatjanas Hotelzimmer. Die frische Herbstluft füllte den Raum und Tatjanas Füße waren kalt, sie wurde davon wach.

In einer Stunde würde Morten sie abholen. Der Mittag mit ihm am gestrigen Tag war wundervoll, dachte sie, als sie sich Richtung Badezimmer bewegte, um zu duschen. Morten hatte ihr einen Abschiedskuss gegeben, bevor er gestern nach Hause fuhr. Tatjana fühlte noch seine Lippen auf ihren und konnte noch den Kuss schmecken, er war nur kurz, aber sehr gefühlvoll und voller Erwiderung von ihrer Seite, sie wollte Morten überhaupt nicht mehr gehen lassen.

Kurz darauf klopfte es schon an der Zimmertür, sie öffnete vorsichtig, und erblickte Mortens wundervolle blaue Augen. „Oh, du bist es schon … Ich bin noch nicht fertig, magst du trotzdem hereinkommen und warten?", fragte Tatjana verlegen.

Morten lächelte sie an, und fragte, ob es Tatjana auch recht wäre, wenn er im Café auf sie warten würde, er wollte ihr keine Unannehmlichkeiten machen. Tatjana war sehr erstaunt über Mortens höfliche Art und freute sich darüber.

Sie eilte gleich wieder zurück ins Bad, um sich schnell fertig zu machen, sie wollte ihn nicht so lange warten lassen. Sie kleidete sich sportlich und warm, weil Morten sie mit dem Motorrad abholte, es war zwar ein sonniger, aber sehr frischer Herbsttag.

Sie machte sich noch schnell einen Zopf und nahm ihre Handschuhe und ihr Tuch und steckte sie in ihren Rucksack, in den sie das Nötigste eingepackt hatte.

Morten trank in der Zwischenzeit einen Kaffee, den trank er sehr gern und oft am Tag.

Frühstücken wollten sie unterwegs, sie hatten eine lange Fahrt vor sich, über vier Stunden, aber Tatjana freute sich riesig über den Ausflug und fuhr mit dem Fahrstuhl hinunter in die Hotelhalle.

Morten saß auf einem Sessel mit seiner Tasse Kaffee und plauderte mit einer jungen Blondine.

Tatjana war etwas verunsichert, weil sie nicht wusste, ob sie ihn stören sollte, aber da dachte sie sich, dass sie ja verabredet waren und sie das Recht hatte, ihn daran zu erinnern. Sie ging schnurstracks auf ihn zu und stellte sich neben ihn, doch Morten war so sehr ins Gespräch vertieft, dass er sie erst einmal nicht wahrnahm.

„Hi!", sagte Tatjana auffordernd.

Morten schaute sie fragend an und meinte, er würde sich gern noch eine Weile mit der jungen Dame unterhalten, er kannte sie wohl und hatte sie lange nicht mehr gesehen. Tatjana kam sich ausgegrenzt vor und drehte sich auf dem Absatz um. Ihr wurde dabei ganz heiß und übel, deshalb steuerte sie schnell die Damentoilette an. Sie konnte es nicht verstehen, dass Morten sie so abblitzen ließ, das kannte sie von Lars nicht, und sie war sehr enttäuscht. Sie kramte ihr Handy aus der Tasche und rief bei ihrer Freundin Katrin an, um ihr von der Situation zu berichten. Katrin ging nicht an ihr Handy, also ging Tatjana wieder in die Empfangshalle zurück und hoffte auf dem Weg dorthin, dass Morten endlich die Unterhaltung beendet hätte, doch schon von Weitem sah sie ihn immer noch am gleichen Fleck sitzen, das wurde ihr dann wirklich zu viel.

Sie beschloss gerade, zurück in ihr Hotelzimmer zu gehen und ihre Sachen zu packen, da kam Hobo Highbrow, der norwegische Tischnachbar von Freitagabend, auf sie zu und begrüßte sie: „Hi Tatjana, wollen Sie auch wieder ins Kaffistova? Begleiten sie mich doch, ich möchte gerade etwas frühstücken gehen!"

Tatjana freute sich über die Ablenkung und ging mit Hobo ins Restaurant.

Hobo erzählte Tatjana, dass er ihr gern ein bisschen beim Schreiben helfen würde. „Also, ich komme gleich mal zur Sache. Tatjana … ich kann Ihnen gern helfen, wenn es meine Zeit erlaubt, aber ich kann nicht ein Buch für Sie schreiben, das müssen Sie dann schon selbst machen!"

Tatjana bedankte sich, obwohl ihr es lieber gewesen wäre, Hobo hätte das Buch über sie geschrieben, sie wusste noch nicht viel über das Schreiben, außer, dass sie als Jugendliche einmal ein Bilderbuch für ihre Prüfung zur Sozialpädagogin gestaltet hatte.

„Wir bleiben einfach in Kontakt, geben sie mir Ihre E-Mail-Adresse, und ich gebe Ihnen meine, dann können wir schriftlich weiter Kontakt halten, wenn Sie wieder in Deutschland sind!"

In der Zwischenzeit meldete sich Morten bei Tatjana auf dem Handy, er wollte wissen, wo er sie finden konnte.

„Ich bin hier im Kaffistova, wäre es möglich, dass du mich hier abholst?" Tatjana wollte, dass Morten sie mit Herrn Highbrow zusammen sah, als kleine Rache wegen der Blondine in der Empfangshalle.

„Ich bin in fünf Minuten da!", sagte Morten.

Eine halbe Stunde später kam er dann, Tatjana war gerade mit dem Frühstück fertig, und Hobo hatte sich schon vor einigen Minuten auf den Weg gemacht.

Tatjana war sehr frustriert darüber, dass Morten sie so lange hatte warten lassen und wollte am liebsten sofort nach Hause fliegen. „Na, konntest du dich endlich losreißen von deiner alten Bekannten?", fragte sie schnippisch.

„Bist du etwa böse deswegen?", fragte Morten.

„Nein, ich doch nicht, wie kommst du denn darauf?" Tatjana kochte vor Wut.

Morten erklärte ihr seinen Standpunkt, und so entstand eine kleine Diskussion. „Ich habe so oft Zeitdruck in meinem Beruf, da möchte ich in meiner kostbaren Freizeit nicht auch noch dauernd auf die Uhr schauen müssen, Tatjana!"

„Ja, das verstehe ich, aber meine Zeit ist auch kostbar, ich muss am Dienstag wieder zurück nach Deutschland fliegen und auch arbeiten gehen, außerdem weiß ich nicht, wie es jetzt mit Lars und mir weitergeht, und dann noch die Schwangerschaft ..." Tatjana kamen Tränen.

„Lass uns losfahren, dann können wir uns in Ruhe unterhalten, ich glaube, das tut dir jetzt gut!" Morten streckte ihr seine Hand entgegen.

Sie fuhren mit dem Fahrstuhl ins Untergeschoss, dort stand Mortens Motorrad im Parkhaus des Hotels.

Er hatte seine dunkelbraune Lederjacke an und enge Jeans, Tatjana war begeistert von seiner durchtrainierten Figur. Sie setzte sich hinter ihm auf das Motorrad und umklammerte ihn fest. Morten gab Gas und fuhr los.

Tatjana fühlte sich befreit und genoss die Fahrt mit Morten zusammen auf dem Motorrad, auch wenn ihr nach zwei Stunden langsam der Rücken und der Hintern wehtaten.

Sie machten eine Pause auf einer Raststätte und tranken einen Kaffee. Langsam wurde es auch dunkel, Morten wollte noch vor Anbruch der Dunkelheit in seinem Ferienhäuschen ankommen, also fuhren sie gleich darauf weiter, der Wind wehte ziemlich stark, und Tatjana musste sich gut festhalten, aber das störte sie natürlich keineswegs.

Versuchungen

Nach gut zwei weiteren Stunden waren sie endlich am Ziel, es war traumhaft schön. Das Häuschen war abgelegen und mitten in der Natur. Hier sagten sich im wahrsten Sinne des Wortes Fuchs und Hase gute Nacht.

Es war früher Abend, etwa gegen 18 Uhr. Morten öffnete die Tür des Hauses und bat Tatjana hinein. Es war sehr kalt, Morten machte schnell ein Feuer im Kamin. Das Häuschen war spartanisch, aber sehr gemütlich eingerichtet, mit einer kleinen Küche und einem Tisch für vier Personen, einem Sofa, das man ausziehen konnte, und einem Schaukelstuhl. Tatjana verliebte sich sofort in das Haus im skandinavischen Stil.

„Möchtest du einen Tee trinken?", fragte Morten aufmerksam, als er merkte, dass Tatjana am ganzen Körper zitterte.

„Oh, liebend gern, danke!" Tatjana fröstelte, aber nicht nur wegen der Kälte, sondern auch vor Aufregung.

„Mach es dir gemütlich, fühl dich wie zu Hause!"

„Danke, das tue ich bereits, hier könnte ich es länger aushalten."

Das Feuer flackerte im Kamin und heizte den Raum gut ein. Es brannten viele Kerzen, elektrisches Licht gab es ja keines. Morten und Tatjana sprachen über alles Mögliche, sie kamen auch noch mal auf das Thema „Lars" zu sprechen.

„Ich weiß nicht, wie es jetzt weitergehen soll ... Lars ist für ein paar Wochen ausgezogen, und er weiß noch nicht, dass ich schwanger bin ..." Tatjana hatte einen Kloß im Hals.

„Mach dir nicht so viele Sorgen, das ist in deinem Zustand nicht gut ... Im Leben kommt es immer erstens anders, und zweitens als man, beziehungsweise frau, denkt!", sagte Morten mit einem Lächeln. Dabei umarmte er Tatjana fest, sie konnte sein Herz schlagen hören, ihr Kopf lag an seiner Brust.

Sie roch einen angenehmen Geruch, der ihr auf einmal sehr bekannt vorkam. Tatjana erinnerte sich wieder, es war das Parfum, das sie Lars zum ersten Hochzeitstag geschenkt hatte.

„Ich glaube, ich gehe mal auf die Toilette … Wo ist die denn?" Tatjana hatte ein schlechtes Gewissen und musste an Lars denken.

„Hab ich dich zu fest umarmt?" Morten fühlte Tatjanas Unruhe. Er zeigte ihr dann draußen die einfachen sanitären Anlagen und wartete im Haus auf sie.

Als Tatjana wieder zurückkam, hatte Morten das Sofa zu einer Liegewiese vor dem Kamin ausgezogen. „Keine Panik, ich habe nichts Schlimmes mit dir vor!"

Tatjana setzte sich und schaute ins Feuer.

„Was ist los mit dir? Du kannst es mir gern sagen, deswegen sind wir doch auch hier." Morten legte sich neben sie, den Kopf aufgestützt auf seiner Hand.

„Ach Morten, das ist mir hier alles so unangenehm. Ich hab mir nichts sehnlicher gewünscht, als hier mit dir allein sein zu dürfen, und jetzt spukt Lars dauernd in meinem Kopf herum. Es tut mir leid!" Tatjana schaute in Mortens blaue Augen, die im Kaminfeuer-Licht noch mehr funkelten.

„Darf ich dich küssen, Tatjana? Ich habe solch ein Verlangen nach deinen Lippen, bitte verstehe mich nicht falsch, aber ich kann nicht mehr klar denken momentan …"

Tatjana wurde es ganz heiß, sie machte ihre Augen zu und versuchte, nicht an Lars zu denken. Nach einer Weile gelang es ihr, als Morten sie sanft auf die Stirn küsste, dann auf ihre Augenlider, ihre Nase, und schließlich ihre Lippen. Er küsste sehr zärtlich und hielt dabei ihren Kopf in seinen Händen.

„Tatjana, du bist eine wundervolle Frau, bitte denke wieder positiv, das Leben spielt oft anders, alles wird wieder gut für dich werden, verzweifle nicht!"

Tatjana küsste Morten jetzt leidenschaftlicher. Sie dachte nur noch an diesen einen wundervollen Moment, sie schwebte im siebten Himmel, es war ein wunderbares Gefühl.

Morten zog seinen Strickpullover aus, es wurde ihm heiß. Er schob Tatjanas Fleecepullover vorsichtig nach oben. „Dir ist doch sicherlich auch heiß, oder?", fragte er.

„Ich weiß nicht, ob das gut ist, was wir machen, Morten!"

„Das weiß ich auch nicht, aber es fühlt sich verdammt gut an. Lass uns diesen Moment doch genießen!" Morten war nicht mehr Herr seiner Sinne, er war sehr erregt und wollte nur noch Tatjanas weiche Haut berühren. „Du riechst so verdammt gut, Tatjana … wie eine wilde Orchideenblüte!"

„Ich kann das nicht, ich bekomme doch von Lars ein Baby … du hast eine Lebensgefährtin, die zu Hause mit eurer Tochter auf dich wartet." Tatjana drehte sich mit dem Rücken zu Morten um.

„Tatjana, es tut mir leid, ich weiß auch nicht, du hast mich eben einfach verzaubert, ich wollte dich doch nicht verletzen!" Morten streichelte ihr über die Wange.

„Es war ja auch wunderschön, aber mein Verstand sagt mir andauernd, dass ich das hier nicht machen kann. Ich werde Mama und muss jetzt für einen weiteren Menschen Verantwortung übernehmen, das ist jetzt ganz was anderes … Verstehst du mich?"

„Aber natürlich, ich finde es auch gut, dass du so denkst. Jetzt weißt du doch auch, wohin du gehörst, oder?"

„Ja, das weiß ich schon, aber ich fühle mich trotzdem zu dir sehr hingezogen … nicht wegen deines guten Aussehens, sondern es ist eher deine Art … Du bist irgendwie auf meiner Wellenlänge, so als würde ich dich schon ganz lange kennen …!"

„Genau so geht es mir bei dir auch, Tatjana … Deswegen kann ich mich so schlecht gegen meine Gefühle für dich wehren … Vielleicht sind wir tatsächlich Seelenverwandte, wenn es das gibt." Morten nahm Tatjanas Hand. Was möchtest du machen? Wollen wir etwas essen? Ich habe in meinem Rucksack ein bisschen was eingepackt."

Da sah Tatjana eine Gitarre in der Ecke stehen. „Würdest du mir ein kleines Konzert geben und mir einfach etwas auf der Gitarre vorspielen? Das wäre jetzt fantastisch!"

„Wenn das alles ist, für dich immer!"

Morten holte die Gitarre und stimmte sie ein paar Minuten, vorher setzte er sich noch seine Brille auf.

„Was möchtest du hören? Hast du einen besonderen Wunsch?"

„Ja, das habe ich … With you, with me – das ist mein Lieblingssong von dir!" Tatjana schmolz jetzt schon fast dahin, sie war sehr berührt von dem Augenblick.

Zwischenzeitlich in Frankfurt

Lars hatte sich bei einem Arbeitskollegen einquartiert. Er hatte vor, an diesem Abend in eine frühere Stammkneipe zu gehen, dort gab es auch Billardtische. Lars hatte schon lange kein Billard mehr gespielt. Sein Arbeitskollege Tom überredete ihn, mit ihm einen Männerabend zu machen und ordentlich zu feiern, um auf andere Gedanken zu kommen. Lars war ja eigentlich nicht der Typ, der solche Abende unter Männern brauchte. Er war gern mit Tatjana unterwegs oder mit gemeinsamen Freunden, aber jetzt musste er abschalten, weil sich seine Gedanken nur noch im Kreis drehten.

„Bist du langsam fertig? Ich hab großen Durst!", rief Tom durch seine Dreizimmerwohnung, in der Lars im Wohnzimmer gerade sein Klappbett aufstellte. Lars war sich eigentlich unsicher, ob er es lange bei Tom aushalten würde. Tom war gut zehn Jahre jünger als er und ein typischer Junggeselle. Er war ein Mann, den viele Frauen attraktiv fanden, und dessen war sich Tom auch bewusst. Er setzte seinen Charme gern bei den jüngeren Damen ein. Lars war zwar froh, dass er bei ihm Asyl bekam, aber das war absolut nicht sein Lebensstil.

„Ja, bin gleich fertig. Hab nur noch das Bett aufgestellt, wir können gleich losziehen!"

„Mal sehen, was die Frauenwelt heut Abend so hergibt … Ich könnte mal wieder ordentlichen Sex gebrauchen!" Tom kam frisch gestylt aus dem Badezimmer, und hinter ihm schwebte eine Wolke aus würzig frischem Männerparfum. Lars musste grinsen, als er Tom beobachtete, wie der vor dem großen Spiegel im Flur sein Outfit von vorn und hinten begutachtete und sich selbst angrinste, um seine weißen Zähne zu kontrollieren.

„Na, du hast es aber wirklich nötig heute!", sagte Lars und wagte dabei selbst einen Blick in den Spiegel.

„Das wäre für dich auch nicht das Schlechteste, oder?" Tom schlug Lars im Vorbeigehen auf die Schulter.

Sie gingen dann schließlich zu Fuß los, die Kneipe war nicht weit weg von Toms Wohnung, etwa zehn Gehminuten. Für einen Sonntagabend war sogar ziemlich viel los, das Publikum war gemischt, Leute zwischen 20 und 50 Jahren, auch viele Frauen, worüber sich Lars wunderte. Als er noch vor gut fünfzehn Jahren regelmäßig diese Kneipe besucht hatte, waren mehr Männer als Frauen anwesend. „Die Zeiten ändern sich", dachte Lars laut.

„Wie meinst du das denn? Wegen der hübschen Frauen hier ... die gab es wohl zu deiner Zeit noch nicht!", lachte Tom. Lars konnte nur den Kopf schütteln und überlegte nicht lange. Tom ging gleich zum Tresen und bestellte zwei Bier. Lars schaute sich noch ein wenig um, er musste erst einmal wieder heimisch werden, es kam ihm noch sehr fremd vor, ohne Tatjana abends wegzugehen.

Er suchte sich dann schließlich ein gemütliches Plätzchen in einer Ecke und wollte das ganze Spektakel erst einmal beobachten. Tom gesellte sich kurz zu ihm und trank in Windeseile sein Bier.

Lars ließ sich ein wenig mehr Zeit, er wollte sich nicht betrinken.

Tom entdeckte zwei frühere Freundinnen, die gerade zur Tür hereinkamen, eine davon war Sandy. Lars freute sich fast ein bisschen, ein bekanntes Gesicht zu entdecken, auch wenn er wusste, dass es gefährlich war, Sandy zu treffen. Immerhin wollte er früher mal was von ihr, und sie war einem Flirt auch nicht abgeneigt.

Tom stürzte auf die beiden kichernden Damen zu und plusterte sich vor ihnen auf wie ein Pfau, der sein Weibchen umwirbt. Lars fand das Ganze sehr witzig und überließ damit Tom die Bühne. Er war froh, dass er im Hintergrund bleiben konnte.

Sandy hatte aber nur Augen für Lars und konnte nicht schnell genug zu ihm kommen, um ihn zu begrüßen. „Hey, was machst du denn hier? Wo ist Tatjana? Ist sie schwanger? Ich hab sie letztens getroffen, als sie mit Katrin vom

Frauenarzt kam ..." Sandy war sehr neugierig und wollte unbedingt wissen, ob was an dem Gerede der beiden dran war.

„Was, ach Quatsch, Tati ist nicht schwanger, da haben dir die zwei wohl eine Story auftischen wollen. Tatjana ist gerade verreist ..." Lars versuchte, sich ein Lächeln abzuquälen, er wollte auf keinen Fall mit der Wahrheit herausrücken.

Sandy bohrte aber weiter, sie hatte Interesse an Lars und nutzte jede Gelegenheit, ihm schöne Augen zu machen. „War sie nicht letztens schon mit Katrin unterwegs in Oslo oder so? Chris hat mir davon erzählt ... Da war doch auch ein Artikel in der Zeitung von ihr und diesem Sänger aus den 80er-Jahren!" Sandy setzte ein künstlich mitleidiges Gesicht auf.

„Ja ja, das ist eine andere Geschichte, sie hat eben so 'ne Phase, das wird hoffentlich bald wieder vorbeigehen!" Lars wurde das Gespräch zwar unangenehm, aber er schätzte auch durchaus das Interesse, das Sandy ihm gegenüber zeigte. Tom brachte die nächste Runde Bier und zwinkerte Lars zu, was heißen sollte, dass er Sandy sehr attraktiv fand.

„Hallo Sandylein, schön dich mal wieder zu sehen, deine Freundin Tammy und ich gehen mal 'ne Runde Billard spielen, wenn es okay ist ..." Tom strahlte über das ganze Gesicht und ließ Lars und Sandy in der ruhigen Ecke zurück.

„Du, Lars, wenn du dich mal aussprechen magst, ich bin echt gern für dich da ... Ich meine, das ist ja schon klar, dass du und Tati gerade so was wie 'ne Krise habt, oder?" Sandy bestellte sich auch ein Bier und steckte sich eine Zigarette an. „Magst du auch eine?" fragte sie ihn, aber Lars hatte sich das Rauchen vor fast fünf Jahren abgewöhnt. Er dachte, dass es am Rauchen liegen könnte, dass er und Tatjana kein Kind bekamen.

Lars bestellte sich noch ein Bier und kam langsam in Erzählstimmung. „Weißt du, Sandy ... Ich bin total froh, dich getroffen zu haben heute Abend, mir geht es wirklich gerade nicht gut …" Lars schüttete sein Herz aus, und Sandy genoss es, endlich die volle Aufmerksamkeit von Lars zu bekommen. „Ich verstehe nicht, was in Tatjana gerade vorgehen mag. Sie führt sich auf, als wäre sie wieder 15 Jahre alt … Ich meine, würdest du so 'ne Aktion reißen wie sie und diesem Morten Harket hinterherreisen, mit ihm Kontakt aufnehmen, und so weiter?", fragte Lars ernst mit traurigen Augen.

Sandy nahm ihn in den Arm und tröstete ihn. „Ach, du Armer, ich kann dich ja so gut verstehen … Ich finde auch, dass Tati total kindisch reagiert … Sie muss doch auch mal an eure Ehe denken!" Sie bestellte zwei Ramazzotti für Lars und sich. „Komm trinken wir einen auf alte Zeiten!"

Lars ließ sich darauf ein, er war nicht mehr ganz nüchtern und konnte eine kleine Aufheiterung gut gebrauchen. Sandy rückte immer ein Stückchen näher zu Lars, bis sie fast auf ihm saß, als plötzlich Chris vor ihnen stand.

„Nee, das gibt es ja nicht … Hallo meine Süße! Und wer ist denn da noch … Laaaaaars, das ist ja nicht wahr, hast du dich hierher verirrt, lass dich mal anschauen. Gut siehst du aus!" Chris war wieder einmal im richtigen Moment aufgetaucht, um seine ironischen und überspitzten Kommentare abzugeben.

Lars rollte mit den Augen, es war ihm überhaupt nicht recht, Chris zu treffen. „Gehst du öfter hierher?", fragte Lars, um ein anderes Thema anzusprechen.

Aber Chris war viel zu aufgedreht, um auf eine einfache Frage eine normale Antwort zu geben. „Also, Lars, ich bin ja jetzt nicht neugierig, aber stimmt es wirklich, dass mein Schwesterherz mit diesem norwegischen Sänger abhängt, die ist ja voll der Groupie geworden, das hätte ich ihr nie zugetraut …!", kicherte Chris in schrillen Tönen, sodass sich schon einige Leute an den Nachbartischen umdrehten.

„Bist du etwa eifersüchtig?", fragte Lars mit einem fiesen Lächeln, er wollte Chris eine Retourkutsche erteilen.

„Ich stehe nicht so auf Heteros, auch wenn das Homos oft nachgesagt wird … Ja gut, dieser Morten ist schon ein Hingucker, aber den überlasse ich doch lieber seinen Girls, jetzt lasse ich euch alte Turteltäubchen aber mal allein, ihr habt euch sicher viel zu erzählen!" Und so stürzte sich Chris in das Getümmel von laut gackernden Menschen in Bierlaune und verschwand erst einmal von der Bildfläche.

Lars gab daraufhin Sandy, Tom und Tammy eine Runde Ramazzotti aus, er war froh, dass sich Chris andere Opfer suchte, denen er die Ohren taub schwätzen konnte.

Chris hatte aber leider nichts Besseres zu tun, als bei seiner Schwester anzurufen, um ihr von Lars und Sandy zu erzählen.

„Hallo Schwesterlein, stell dir vor …" Chris teilte Tatjana jede kleine Einzelheit mit und dichtete auch noch ein paar Dinge dazu. „… also jedenfalls saß Sandy sogar bei Lars auf dem Schoß und die beiden flirteten sehr stark …!"

Tatjana wurde kreidebleich, sie war eigentlich sehr entspannt gewesen, weil Morten ihr auf der Gitarre vorgespielt hatte, aber jetzt konnte sie keinen Ton mehr herausbringen außer: „Danke für die Info!" Sie schaltete ihr Handy aus und blickte an die Decke.

„Was ist denn passiert, Tatjana?", fragte Morten besorgt.

Tatjana brach nun endgültig in Tränen aus, sie bemerkte einen stechenden Schmerz in ihrer Brust.

So kannte sie Lars gar nicht, er hat sie noch nie betrogen oder angelogen, dessen war sie sich sehr sicher! „Ich muss zurück nach Deutschland und mit ihm reden!", sagte Tatjana mit verstörter Stimme.

Morten fragte sie, ob es um Lars ginge.

„Er ist gerade dabei, mit einer furchtbaren Trulla einen Seitensprung zu wagen. Das würde er sonst nie machen, das ist nur diese Sandy, die ihm die Augen zuschmiert …" Tatjana wurde auf einmal richtig zornig und wütend auf Sandy. Sie konnte sich kaum noch beruhigen.

„Tati, ich verstehe dich ja, aber du musst auch Lars' Seite sehen … Du bist hier in Norwegen bei mir, was ich zwar sehr schön finde, aber er ist bestimmt sehr gekränkt, oder denkst du nicht?" Morten wollte Tatjana dazu bringen, nicht nur ihre Situation zu sehen, sondern auch Verständnis für Lars zu entwickeln.

Tatjana beruhigte sich daraufhin ein bisschen. Sie schaute in Mortens Augen und fing an, von der Zeit zu träumen, als sie zum ersten Mal in Mortens Augen geblickt hatte, bei ihrem ersten a-ha-Konzert.

„Ich kann es nicht fassen, ich sitze hier bei dir, in deiner Ferienhütte … Eigentlich sollte ich feiern und nicht traurig sein … Weißt du, wie lange ich von solch einem Moment geträumt habe?"

Morten streichelte Tatjana über ihre langen Haare. „Na ja, ich kann es mir nicht vorstellen, weil ich mich selbst als einen ganz normalen Menschen wahrnehme, aber ich denke, dass es kein Zufall ist, dass wir uns begegnet sind!"

Tatjana lehnte sich an Mortens Schulter. „Ich werde morgen Abend wieder zurückfliegen, bevor alles zerbricht, und diese Zeit mit dir in wunderschöner Erinnerung behalten!"

Morten küsste Tatjana auf die Stirn. „Das werde ich auch. Wir werden uns bestimmt wiedersehen, du bist für mich ein wertvoller Mensch geworden, so normal und nicht so abgedreht wie die ganzen Fans … Das ist furchtbar anstrengend, wenn du dauernd aufpassen musst, nicht gleich erkannt zu werden!" Morten erzählte Tatjana noch einige Geschichten, die er mit Fans erlebt hatte. Sie lagen vor dem Kamin zusammengekuschelt, so wie alte gute Freunde. Tatjana war froh, dass nicht mehr als das passierte. Sie hätte es nicht mit ihrem Gewissen vereinbaren können. Irgendwann schliefen beide ein.

Lars dagegen feierte in Frankfurt mit Sandy und Tom bis spät in die Nacht hinein.

Die Kneipe machte gegen drei Uhr nachts zu, die Letzten torkelten gerade zur Tür hinaus. Sandy klammerte sich an Lars fest, um nicht umzufallen. Sie hatte sich etwas zu viel Bier gegönnt. Doch Lars war auch nicht mehr nüchtern und hatte gerade mit sich selbst zu tun, um nicht über seine eigenen Füße zu fallen.

„Gehst du noch auf einen Drink zu mir …?", nuschelte Sandy.

„Wo wohnst du denn?" Lars war nicht ganz abgeneigt, weil sich Tom mit Tammy schon ein bisschen früher abgesetzt hatte. Er wollte die zwei nicht stören.

„Nur ein paar Straßen weiter, das schaffen wir schon, dann muss ich auch nicht allein laufen!" Sandy hakte sich bei Lars ein und war zufrieden, dass sie ihn endlich für sich hatte. Lars konnte nicht mehr viel überlegen, in seinem Kopf drehte sich alles.

Sandy schloss die Haustür auf und stolperte mit Lars in ihre Wohnung. „Nimm Platz, wo du willst, ich hole uns noch einen Ramazzotti!"

Lars ging ins Wohnzimmer und setzte sich auf das Sofa.

Sandy machte sich im Bad etwas frisch und knöpfte ihre eng sitzende Bluse ein bisschen weiter auf.

„Und wie findest du mein Zuhause?", fragte Sandy und beugte sich vor zu Lars, damit er direkt in ihr Dekolleté schauen musste.

„Gemütlich hast du es hier!" Lars versuchte, sich zu beherrschen. Er merkte Sandys Absichten und wollte lieber gehen, bevor noch etwas passierte, was er vielleicht bereuen müsste.

Aber Sandy ließ nicht locker. Sie war eine der Sorte Frau, die immer hartnäckiger wird, je mehr ein Mann sie abblitzen lässt. „Magst du hier schlafen? Dann musst du nicht Tom und Tammy stören, die sind ja bestimmt gut drauf!", lachte Sandy und versuchte, dabei sexy zu klingen.

„Na gut, aber bitte denke dir nichts dabei, Sandy! Ich bin verheiratet, auch wenn ich gerade viel Stress mit Tati habe.

Ich möchte sie nicht verlieren, weißt du?" Lars versuchte, Sandy zu erklären, dass sie sich keine Hoffnungen machen sollte.

„Keine Angst, ich werde schon nicht über dich herfallen!", motzte Sandy. Sie war irritiert, weil Lars auf ihre Anspielungen überhaupt nicht reagierte. „Findest du mich denn nicht mehr attraktiv?", wollte sie wissen.

„Ach Sandy, du weißt doch, dass ich damals auf der Schule ganz schön hinter dir her war, du bist bildhübsch, und wenn ich nicht verheiratet wäre, würde vielleicht sogar was laufen zwischen uns, so aber …!" Lars gab sich wirklich viel Mühe, um Sandy nicht zu verletzen.

Sie holte ihm eine Decke und ein Kopfkissen aus ihrem Schlafzimmer, dann verschwand sie ohne ein Wort ins Badezimmer, um sich die Zähne zu putzen.

„Gute Nacht!", rief Lars, als Sandy in ihr Bett ging. „Und danke, dass du mir zugehört hast!"

„Schon okay! Wann musst du aufstehen?", wollte Sandy noch wissen, damit sie den Wecker stellen konnte.

„Ich habe morgen frei, und du?"

„Muss erst um elf Uhr auf der Arbeit sein, dann können wir noch einen Kaffee trinken, wenn du magst!", sagte Sandy gähnend und schlenderte endgültig Richtung Schlafzimmer.

Lars lag noch einige Minuten wach, er musste an Tatjana denken.

Kopfweh und ein schlechtes Gewissen

Stay on these roads
We shall meet I know
Stay on my love
We shall meet I know I know …

Der nächste Morgen fing bei Lars mit starken Kopfschmerzen an. Er hatte eindeutig einen ordentlichen Kater.

Tatjana dagegen war gut ausgeschlafen, sie lag in Mortens Arm, weil sie ziemlich gefroren hatte in der Nacht. Das Feuer im Kamin war irgendwann heruntergebrannt. Morten fragte sie, ob sie einen Tee trinken und von seinem Dinkelbrot kosten wollte, dass er sich extra zubereiten ließ. Das vertrug er am besten, er hatte bei Weizenmehl oft Probleme mit der Verdauung. Morten lebte sowieso sehr bewusst. Er machte Sport, wenn es die Zeit erlaubte, und ernährte sich gesund, er trank kaum Alkohol und rauchte nicht. Sein Lieblingsgetränk war Kaffee. Tatjana bewunderte seine konsequente Art zu leben.

Morten machte den Kamin wieder an und deckte den Tisch. Er hatte ein wenig Käse, Obst und Brot aufgetragen. Tatjana hatte auch langsam Hunger. Vor dem Frühstück ging sie sich noch frisch machen. Draußen gab es eine Wasserpumpe mit eiskaltem Wasser, davon spritzte sie sich etwas in ihr Gesicht und putzte sich die Zähne, hinterher war sie wach. Es war noch sehr kalt, und so setzte sie sich gleich wieder vor das Feuer, um sich zu wärmen.

„Es ist schön hier, danke für diese schöne Zeit!", sagte Tatjana und träumte einen Augenblick vor sich hin.

„Ich fand es auch sehr schön mit dir hier! Was wirst du jetzt unternehmen, wenn du nach Hause kommst?", wollte Morten wissen und brachte Tatjana ihren Tee.

In diesem Moment klingelte Tatjanas Handy. „Hallo!", meldete sie sich neugierig. Sie konnte keine Rufnummer erkennen, die war unterdrückt.

„Hier ist Sandy, da staunst du was? Dein Lars hat heute Nacht hier bei mir geschlafen, es ging ihm ganz schön schlecht wegen dir!", sagte Sandy kratzbürstig.

„So so, und du musstest gleich die Gunst der Stunde nutzen, um dich an ihn ranzumachen!", zischte Tatjana, sie war sehr aufgeregt.

Morten setzte sich neben sie und gab ihr per Zeichensprache zu verstehen, dass sie ruhig bleiben solle.

„Ich würde an deiner Stelle bald an eine Trennung denken … Lars ist jedenfalls nicht sehr begeistert von deinen Reisen nach Norwegen …" Sandy stichelte, wo sie nur konnte.

„Überlass das mal schön mir und meinem Mann!" Das war Tatjanas letzter Kommentar dazu, dann beendete sie das Gespräch.

Sie erzählte Morten von Sandy und Lars und brach in Tränen aus. „Ich muss gleich mal Kati anrufen …!" Morten nahm Tatjana in den Arm, um sie zu trösten.

Tatjana erzählte Katrin alles und zitterte dabei am ganzen Körper. „Tatjana, bitte bleib ruhig, du solltest dich wirklich nicht aufregen … Ich werde mit Lars sprechen!"

„Aber bitte sag ihm noch nichts von dem Baby, das möchte ich selbst machen, wenn der richtige Zeitpunkt gekommen ist!", stotterte Tatjana.

Katrin versprach ihr hoch und heilig, niemandem etwas von der Schwangerschaft zu sagen. „Ich schweige wie ein Grab … Ich werde ihn nur mal zur Rede stellen, was er sich bei Sandy denkt. Ruf dich sobald wie möglich zurück, wenn ich etwas weiß, okay?"

Tatjana war daraufhin beruhigt, sie konnte sich auf ihre Freundin hundertprozentig verlassen.

Katrin wählte gleich danach die Nummer von Lars. „Hallo Lars, hast du Zeit? Dann könnten wir uns in meiner Mittagspause im Bistro an der Ecke treffen!"

Lars war ein wenig irritiert, aber er fragte nicht lange und machte mit Katrin aus, dass er dort um zwölf Uhr auf sie warten würde.

Sandy erzählte Lars natürlich nichts von dem Gespräch mit Tatjana. Sie machte Lars weiterhin schöne Augen und bemitleidete ihn. „Ach Lars, das mit dir und Tatjana tut mir ja so leid, ihr passt doch so gut zueinander ..." Sandy konnte lügen, ohne rot dabei zu werden.

Lars bedankte sich bei Sandy und wollte dann los, er musste in einer Stunde schon wieder bei Katrin im Bistro sein und wollte vorher noch mal nach Hause fahren, um nach Gregor zu schauen und eine heiße Dusche zu nehmen. Tatjana war ja noch nicht da, sonst wäre er nicht nach Hause zum Duschen gefahren.

Sandy rief sofort Chris an, als Lars ihre Wohnung verließ. „Hallo Chrissi, hier ist Sandy ... Stell dir vor, Lars wollte unbedingt mit mir nach Hause gestern, er hat bei mir geschlafen ...!" Sandy erzählte brühwarm einige Lügen, wie zum Beispiel, dass sie sich kaum vor Lars Annäherungsversuchen retten konnte.

„Oh Gott, das ist ja furchtbar. Ich wusste doch schon immer, dass Lars ein Schwerenöter ist!" Chris war natürlich völlig fasziniert von den neuesten Nachrichten.

„Sag mal, Chris, weißt du, ob deine Schwester vielleicht schwanger ist?" Sandy wollte unbedingt herausfinden, ob es Neuigkeiten gäbe.

„Du, das weiß ich echt nicht, aber vielleicht finde ich es ja mit ein bisschen Glück heraus ... Meinst du, sie ist von diesem Morten schwanger? ... Nein, das wäre ja der Hit überhaupt, also ich werde es bestimmt bald wissen, meine Süße!"

In Sorlandet packten Morten und Tatjana ihre Sachen zusammen und traten die Heimfahrt nach Oslo an. Sie hatten ja noch eine gute Strecke zurückzulegen.

Tatjana hatte nur noch das Bedürfnis, nach Hause zu fliegen, um mit Lars alles in Ruhe zu klären, sie vermisste ihn so sehr und hatte gleichzeitig eine riesengroße Wut in sich, weil er sich mit dieser Sandy abgab.

Lars kam zu Hause an, und Gregor holte sich erst einmal eine große Portion Streicheleinheiten ab. Er war es nicht gewohnt, so lange allein zu sein. Lars fühlte sich seit Langem jetzt wieder wohl, als er kurz auf dem Sofa saß und an Tatjana dachte. Er konnte sie sich bildlich vorstellen, wie sie auf dem Sofa liegen würde.

Kurze Zeit später im Bistro:

Katrin wartete mit einem Cappuccino an einem kleinen Ecktisch auf Lars.

Lars war aufgeregt, weil er ahnte, dass etwas passiert war. Warum sonst sollte Katrin ihn in ihrer Mittagspause herbestellen.

„Hi Kati ... Wie geht es dir?", fragte Lars.

„Na ja, ganz gut ... und bei dir?", fragte Katrin.

„Hab heute einen dicken Kopf, hab gestern zu tief ins Glas geguckt", gab Lars zu.

„Okay, ich komme mal auf den Punkt ... Läuft zwischen dir und dieser Sandy etwas?", wollte Katrin wissen.

„Wie ... weißt du davon? Also, ich meine ... Nein, natürlich nicht, es läuft rein gar nichts! Wer behauptet denn so was?", fragte Lars verärgert.

„Diese Sandy hat bei Tati angerufen!" Katrin verzog das Gesicht, sie war gespannt, was Lars dazu sagen würde.

Lars wurde wütend, er tippte mit dem Zeigefinger nervös auf dem Kaffeelöffel, sodass dieser hin- und herwippte und unangenehme Geräusche von sich gab. „Also, das ist ja wohl das Allerletzte, hat Sandy behauptet, ich hätte was mit ihr?" Lars konnte sich kaum noch beruhigen.

„Nein, so direkt wohl nicht, aber sie hat Tati erzählt, du hättest unbedingt bei ihr schlafen wollen ...", sagte Katrin.

„Ich wollte überhaupt nichts, war nur betrunken und froh, nicht bei meinem Arbeitskollegen übernachten zu müssen, der hatte nämlich Frauenbesuch, du verstehst?"

„Dann wird es wohl gut sein, wenn du das mal Tati so weitergibst!", sagte Katrin.

Lars und Katrin verblieben dabei, dass er sich bei Tatjana melden würde, um alles mit ihr zu klären.

Tatjana kam spät abends im Bondeheimen Hotel in Oslo an. Sie verabschiedete sich von Morten. „Vielen Dank für den wunderschönen Abend, es hat mir sehr gutgetan, mit dir über alles zu reden!" Tatjana umarmte Morten und gab ihm einen Abschiedskuss.

„Ich wünsche dir und Lars und eurem Kind alles Gute, pass gut auf dich auf und melde dich mal wieder, wenn du in Deutschland bist!", verabschiedete sich Morten und brauste mit seinem Motorrad davon.

Tatjana blieb noch eine Weile am Straßenrand stehen und blickte verträumt in die Ferne. Sie dachte immer noch, sie würde träumen. Niemals hätte sie es für möglich gehalten, Morten so persönlich kennenzulernen.

Sie ging in ihr Hotelzimmer und meldete sich bei Katrin auf dem Handy. Sie war neugierig war, was in der Zwischenzeit passiert war.

„Hallo Kati, wie ist das Gespräch mit Lars gelaufen?"

„Er war ziemlich sauer auf Sandy und beteuerte mir, dass nichts zwischen ihr und ihm passiert sei!", sagte Katrin.

„Glaubst du ihm das auch?", fragte Tatjana.

„Ja, Lars ist kein Lügner, das hätte ich auch sonst in seinem Gesicht gesehen!"

„Okay, vielen Dank, Kati … den Rest besprechen wir morgen, kannst du mich vielleicht am Flughafen abholen? Komme so gegen 16 Uhr an", fragte Tatjana.

„Klar, das müsste ich schaffen, hab morgen nicht so viel auf der Arbeit zu tun!", sagte Katrin.

Lars war völlig geladen nach dem Treffen mit Katrin am Mittag. Er hatte nicht damit gerechnet, dass Sandy ihm so böse mitspielen würde. Er fuhr zu Tom und versuchte, mit ihm darüber zu reden.

Tom lag noch mit Tammy im Bett und schnarchte laut vor sich hin.

Lars ging in die Küche und kochte sich einen Kaffee, hinlegen konnte er sich jetzt nicht, die Gedanken kreisten zu sehr in seinem Kopf. Er überlegte, ob er Tatjana anrufen sollte, um sie zu fragen, wann sie Zeit hätte, sich mit ihm zu treffen. Er hatte große Sehnsucht nach ihr, aber sein männlicher Stolz ließ es noch nicht zu, ihr das zu zeigen. Lars konnte auch nicht mehr lange weitergrübeln, weil sich Tom zu ihm gesellte und neugierig war.

„Hey, wie ist es noch gelaufen zwischen dir und dieser Sandy? Die ist ja echt 'ne scharfe Braut!", sagte Tom und wuschelte sich dabei durch seine Locken.

„Hör mir bloß auf mit dieser Tussi, die hat mir ganz schön eine reingewürgt!", sagte Lars mit grimmiger Miene.

Lars erzählte von dem Vorfall und fragte Tom, was er nun an seiner Stelle machen würde.

„Guten Morgen, Jungs … Wie spät ist es denn ?", fragte Tammy, die zwischenzeitlich wach geworden war von den lauten Stimmen in der Küche, aber sie stellte sich blöd und tat so, als hätte sie nichts gehört von dem Gespräch. Sie ging ins Badezimmer und rief bei Sandy an, sie flüsterte in ihr Handy, sodass Tom und Lars nicht mithören konnten.

„Hi Sandy … Lars hat irgendwas erzählt, dass du bei dieser Tati angerufen hast. Er ist ziemlich sauer auf dich und beredet es jetzt mit Tom …!" Tammy warnte Sandy, dass sie sich rechtzeitig einen Plan überlegen konnte.

Lars packte seine Reisetasche. Er wollte wieder zurück in sein Haus, er hatte keinen Nerv mehr auf dieses Chaosleben. Er bedankte sich noch bei Tom für die Zeit und die Gastfreundschaft und verließ dann den Singlehaushalt mit einem großen Aufatmen. Das war einfach nicht mehr seine Welt, Nächte durchzumachen, Frauen abzuschleppen und am nächsten Tag einen dicken Kopf zu haben wegen des Alkoholkonsums. Lars war erleichtert ...

Der nächste Tag begann mit einem frischen Herbststurm in Oslo. Tatjana wurde wach vom Klappern der Fensterläden. Sie machte sich fertig, packte ihre Reisetasche und ging frühstücken. Im Café traf sie wieder Hobo Highbrow, der an einem kleinen Zweiertisch saß und das norwegische Dagbladet las. Sie setzte sich zu ihm.

„Hi, schön, Sie wiederzusehen ... Ich reise heute ab, leider", sagte Tatjana.

„Hmm, schön ... guten Flug!", sagte Hobo, ohne aufzublicken.

„Sind Sie eigentlich immer so höflich, wenn man mit Ihnen sprechen möchte?", fragte Tatjana mit bissiger Stimme.

„Äh, meinen Sie mich?" Hobo drehte sich um und suchte einen noch unhöflicheren Menschen als sich selbst. Er konnte ja unmöglich gemeint sein, dachte er.

„Na, wen denn sonst?" Tatjana musste daraufhin lachen, weil sie es nicht fassen konnte, wie jemand sich so merkwürdig arrogant verhalten konnte. „Ich habe jetzt übrigens schon ziemlich viele Schreibideen für meinen Roman, falls sie das interessieren sollte."

„Na, das ist doch gut ... Dann sollten Sie bald damit anfangen", sagte Hobo und schlürfte an seinem Kaffee.

„Steht ihr Angebot noch, dass sie mir ein paar Tipps geben?", fragte Tatjana. Es reizte sie, diesen Mann näher kennenzulernen. Tatjana konnte es nicht leiden, wenn Menschen sie unhöflich behandelten, das gab ihr dann immer Anlass, solche Leute mit weiteren Fragen zu nerven.

„Ja, Sie können mir gern mal Auszüge aus Ihrem Manuskript schicken. Ich sage Ihnen meine Meinung dazu", antwortete Hobo.

„Ihre Meinung allein wird mir aber nicht reichen. Ich brauche auch ein paar Anregungen von einem erfahrenen Schriftsteller." Tatjana blieb am Ball und lächelte dabei provokant.

„Das wird sich machen lassen, denke ich … muss jetzt gehen, bis dann, Tatjana, und gutes Gelingen." Hobo verabschiedete sich und verließ das Frühstücksbuffet.

Tatjana musste noch eine Weile schmunzeln, bevor sie die Rechnung bezahlte und mit dem Bus zum Flughafen fuhr.

Ihr nächstes Projekt stand also damit fest, sie wollte sich gleich zu Hause an ihren Laptop setzen und mit dem Roman beginnen, natürlich nachdem sie sich mit Lars ausgesprochen hatte.

Regen, Regen, Regen …

„Sounds of rain"

Eyes drying in the sun
Had only just begun
What can I say?
I wish you'd stay
Don't run away …

In Frankfurt regnete es in Strömen, und es war sehr kalt. Tatjana war froh, dass Katrin sie abholte.

Sie fuhren gemeinsam mit Katrins Mercedes-Firmenwagen zu Tatjana nach Hause.

Tatjana nahm sich vor, ein heißes Aromabad zu nehmen und dabei Mortens CD zu hören. Sie wusste ja bis zu diesem Zeitpunkt noch nicht, dass Lars schon zu Hause auf sie wartete. Er hatte Katrin gefragt, wann Tatjana aus Oslo zurückkommen würde.

Lars öffnete eine gute Flasche Rotwein und machte Kerzen im Wohnzimmer an. Er wollte es gemütlich haben, wenn Tatjana und er miteinander reden würden.

„Ich komme nicht mehr mit rein, meine Liebe … Lars wartet schon auf dich", sagte Katrin.

„Aha, davon wusste ich ja noch gar nichts … dann hoffe ich mal, dass wir uns nicht zu sehr streiten," sagte Tatjana mit zerknitterter Miene.

„Das wird schon, er liebt dich. Willst du ihm dann endlich mitteilen, dass du schwanger bist?", wollte Katrin wissen.

„Mal sehen wie das Gespräch läuft", entgegnete Tatjana.

Sie machte die Autotür auf und stieg aus. Sie warf dabei Katrin noch einen Handkuss zu und rannte zum Haus, weil es immer noch regnete und es auch noch anfing zu donnern.

Lars öffnete Tatjana schon die Haustür und nahm ihr die Reisetasche ab.

„Hallo, hattest du einen guten Flug?", fragte er etwas zurückhaltend.

„Ja, war okay … und du, hast du dich wieder hier eingelebt?", fragte Tatjana zurück und lächelte verlegen.

„Klar, bin eigentlich schon gern zu Hause … Magst du was essen? Hab uns ein paar italienische Vorspeisen besorgt und 'ne Flasche Chianti vom teuren Italiener!" Lars nahm Tatjana die Jacke ab.

Sie setzten sich ins Wohnzimmer auf das Sofa, Lars schenkte den Wein in zwei Rotweingläser ein, die sie zur Hochzeit geschenkt bekommen hatten. Es waren edle Gläser einer sehr teuren Marke aus Frankreich.

Tatjana überlegte, wie sie Lars erklären sollte, dass sie schwanger ist.

„Wie war es in Berlin?", fragte sie einfach, um etwas zu sagen.

Lars erzählte kurz, und dann war es wieder still.

„Hast du dir in Oslo noch etwas angesehen?", fragte Lars, obwohl er eigentlich nichts darüber wissen wollte.

Tatjana erzählte kurz von der Bekanntschaft mit Hobo Highbrow. „Ich möchte einen Roman schreiben über die Erlebnisse, die ich so hatte!", sagte Tatjana und errötete dabei.

„So, da hast du ja was vor dir! Will dir dieser Hobo dabei helfen?", fragte Lars.

„Weiß nicht, ist ein komischer Kerl, etwas schwierig. Aber natürlich wäre es toll, wenn er mir wenigstens ein paar Tipps geben könnte …", sagte Tatjana.

Die Unterhaltung verlief sehr schleppend, keiner von den beiden wusste, wie er mit dem eigentlichen Thema beginnen sollte.

Plötzlich bekam Tatjana eine Kurzmitteilung auf ihrem Handy: Hallo Tati, bist du gut angekommen? Hoffe, du konntest mit Lars reden. Liebe Grüße Morten.

Tatjana wurde es heiß, sie konnte kaum noch klar denken. Wie sollte sie jetzt mit Lars noch ein vernünftiges Gespräch führen, wo sie doch am liebsten Morten antworten würde?

„Na, wer hat dir denn geschrieben? Du wirst so nervös", fragte Lars und schaute Tatjana dabei tief in die Augen.

„Ach … ist nicht wichtig!", stotterte Tatjana. Sie wollte schnell ein anderes Thema beginnen, aber Lars durchschaute sie mal wieder, was auch nicht schwer war. Tatjana war absolut keine gute Lügnerin.

„Hast du Morten getroffen in Oslo?", fragte Lars mit ernster Miene.

Zögernd antwortete Tatjana: „Ja, aber …"

Lars bremste sie beim Reden. „Du musst mir jetzt keine Erklärungen abgeben, was du gemacht hast." Lars ging in die Küche, um nicht zu explodieren, es kochte in ihm. Er konnte sich ja denken, dass Tatjana sich mit Morten verabredet hatte, aber er wollte es nicht wahrhaben.

Tatjana fing an zu weinen. Sie hatte Angst, Lars jetzt endgültig zu verlieren. Lars setzte sich neben sie und nahm sie in den Arm. „Warum weinst du? Ist was passiert, oder hast du wegen irgendetwas ein schlechtes Gewissen?", fragte Lars.

„Ich muss dir was sagen, was wirklich Wichtiges!" Tatjana zitterte am ganzen Körper.

Lars war ganz ruhig und schaute sie mit fragenden Augen an.

„Ich bin schwanger!", platzte es schließlich aus Tatjana heraus, sie war erst einmal erleichtert, dass sie es endlich Lars gesagt hatte.

„Welche Woche?", fragte Lars und verzog sein Gesicht.

„Ich weiß es noch nicht genau, hab bald einen Termin beim Arzt."

„Ist es unser Baby?", Lars fragte jetzt direkt, er wollte Klarschiff machen und nicht weiter um den heißen Brei reden.

„Was denkst du denn von mir?" Tatjana war verletzt und beschimpfte Lars. „Du poppst doch hier wild durch die Gegend mit blöden Tussis!"

„Jetzt lenk nicht vom Thema ab. Wer fährt denn dauernd nach Oslo, um sich mit einem anderen Mann zu treffen?" Lars wurde wütend, er steckte sich eine Zigarette an.

„Aha, rauchen tust du jetzt auch wieder? Hat dir das Sandy beigebracht?" Tatjana provozierte jetzt, wo sie nur konnte.

„Ich fasse es nicht, du baust hier Mist und versuchst mir noch ein schlechtes Gewissen zu machen. Vergiss es, ich werde mir eine Wohnung suchen, es hat keinen Sinn mehr! Ich kann dir nicht mehr vertrauen, und du mir ja wohl auch nicht!" Lars trank sein Glas Rotwein aus und ging ins Schlafzimmer.

Tatjana ging ihm hinterher. „Jetzt lass uns doch reden, bitte ... Du wirst Papa, verdammt noch mal!", schrie Tatjana ihn an.

„Tja, ich oder dieser Norweger ... Wer weiß das schon? Immerhin bist du dann auch berühmt, wenn du bald ein Kind von Morten bekommst!" Lars packte seine Tasche.

„Ich übernachte woanders, bis ich eine Wohnung gefunden habe. Ich möchte jetzt nicht mehr mit dir reden ..."

Tatjana ging wieder zurück ins Wohnzimmer und schrieb Katrin eine SMS.

Katrin stand 20 Minuten später bei den Sandbergs in der Küche und versuchte, zwischen den beiden zu vermitteln. Lars war beleidigt und saß, ohne ein Wort zu sagen, auf einem Küchenstuhl.

Tatjana starrte Löcher in die Luft und gab auch keinen Ton von sich.

„Also, so wird das nichts, ihr müsst schon miteinander kommunizieren", sagte Katrin.

„Das haben wir schon, es gibt da momentan nichts mehr zu besprechen, Kati. Tut mir leid", sagte Lars.

Tatjana schüttelte den Kopf, sie wurde immer wütender auf Lars. „Was denkst du eigentlich, wer du bist? Warum kannst du nicht aufhören mit diesen patzigen Bemer-

kungen und dich wie ein erwachsener Mann verhalten?",
schimpfte Tatjana.

„Das sagt gerade die Richtige. Du verhältst dich doch total schräg!", schrie Lars zurück.

Katrin hielt sich die Ohren zu und ging aus dem Zimmer.

„Ich gehe jetzt. Dann könnt ihr unter euch Frauen sein und über mich herziehen, welch ein furchtbarer Ehemann ich doch bin", sagte Lars und ging seine Tasche holen.

„Dann geh doch zu deiner tollen Sandy, sie hat bestimmt noch ein Plätzchen frei in ihrem Bett!", rief ihm Tatjana noch hinterher, als er das Haus verließ.

Kaum war Lars aus der Haustür, klingelte es. Katrin machte die Tür auf. Tatjana saß weinend auf dem Sofa, und wollte niemanden mehr sehen.

„Hallihallo, du kannst ja bald hier einziehen … Ist meine Schwester da?" Chris konnte wohl den Braten riechen. Es war für ihn wie ein Festessen, wenn Tatjana Probleme hatte.

„Ja, aber ich muss sie fragen, ob sie gerade Zeit für dich hat, warte bitte hier", sagte Katrin bestimmend.

Doch Chris überschritt für sein Leben gern die Grenzen anderer Menschen und platzte einfach ins Haus hinein. „Ich wollte nur mal kurz Hallo sagen!" Er ging ins Wohnzimmer und ließ Katrin im Flur stehen.

„Oh Chris, ich bin gerade wirklich nicht in der Stimmung für ironische Anspielungen, bitte geh wieder", fauchte Tatjana ihn an.

„Wollte doch nur hören, wie es dir geht. Hab gehört du bist schwanger, vielleicht von diesem Morten?", sagte Chris rücksichtslos.

„Jetzt reicht es aber, geh doch zu Lars und Sandy, wenn du mehr über mein Leben erfahren willst … Und geh mir jetzt endlich aus den Augen!" Tatjana war zornig.

Katrin schob Chris Richtung Eingangstür und bat ihn jetzt sehr direkt, das Haus zu verlassen.

„Na, wenn Tati sich so aufregt, dann muss ja was an der Story dran sein!", sagte Chris und kicherte dabei.

Lars versuchte, bei Tom noch für einige Zeit eine Notunterkunft zu bekommen, bis er eine Wohnung gefunden hatte. Tom nahm ihn freudig auf, für ihn war Lars nur eine Bereicherung. Er konnte besser zu zweit abends nach dem Dienst feiern und hatte gleichzeitig noch jemanden, der ihn morgens mit auf die Arbeit nahm. Seinen Führerschein musste er nämlich für ein paar Wochen abgeben, weil er nach einer Geburtstagsfeier zu viel Promille intus hatte.

„Das trifft sich ja gut, dann kannst du gleich mit mir weiterziehen, wollte ins Billardbistro", begrüßte Tom Lars freudestrahlend.

„Geh lieber allein heute, bin keine gute Begleitung momentan", sagte Lars.

„Das wird schon noch, komm mit, wird bestimmt noch lustig!" Tom versuchte, Lars zu überzeugen. Und er schaffte es auch. Lars wollte sich aber wenigstens noch frisch machen und sich umziehen.

> Help me
> I need your love
> Don't walk away
> The dark scares me so
> We're nothing apart
> Let's stay friends forever
> Forever

> Here I stand and face the rain
> I know that nothing's
> Gonna be the same again
> I fear for what tomorrow brings

Tatjana war völlig außer sich. Sie weinte und wollte nur noch weg. Sie konnte es nicht ertragen, von Lars so im

Regen stehen gelassen zu werden. „Warum ist er nur so cool? Der hat bestimmt was mit dieser Sandy …", dachte sie laut.

„Nein, das glaube ich nicht. Er vertraut dir nur momentan nicht, und hat Angst, dass du ihn mit Morten betrogen hast … Ist eigentlich was in diesem Ferienhäuschen passiert zwischen euch beiden?", fragte Katrin zögernd.

„Fängst du jetzt auch schon an …", fauchte Tatjana empört. Sie war enttäuscht, dass jeder von ihr dachte, dass sie ihren Mann betrügen würde.

„Ach Tati, ich glaube dir, das weißt du doch …" Katrin versuchte, ihre Freundin wieder zu beruhigen, aber das war nicht so leicht.

Tatjana bat Katrin, für diese Nacht bei ihr zu bleiben. Sie konnte nicht allein sein, sie würde sonst nur nachdenken, wegen allem, was in der letzten Zeit passiert war.

Lars saß mittlerweile am Tresen im Billardbistro und trank ein Bier. Er wollte nur noch an etwas anderes denken.

Chris dagegen suchte Sandy in ihrer Wohnung auf und erzählte ihr den neuesten Klatsch und Tratsch von Tatjana und Lars.

„Ich hab es doch gewusst, dass sie schwanger ist!" Sandy freute sich wie ein kleines Kind, das ein Überraschungsei bekommt.

„Ich weiß es ja noch nicht hundertprozentig, aber das werde ich noch herausfinden, und auch, wer denn jetzt der Vater ist." Chris freute sich, Detektiv zu spielen.

Sandy schmiedete mit Chris einen Plan, um Lars auf sie aufmerksam zu machen. Sie wollte ihn irgendwie positiv überraschen.

„Weißt du was? Ruf Lars doch an und entschuldige dich dafür, dass du bei Tatjana angerufen hast. Lars wird deine Ehrlichkeit bestimmt zu schätzen wissen, dann kannst du

ihn vielleicht wieder mehr auf deine Seite ziehen, Süße!"
Chris wollte Lars schon immer aus der Familie haben.

Sandy befolgte den Rat und rief sofort bei Lars an.

„Hallo Lars, kann ich mal kurz mit dir reden? Ist wichtig", meldete sie sich, ohne ihren Namen zu nennen.

Lars erkannte aber gleich Sandys Piepsstimme. „Was gibt es noch zu bereden? Du hast genug Chaos in meinem Leben verzapft!" Lars war nicht sehr gut auf Sandy zu sprechen.

„Es tut mir so wahnsinnig leid ..." Sandy drückte nun auf die Tränendrüse, das konnte sie nur zu gut.

Lars wurde auch langsam schwach und verabredete sich mit ihr in einer halben Stunde im Bistro, um zu reden.

„Ich hab's geschafft!", teilte Sandy Chris siegesbewusst mit.

Chris freute sich mit Sandy und half ihr dabei, sich verführerisch anzukleiden, schließlich wollte Sandy dieses Mal nicht wieder leer ausgehen.

Tom fragte Lars, mit wem er denn so konzentriert am Handy geredet hätte. Lars erzählte kurz und bestellte sich noch ein Bier.

Tatjana und Katrin lagen zusammen im Bett und hörten „Headlines and deadlines" von a-ha. Sie redeten kein Wort, sondern träumten von ihrer Jugendzeit und von Oslo.

Katrin genehmigte sich dazu eine Flasche Prosecco und Tatjana eine Schachtel belgische Pralinen.

Lars schaute gerade auf seine Armbanduhr, als sich Sandy neben ihn stellte und ihm einen Kuss auf seine Wange drückte. „Hallo Lars, entschuldige ... hat etwas länger gedauert, musste noch meine Haare föhnen!" Sandy hatte eine schwarze Korsage an und eine enge Jeans, die ihre Figur sehr sexy zum Vorschein brachte. Sie trug dazu einen

173

schwarzen Satinblazer und schwarze Pumps, womit sie viel zu overdressed für das Billardbistro war. Aber genau das war ja auch ihre Absicht, sie wollte Lars mit allen Mitteln verführen.

„Wollen wir uns ein bisschen abseits vom Getümmel hinsetzen?", fragte Lars und schaute Sandy auf ihr Dekolleté.

Tom kam schon um die Ecke, um Sandy zu begrüßen. „Hey, Sandy, gut siehst du aus!" Tom konnte seine Finger nicht bei sich lassen und gab Sandy einen Klaps auf ihren Po.

„Hey, Tom …!", sagte Sandy übertrieben laut.

Lars setzte sich mit Sandy an einen kleinen Tisch und fragte sie, warum sie das mit dem Telefonanruf hatte machen müssen.

„Das war doch nicht böse gemeint … Ich möchte ehrlich zu dir sein, Lars! Ich bin in dich verliebt und wollte ein bisschen dicke Luft zwischen dir und Tatjana machen …" Sandy hoffte, dass ihr Plan gelingen würde, und beobachtete genau Lars' Reaktion.

„Ach, Sandy, aber so was kannst du doch nicht mit Gewalt erzwingen, du bist doch eine erwachsene Frau!" Lars war entsetzt und wollte nicht mehr lange weiterreden, doch Sandy ließ nicht locker.

„Bitte verzeih mir, ich will dich doch nicht als Freund verlieren … Denk daran, dass Tati ihren Weg ohne Rücksicht auf dich weitergehen wird, und du machst dir hier den Kopf."

„Ja, da magst du schon recht haben, aber sie ist schwanger …" Jetzt verplapperte sich Lars, das wollte er nicht erzählen.

„Ich weiß, hat sie mir schon gesagt", log Sandy. Sie wusste es ja von Chris.

„Was, das hat sie dir erzählt?", fragte Lars und konnte es nicht glauben, dass Tatjana wohl schon der ganzen Welt davon berichtet hatte, bevor sie es ihm sagte.

Sandy nahm Lars in den Arm und redete auf ihn ein, er solle sich doch jetzt nicht ärgern und so weiter …

Inzwischen bereitete Chris seinen Plan vor. Er musste mit der Tatsache, dass seine Schwester schwanger war, vielleicht von Morten, an die Presse gehen ... Lars sollte eine riesengroße Abreibung von ihm bekommen, das wollte er schon seit langer Zeit erledigen.

Ein Gruß aus Norwegen

Die Tage vergingen schnell, es wurde immer winterlicher und kälter, der November brach an.

Tatjana wusste, dass ihr Baby gesund und munter in ihr wuchs. Sie ging seit einigen Tagen wieder arbeiten, und der Alltag hatte sie wieder fest im Griff. Kontakt zwischen ihr und Lars wurde eher seltener. Lars war zu sehr enttäuscht, als er den Zeitungsartikel in der Bildzeitung sah – von Tatjana und Morten. Die Überschrift lautete: WIRD MORTEN HARKET VIELLEICHT ZUM SECHSTEN MAL VATER? WER IST DIE NEUE FREUNDIN AN SEINER SEITE? Ein großes Foto von Tatjana und Morten in einem Herz war auf der Titelseite zu sehen.

Tatjana war entrüstet, als sie diesen Artikel las, und fragte sich, wer dahintersteckte. Sie vermutete zu Recht ihren Bruder, aber konnte es leider nicht beweisen. Aber sie nahm sich vor, es herauszufinden, und dann wollte sie den Kontakt zu Chris endgültig abbrechen, das schwor sie sich.

Katrin besuchte ihre Freundin so oft sie konnte, um sie aufzumuntern. Sie hatte Angst, dass Tatjana sonst wieder eine Fehlgeburt erleiden könnte, wenn sie zu viel Kummer hatte.

Auf der Arbeit wurde Tatjana von einigen Kollegen schräg angeschaut, als der Zeitungsartikel die Runde machte.

Tatjana musste sich ein dickes Fell zulegen und versuchte, so normal wie möglich mit der Situation umzugehen.

Manchmal bekam sie auch richtig liebe Mails von Fans auf ihrer Facebookseite, die wissen wollten, ob sie wirklich von Morten schwanger sei. Tatjana antwortete daraufhin, dass die ganze Wahrheit in einem Buch, das sie schreiben wird, ans Licht kommen würde.

So konnte sie zumindest gleich Werbung machen.

Sie war auch schon fleißig beim Schreiben und hatte vor, das Buch im Frühjahr zu veröffentlichen, bevor das Baby kommen würde.

Tatjana saß gerade mal wieder am Schreibtisch und recherchierte im Internet, als es an der Tür klingelte.

Der Postbote stand mit einem Päckchen vor der Tür. Tatjana wunderte sich, sie hatte nichts erwartet.

Das Päckchen war von Morten, er schickte ihr einen dicken Norwegerpullover im norwegischen Folklorestil.

Eine Karte lag dabei: Damit du nicht frierst im Winter … Pass auf dich auf! Morten.

Tatjana weinte vor Rührung und versuchte gleich, bei Morten auf dem Handy anzurufen, aber leider ohne Erfolg. Wahrscheinlich war er gerade mit Interviews beschäftigt, die Abschiedstournee neigte sich dem Ende zu.

Also zog sie sich den Pullover über und freute sich riesig darüber. So konnte sie gleich besser an ihrem Buch weiterarbeiten.

Am Abend kam Katrin wie fast jeden Abend in letzter Zeit, und die beiden kochten eine Gemüsesuppe. Katrin besorgte frische Zutaten und ein knuspriges Baguette. Tatjana sollte sich gesund ernähren, meinte Katrin.

Lars traf sich nun öfters mit Sandy, sie gingen essen oder ins Kino.

Er hatte auch endlich eine neue Wohnung gefunden, sie hatte zwei Zimmer und war teilweise möbliert. Lars mietete sie als Zwischenlösung. Sandy hatte ihm ganz schön den Kopf verdreht mittlerweile, und das freute Chris umso mehr. Fast hatte er sein Ziel erreicht, jetzt musste Sandy Lars nur noch ins Bett bekommen, aber das war nicht so einfach. Lars konnte man nicht so gut zu einem Seitensprung überreden.

> Her skin is like velvet
> So I went to her home
> Her place like a palace
> With things you can't own

Doch an einem Abend war alles anders …

Lars war mal wieder mit Sandy verabredet. Sie wollte für ihn etwas Leckeres kochen und lud ihn zum Abendessen zu sich nach Hause ein. Lars war gespannt, was sie ihm wohl zaubern würde.

Er klingelte an der Haustür und bemerkte schon einen würzigen Duft, der aus der Wohnung kam. Es roch nach indischen Gewürzen und Zimträucherstäbchen.

Sandy öffnete ihm die Tür, sie hatte ein Kleid im indischen Stil an, natürlich bauchfrei, aus fast dursichtigem Stoff, und war stark geschminkt, die Haare streng zu einem langen Zopf geflochten. Leise indische Musik lief im Hintergrund. Lars war begeistert von der ganzen Atmosphäre und gab Sandy einen Begrüßungskuss auf die Wange.

Sie gingen direkt ins Wohnzimmer, in dem Sandy auf dem Boden viele bunte Kissen und zwei besonders große Sitzkissen, die zum kuscheligen Sitzen einluden, drapiert hatte. In der Mitte stand ein kleiner Tisch, der schon gedeckt und mit Orchideenblüten und großen verschnörkelten Weingläsern dekoriert war. Sandy schenkte Lars gleich einen süßen, harzigen, aber eiskalten Weißwein ein und setzte sich dann neben ihn auf sein Kissen, um mit ihm anzustoßen.

Lars war schon in einer sehr erotischen Stimmung, nachdem er das Glas ausgetrunken hatte. Sandy nutzte die Gunst der Stunde, um ihn noch mehr zu verführen.

Sie führte Lars einen selbst einstudierten Tanz vor, den sie sich beigebracht hatte, nachdem sie drei Bollywoodfilme angesehen hatte. Sie verstand es, ihre weiblichen Formen verführerisch in Szene zu setzen.

„Den habe ich mir als Wiedergutmachung extra für dich ausgedacht …“, sagte Sandy völlig außer Atem und verschwitzt, als sie mit dem Tanzen fertig war.

„Ich bin total begeistert … das war echt der Hammer, Sandy!“ Lars war fassungslos und musste sich zusammenreißen, keine Erektion zu bekommen. Er war schließlich auch nur ein Mann und hatte schon einige Zeit keinen Sex mehr.

Das Problem war allerdings, dass Sandy eine versteckte Kamera mitlaufen ließ. Sie hatte mit Chris einen fiesen Plan ausgeheckt.

Sandy servierte das Essen. Es gab indisches Hähnchencurry mit Kurkumareis, und als Vorspeise brachte Sandy Samosas mit Gemüsefüllung.

Lars und Sandy speisten zusammen und unterhielten sich angeregt über die alten Zeiten, als sie sich zum ersten Mal in der Schulzeit über den Weg gelaufen waren.

„Weißt du noch, wie ich dich angestarrt habe?", fragte Lars und merkte langsam das dritte Glas süßen Weins.

„Ich fand das so süß, ich kann mich noch genau daran erinnern, an deine Blicke … Ich fand dich ja auch damals schon total attraktiv", schmeichelte Sandy.

Als sie mit dem Dinner fertig waren, holte Sandy ihre Schischa. Sie hatte sie in einem Türkeiurlaub gekauft und rauchte gelegentlich nicht nur Tabak, sondern auch mal ein bisschen Haschisch. Lars musste lachen, als Sandy die Wasserpfeife auf den Tisch stellte.

„Was hast du denn jetzt vor? Ist ja wie in früheren Zeiten, was?" Lars war nicht abgeneigt, einen Zug zu genießen, auch er wollte mal wieder in die alten Zeiten zurückversetzt werden.

Die beiden inhalierten den Rauch und wurden immer ekstatischer. Lars lockerte auch auf und überließ Sandy mehr und mehr die Zügel.

Sie beugte sich schließlich über ihn und hauchte ihm einen Kuss ins Ohr. „Ich hätte Lust auf was Wildes mit dir … und du?"

Lars konnte sich nicht mehr beherrschen und küsste Sandy wild und leidenschaftlich. Er öffnete ihre bauchfreie Bluse und knetete ihre Brüste …

Sandy und Lars waren im Rausch völlig ausgelassen und wälzten sich nackt auf den Kissen herum.

Plötzlich wurden sie von einem Handyklingelton gestört, es war eine Mitteilung auf Lars' Handy.

„Lass es einfach klingeln, ich bin gerade so scharf auf dich ...", stöhnte Sandy leise in sein Ohr.

„Nein, ich schaue lieber mal nach, vielleicht ist etwas passiert ... wer sollte so spät noch anrufen?" Lars konnte einfach nicht ganz abschalten, dafür war er zu verantwortungsbewusst.

Er suchte seine Jeans, und holte sein Handy heraus. Es war eine Nachricht von Tatjana.

„Hallo Lars, wollte dir nur sagen, dass ich sehr enttäuscht von dir bin, und hoffe, wir beiden können mal wieder zusammen reden. Dem Baby geht es gut, falls es dich überhaupt interessiert."

Lars erotische Stimmung war damit vorbei, er legte das Handy weg und zog sich seine Unterhose an.

„Tut mir leid, Sandy ... Ich bin jetzt nicht mehr in Stimmung, nicht wegen dir ... Tati hat geschrieben!"

„Oh mein Gott, die riecht das wohl, wenn sie dir die Stimmung vermasseln kann ..." Sandy war sehr ungehalten und schimpfte auf Tatjana, das musste sie auf jeden Fall auf der DVD löschen.

Lars nahm sich noch eine Zigarette, bevor er sich wieder anzog, und verabschiedete sich bald darauf von Sandy.

„Vielleicht klappt es ja ein anderes Mal!", sagte er noch und küsste Sandy.

„Mal sehen, ob du es das nächste Mal schaffst, dir nicht wieder alles von deiner Tati kaputt machen zu lassen." Sandy war beleidigt und zornig.

Kurze Zeit später stand Lars vor Tatjana, die an der Tür lehnte und ihm zuhörte, was er ihr zu sagen hatte.

Kleines, schwarzes Herz

I never saw sunlight
Burn as bright
I never felt darkness
The way I feel it tonight
You say it's getting better
You say it's alright ...

„Kann ich mal reinkommen? Ist ziemlich kalt hier draußen", fragte Lars.

„Okay, komm rein." Tatjana hatte ihren Schlafanzug an und sah etwas verwuschelt aus. Ihre Haare waren ungekämmt, sie hatte tiefe, dunkle Ringe unter ihren Augen und ein sehr blasses Gesicht.

„Warum bist du hier?", fragte Tatjana, obwohl sie sich es denken konnte, nach der Nachricht, die sie ihm geschickt hatte vor einer knappen Stunde.

Lars seufzte. „Ich will keine Spielchen mit dir spielen, Tati ... war eben bei Sandy, wir haben Wasserpfeife geraucht und waren gerade dabei, miteinander zu schlafen, als ich deine Nachricht bekommen habe ... Es war wie ein Zeichen für mich, dass ich damit aufhören sollte, und so war es dann auch ... Es tut mir leid!" Lars schämte sich für das, was er Tatjana sagen musste.

„Puuuhhh, das muss ich jetzt erst mal verdauen ... Warum gerade diese ätzende Tussi? Was wird denn jetzt aus uns?" Tatjana fing an zu weinen und drehte sich von Lars weg.

Keiner von beiden sagte etwas, dann sah Lars die Zeitschrift mit dem Titelbild von Morten und Tatjana auf dem Tisch liegen. „Das hier war auch nicht ohne für mich!" Lars hielt die Zeitung Tatjana unter die Nase.

„Willst du jetzt von deinem schlechten Gewissen ablenken? Ich glaub, wir sollten das Gespräch hiermit beenden, bitte geh jetzt", sagte Tatjana mit tränenerstickter Stimme.

„Ich wollte doch nur wissen, wie es dir und deinem Baby geht", sagte Lars, er schaute auf ihren Bauch, der schon etwas gewölbt war.

„Meinem Baby. Also glaubst du immer noch, dass Morten der Vater ist? Das hätte ich mir ja denken können!" Tatjana war sehr ungehalten. Sie ging zur Haustür, öffnete sie und bat Lars, das Haus zu verlassen.

Lars ging, ohne ein Wort zu sagen. Er schaute Tatjana noch einmal beim Vorbeigehen tief in ihre Augen, aber ihm fehlten die Worte.

Tatjana legte sich in ihr Bett und heulte sich in den Schlaf.

Es weihnachtet sehr

I can still hear some of the songs
You used to play
From that summer of Love in '68
Seems it's turned into a winter of hate

Die Tage vergingen schnell, und schon stand Weihnachten vor der Tür. Tatjana verabredete sich mit Katrin bei deren Eltern, die jedes Jahr ein Lichterfest in ihrem Haus feierten, nicht ganz so traditionell. Katrins Eltern lebten sehr alternativ, sie wohnten in einem alten Fachwerkhaus und hatten keinen Fernseher, keinen Computer und auch keine Handys. Sie bauten selbst ihr Gemüse an und hatten ein paar Hühner im Hof. Sie waren sehr herzliche und gastfreundliche Menschen. Tatjana war gern bei ihnen zu Hause, sie hatte sich als Kind immer solche Eltern gewünscht.

Mit Chris und mit ihrer Mutter wollte sie dieses Jahr kein Weihnachten feiern, sie war nicht gut zu sprechen auf die beiden. Sie vermutete, dass sich Chris immer mehr mit Sandy zusammentat, um ihr Steine in den Weg zu legen. Lars hatte sich nicht mehr bei Tatjana gemeldet. Er hielt es für besser so und verbrachte seine Abende mit Tom oder Sandy.

Sandy schickte Tatjana die DVD, die sie aufgenommen hatte, als Lars bei ihr zum Essen eingeladen war. Sie wollte Tatjana ein besonderes Weihnachtsgeschenk machen, aber sie setzte Chris' Namen auf den Absender. Tatjana sollte glauben, dass ihr Bruder das Ganze inszenierte, und Lars natürlich auch. Sandy wollte auf jeden Fall vermeiden, dass Lars auf sie sauer wäre. Chris war aber informiert, er hatte damit kein Problem. Tatjana und er hatten doch sowieso seit einigen Jahren kein gutes geschwisterliches Verhältnis mehr, und mit Lars wollte er einfach endlich abrechnen.

Pünktlich am 24. Dezember fand Tatjana das kleine Päckchen im Briefkasten. Sie wunderte sich noch wegen des Absenders. Sie hatte nicht mit einem Geschenk von ihrem Bruder gerechnet.

Katrin kam gerade vorbei, um sie mit dem Auto abzuholen. Sie hatten noch eine halbe Stunde Fahrt vor sich, Katrins Eltern lebten im Taunus, etwas abgelegen an einem Waldstück. Es schneite viel, und es war sehr eisig auf den Straßen, deswegen beschlossen Katrin und Tatjana, bei Katrins Eltern zu übernachten. „Hi Tati, bist du fertig? Soll ich dir tragen helfen?", fragte Katrin.

Tatjana hatte schon ihre kleine Reisetasche gepackt, sie musste nur noch Gregor einfangen. Der sollte nämlich mit, Tatjana wollte ihn nicht allein lassen am Heiligen Abend.

Das kleine Päckchen drückte sie Katrin in die Hand. „Kannst du das mal nehmen? Hab ich gerade im Briefkasten gefunden. Ist von Chris." Tatjana zuckte mit den Schultern. „Keine Ahnung, was das ist …"

Katrin legte das Päckchen auf den Rücksitz in ihrem Auto.

Gregor war jetzt auch in seinem Körbchen. Er schaute ein wenig ängstlich heraus, er war kein Freigänger, und so kannte er Schnee nur von drinnen, wenn er an der Fensterscheibe versuchte, die Schneeflocken zu fangen.

„Halt, hab noch die Geschenke für deine Eltern vergessen, komme gleich wieder!" Tatjana rannte noch mal zurück und holte die Geschenketasche, da klingelte das Telefon. Erst wollte sie nicht drangehen, aber irgendwie wollte sie auch wissen, wer es war.

Sie meldete sich. Es war Morten. „Hallo meine Liebe … Wie geht es dir? Wollte dir frohe Weihnachten wünschen." Tatjana war sehr aufgedreht und freute sich. Sie hatte schon lange nichts mehr von Morten gehört.

„Bin gerade auf dem Weg zu Katrins Eltern, die das witzige Hippie-Wohnmobil haben", lachte Tatjana.

„Na, dann wünsche ich dir eine schöne Zeit, kannst dich ja mal bei mir melden", sagte Morten.

„Ja, mache ich, dir und deiner Familie auch schöne Feiertage!"

Tatjana erzählte Katrin auf der Fahrt von dem kurzen Telefonat.

„Du bist ganz schön verknallt, Tati … Was ist denn jetzt mit Lars?", fragte Katrin direkt.

„Nein, Morten ist einfach ein super guter Freund für mich geworden. Nicht mehr mein Jugendschwarm, nein, viel mehr, verstehst du? Lars wird immer der Mann an meiner Seite bleiben, auch wenn er jetzt nicht bei mir ist. Aber ich weiß, dass wir zusammengehören!" Tatjana war fest von dem überzeugt, was sie sagte.

„Bist du dir da wirklich sicher? Oder ist es jetzt nur wegen des Babys? Ich hoffe, ihr findet wieder einen gemeinsamen Weg." Katrin lächelte Tatjana an.

Katrins Eltern, Britta und Richard, warteten schon an der Tür. Katrins Mutter sagte, sie hätte es im Gespür gehabt, dass sie jetzt gleich kommen würden. Sie war ein großer Fan von Esoterik und verstand sich auf diesem Gebiet bestens mit Tatjana.

„Hallo ihr Lieben", begrüßte Katrins Vater die beiden.

„Seid herzlich willkommen und kommt herein!" sagte Britta und küsste beide, Katrin und Tatjana, stürmisch auf die Wangen. „Ich freue mich ja so, mein Engel, dass du ein Kind erwartest. In welchem Tierkreiszeichen wird es geboren?", fragte Britta und legte ihre Hand auf Tatjanas Bauch. „Es wird bestimmt ein prächtiger, strammer Junge, er wird deinen Charme haben und die Augen von Lars, ganz bestimmt!" Katrins Mutter hatte oft Vorahnungen, die nicht immer falsch waren. Katrin wurde noch von Janis und Joplin, den beiden Haus- und Hofhunden ihrer Eltern, begrüßt. Sie waren Mitbringsel aus Griechenland. Britta hatte sie einfach nicht dort lassen können, als sie vor zwei Jahren mit ihrem Wohnmobil ein Vierteljahr auf Kreta verbracht hatten.

Tatjana fühlte sich wie zu Hause und entspannte bei Räucherduft und den vielen Kerzen. Britta hatte das ganze

Haus mit verschiedenen Kerzen geschmückt, und der Ofen machte es gemütlich warm in der großen Wohnküche.

„Möchtest du eine Tasse ayurvedischen Tee trinken, meine Liebe?", fragte Britta Tatjana.

Katrin musste schmunzeln, weil ihre Mutter sich wieder mal austoben konnte als Oma, auch wenn Tatjana nicht ihre eigene Tochter war. Aber sie liebte Kinder und schwangere Frauen, das war ihr Spezialgebiet. Sie hätte gern selbst ganz viele Kinder gehabt, aber nach Katrins Geburt hatte sie keine mehr bekommen können, weil man ihr zwei Jahre später hatte die Gebärmutter entfernen müssen. Sie hatte Krebs gehabt. Seit diesem Zeitpunkt glaubte sie an Engel, genau wie Tatjana. Sie hätte nie geglaubt, dass sie den Krebs hätte besiegen können, damals war die Forschung noch nicht so weit. Für sie war es ein Wunder, und Tatjana hatte dafür großes Verständnis – im Gegensatz zu Katrin, die lieber mit realistischen Tatsachen zu tun hatte.

„Trinkst du mit deinem Vater selbst gemachten Heidelbeerglühwein?", fragte Katrins Vater. Er hatte das Bedürfnis, mit seiner Tochter ein paar nette Worte auszutauschen, sie hatten wenig Gelegenheit dazu und nutzten dann gern solche Feiertage.

„Aber klar doch, gern … dann lassen wir die zwei Esoteriker noch ein bisschen plauschen!", sagte Katrin und grinste ihre Mutter an.

Katrin freute sich, dass sich Tatjana so gut mit ihren Eltern verstand. Sie wusste ja, wie gern Tatjana auch einen guten Kontakt zu ihrer Mutter gehabt hätte, aber das funktionierte nicht.

„Ich habe von deiner Sache mit diesem Sänger gehört, das finde ich echt total super!", sagte Britta zu Tatjana.

„Ich habe damals Mick Jagger kennengelernt, als die Stones in London waren. Das war so ein fantastischer Moment …" Britta schwelgte in Jugenderinnerungen und erzählte einige nette Geschichten. Tatjana war begeistert und konnte auch viel von den magischen Momenten mit Morten erzählen.

„Ich denke, dieser Morten ist im Tierkreiszeichen der Jungfrau geboren, das spüre ich aus deinen Erzählungen", sagte Britta mit einem verträumten Blick.

„Ja, woher weißt du das? Er hat am 14. September Geburtstag." Tatjana war überrascht, was Britta für Fähigkeiten besaß.

Katrin kam irgendwann dazu und amüsierte sich damit, den beiden bei ihren Gesprächen zu lauschen.

Richard holte das Essen auf den Tisch, es gab einen selbst gemachten Gemüseauflauf mit frischem Knoblauchbrot und verschiedenen eingelegten Oliven.

Britta und Richard kochten sehr gern. Tatjana schmeckte es so gut, dass sie nach dem Essen Bauchschmerzen hatte, sie hatte zu viel gegessen.

„Leider kann ich jetzt keinen Verdauungslikör probieren, den könnte ich jetzt wirklich gut gebrauchen!", sagte sie, doch Britta hatte eine gute Alternative. „Zieh deine Strümpfe aus, ich mache dir eine Fußzonenreflexmassage. Das wird dir guttun!"

Lars saß an Heiligabend bei seiner Mutter, die sehr zurückgezogen in einem Altenwohnheim lebte. Ihr Mann war schon lange tot, sie war eine einfache, freundliche Frau, die gern endlich einmal einen Enkel gehabt hätte, bevor sie der Welt Lebewohl sagen musste – so drückte sie sich immer aus.

„Wie geht es Tatjana? Warum konnte sie nicht mitkommen? Ist sie bei ihrer Mutter?", fragte Frau Sandberg ihren Sohn.

„Nein, sie ist bei Katrins Eltern eingeladen, das sind ihre Ersatzeltern sozusagen … Soll dir aber von ihr herzliche Grüße ausrichten, sie wird bestimmt mal die nächsten Tage vorbeikommen", sagte Lars angespannt. Er wollte nicht, dass seine Mutter von seinem Streit mit Tatjana etwas merkte. Er hatte ihr auch noch nicht erzählt, dass er seit einigen Wochen in einer anderen Wohnung lebte.

„Das ist aber schade, dass sie nicht mit dir mitgekommen ist, feiert ihr dann später noch zusammen?", fragte sie.

„Mmhhm … Das soll ich dir auch noch von Tatjana geben." Lars überreichte seiner Mutter eine Schachtel belgische Pralinen und eine Flasche italienischen Prosecco.

„Danke, ich werde sie morgen gleich noch mal anrufen und mich persönlich bei ihr bedanken."

Lars blieb an solchen Tagen nie sehr lange bei seiner Mutter. Er konnte nicht viel mit Emotionen anfangen. Sein Vater war am Heiligabend vor vielen Jahren an einem Herzinfarkt gestorben, seitdem hatte er nichts mehr übrig für dieses Fest, und seine Mutter erzählte irgendwann dann nur noch von diesem schrecklichen Ereignis und fing auch an zu weinen, dem wollte Lars lieber aus dem Weg gehen. Er konnte damit nicht umgehen.

„Also, dann wünsche ich dir noch viel Spaß bei der Weihnachtsfeier mit deinen Mitbewohnern!" Lars drückte seiner Mutter einen Kuss auf die Wange.

„Danke, mein Lieber. Schön, dass du da warst. Ich weiß ja, wie schwer dir das an diesem Tag fällt", sagte Frau Sandberg und drückte Lars die Hand.

Lars setzte sich ins Auto und überlegte, was er jetzt am besten mit diesem Abend anfangen sollte.

Es war mittlerweile 20 Uhr, und es fing wieder an, heftig zu schneien.

Lars fuhr zu Tom, der machte eine „Special-Christmas-Party" in seiner Wohnung – mit viel Alkohol und Frauen.

Lars brauchte jetzt eine sinnlose Ablenkung, um nicht über alles nachzudenken.

Und so ging der Heiligabend für Tatjana und Lars vorbei, beide waren abgelenkt und feierten das erste Mal, seit sie sich kannten, nicht zusammen Weihnachten.

Tatjana bekam gleich am nächsten Tag einen Anruf von Lars' Mutter. „Hallo Tatjana, wie geht es dir? Wollte mich noch für das Geschenk bedanken. Hab mich gewundert, dass du gestern nicht mit Lars zusammen bei mir warst."

„Hallo Liesel, ja … ich dachte, du weißt, dass wir beide gerade eine Auszeit voneinander nehmen. Lars wohnt zur Zeit in einer anderen Wohnung, es gab ein paar Differenzen", sagte Tatjana verunsichert. Sie war traurig, dass sie es Lars' Mutter sagen musste.

„Oh, das habe ich mir doch fast gedacht, dass da was im Busch ist … Lars kann nicht gut lügen."

„Es tut mir leid, dass du es auf diesem Wege erfahren musst", sagte Tatjana traurig.

„Ich hätte doch so gern noch ein Enkelkind gehabt", meinte Frau Sandberg noch.

„Aber das bekommst du doch. Sag bloß, Lars hat dir nichts davon erzählt?", fragte Tatjana entsetzt.

„Was, wer …?" Frau Sandberg war völlig durcheinander.

„Wir bekommen ein Baby, im Frühling kommt es auf die Welt!", erzählte Tatjana mit freudiger Stimme.

„Oh Gott, das ist nicht wahr, das freut mich ja so. Ihr müsst wieder zusammenfinden, Tatjana. Was wird denn sonst aus eurem Baby?", sagte Lars' Mutter.

„Sag das mal deinem Sohn", schimpfte Tatjana und wurde langsam wütend auf Lars. „Er macht es sich gerade wirklich einfach, ich muss hier jedem die frohe Botschaft überbringen und auch die schlechte Nachricht, und er hängt mit irgendwelchen Junggesellen ab, um alles auszublenden!"

„Ich werde mal mit ihm reden, meine Liebe. Reg dich jetzt nicht auf, das ist nicht gut in deinem Zustand", antwortete Frau Sandberg mit sanfter Stimme.

Tatjana regte sich aber auf. Sie kochte vor Wut und überlegte, ob sie bei Lars anrufen sollte, um ihrer Empörung Raum zu geben, aber sie ließ es dann doch sein. Sie wollte nicht schon wieder sinnlose Diskussionen führen.

Sie setzte sich lieber an ihren Laptop und schrieb an ihrem Buch weiter. Sie schrieb alles bis in das kleinste Detail auf, fast im Stil eines Tagebuchs, und mailte Hobo Highbrow ihre neuesten Ideen. Sie brauchte einen fachmännischen Rat und hoffte auf eine Antwort von ihm. Leider war er nicht sehr zuverlässig, wenn es um andere Menschen ging.

Neues Jahr, neues Glück

Zu Silvester war Tatjana mit Katrin auf einem Ball eingeladen, der von Katrins Chef veranstaltet wurde. Es kamen auch ein paar Prominente aus der Comedyszene, einige deutsche Sänger und Schauspieler und – was Tatjana nicht wusste – Katrin hatte auch Morten eingeladen, der ein, zwei Songs singen sollte.

Morten hatte zugesagt. Er wollte Tatjana gern wieder einmal sehen, und Silvester bedeutete ihm nicht so viel, dass er unbedingt zu Hause hätte feiern wollen. Seine Lebensgefährtin war bei ihrer Familie eingeladen, und das war Morten zu viel des Guten. So kam ihm die Einladung wie gerufen. Außerdem konnte er mit seinen Songs noch ein bisschen Werbung in Deutschland machen.

Tatjana brauchte noch etwas zum Anziehen, sie passte nicht mehr in viele Kleider hinein, die sie für solch einen Anlass hätte anziehen können. Also beschloss sie, noch ein schickes Abendkleid zu kaufen, wenn sie das überhaupt finden würde bei ihrer Kleidergröße. Mittlerweile brauchte sie Konfektionsgröße 46/48, ihr Bäuchlein wurde immer runder, und ihre Brüste hatten schon eine BH-Größe überschritten.

In einer Boutique für gebrauchte Exklusiv-Mode wurde sie fündig. Das Kleid war lang, in einem schimmernden Weinrot mit Korsage und einem schwarzen Häkel-Bolero. Tatjana war sofort angetan von diesem Outfit, es war sogar sehr preiswert. Wahrscheinlich kaufte keine Frau in dieser Größe ein Kleid, dachte Tatjana, aber das konnte ihr ja egal sein, sie freute sich über ihr neu ergattertes Schnäppchen und kaufte sich vor lauter Freude noch ein paar passende Abendschuhe, die bequem waren und trotzdem noch gut aussahen, und das war schon fast ein Wunder.

Am Silvestertag gönnte sich Tatjana noch einen Termin bei ihrem Friseur. Sie brauchte eine Abendfrisur und eine neue Haartönung. Am Abend holte Katrin Tatjana zu Hause ab.

„Hallo meine Liebe, du siehst ja fantastisch aus", sagte Katrin und umarmte Tatjana, als die ins Auto einstieg.

„Du kannst dich aber auch nicht beschweren." Tatjana freute sich, den Silvesterabend nicht allein verbringen zu müssen. Mit Katrin war es immer schön zu feiern.

„Wer kommt denn alles von der Prominenz?", fragte Tatjana neugierig.

„Ach, viele B-und C-Prominente. Boris Becker will wohl auch kommen, und ein paar politisch engagierte Leute … So genau weiß ich auch nicht über die Gästeliste Bescheid", log Katrin. Sie wollte Tatjana noch nichts von Morten sagen.

„Hat sich eigentlich Lars noch mal bei dir gemeldet?", fragte Katrin.

„Nein, habe nur mit seiner Mutter telefoniert." Tatjana erzählte, wie sie sich über Lars aufgeregt hatte, weil er seiner Mutter nichts von dem Baby erzählt hatte.

„Reg dich nicht auf, Lars ist einfach mit der ganzen Situation momentan überfordert", beruhigte Katrin Tatjana.

Der Gala-Ball fand in der Frankfurter Alten Oper statt. Katrin konnte auf einem VIP-Parkplatz parken.

Tatjana kam sich vor wie ein Star, als sie aus dem Auto ausstieg, sie wurde von einem Parkplatzportier zum Eingang geführt. Katrin musste noch zu ihrem Chef, um ein paar organisatorische Dinge abzuklären. Tatjana mischte sich schon einmal unter die Menschen und war gespannt, wen sie wohl treffen würde.

Morten beobachtete Tatjana, als sie suchend in der Menschenmenge herumlief, und freute sich sehr über sie. Für ihn war Tatjana ein ganz besonderer Mensch geworden, mehr als eine Freundin, aber nicht wie eine Geliebte. Sie waren Seelenverwandte, so bezeichnete auch Tatjana die besondere Beziehung zu Morten.

Morten trug einen klassischen schwarzen Smoking und ein weißes Hemd mit einer schwarzen Fliege. Er trug seine

Brille, und die Haare waren leicht gegelt nach hinten gekämmt. Tatjana wäre fast an ihm vorbeigelaufen, wenn sie nicht auf einmal dieses Gefühl gehabt hätte, ein besonderes Kribbeln im Bauch. Sie vernahm einen warmen Hauch auf ihrer nackten Schulter, drehte sich langsam um und blickte in Mortens Augen, die sie anstrahlten.

„Du bist auch hier?", fragte sie nervös.

„Ja … ich wurde eingeladen und soll ein Lied singen", sagte Morten und nahm Tatjanas Hand. „Ich freue mich sehr, dich hier zu sehen. Du siehst toll aus!"

„Danke … ich weiß gar nicht, was ich sagen soll. Schön, dass du da bist!", antwortete Tatjana aufgeregt.

Leider wurde die Unterhaltung von Chris gestoppt. Er war als Visagist auch eingeladen und gehörte an diesem Abend zum VIP-Personal. „Oh Gott … mit dir hab ich ja nicht hier gerechnet. Und dann auch noch mit dem Papa deines Kindes, das ist ja grandios", sagte Chris lauthals und lachte schrill.

„Hallo Chris, schön für dich, dass du hier bist, aber schlecht für mich. Tu mir einen Gefallen heute Abend, und geh mir aus den Augen", zischte Tatjana ihren Bruder an.

„Wer wird denn da gleich so unfreundlich werden, Schwesterherz?" Chris führte sich wieder auf, als gehöre ihm die Welt allein. „Hast du eigentlich schon mein Päckchen aufgemacht? Ich hoffe doch, es ist angekommen", fragte Chris.

„Nein. Ich hab es auch nicht eilig damit", antwortete Tatjana sauer.

Sie nahm Morten bei der Hand und zog ihn hinter sich her, sie wollte nur ganz weit weg von Chris.

„War das dein Bruder?", fragte Morten.

„Ja, er macht mir das Leben momentan zur Hölle. Er war ja schon immer gemein zu mir, aber jetzt übertreibt er es wirklich!" Tatjana war empört und hatte Tränen der Wut in den Augen.

„Lass dich nicht ärgern, ich werde jetzt gleich ein Lied singen. Es wird dir gefallen, denke ich!" Morten lächelte Tatjana an, in diesem Moment blitzte ein Fotoapparat neben ihnen, einige Leute von der Presse waren natürlich auch unterwegs. „Schreiben sie bloß keinen Quatsch mehr über mich. Haben sie verstanden?" Tatjana knurrte den Journalisten an.

Katrin kam dann Gott sei Dank vorbei, sie war sehr aufgeregt, weil sie einen ehemaligen Studienkollegen getroffen hatte. „Stell dir vor, ich hab eben Patrick getroffen … der Studienfreund, weißt du noch?", fragte Katrin.

„Ja, klar … mit dem du eine ‚kurze, aber heftige Zeit' verbrachtest, hast du mir ja ausführlich berichtet." Tatjana kicherte.

Katrin war wie hypnotisiert, so hatte Tatjana sie lange nicht mehr erlebt.

Inzwischen stand Morten mit seiner E-Gitarre auf der Bühne und stimmte das Lied „With you – with me" an. Tatjana hatte Schmetterlinge im Bauch vor Freude, sie stand ganz vorn an der kleinen Bühne und lächelte Morten zu.

„Das spielt er bestimmt extra für dich", flüsterte Katrin in Tatjanas Ohr.

Nach dem Auftritt wurde das Buffet eröffnet, es gab viele Leckereien, und Tatjana musste sich erst einmal stärken. Sie hatte viel Energie verloren, als Chris sie mit seinen Worten angriff. Morten gesellte sich ein wenig zu ihr, und so konnten sie sich ungestört in einer kleinen Nische unterhalten. Morten erzählte ihr von Weihnachten bei sich zu Hause, dass seine Brüder und sein Vater und sogar Camilla, seine Ex-Frau, mit den Kindern da waren. Sie haben alle miteinander gefeiert und norwegische Weihnachtslieder gesungen. Tatjana faszinierte es, dass Mortens Lebensgefährtin kein Problem damit hatte, dass auch seine Ex-Frau anwesend war. Morten hatte einen ganz eigenen Lebensstil, mit dem nicht jede Frau so einfach zurechtkommen konnte.

Tatjana berichtete von Katrins Eltern, von deren Hippie-Zeit, von der sie Tatjana Heiligabend viel erzählt hatten, auch von den Rolling Stones, die Britta einmal persönlich getroffen hatte. Morten hörte interessiert zu, und die Zeit verging sehr schnell bis Mitternacht. Tatjana stellte immer wieder fest, dass sie mit Morten endlos hätte weiterreden können, sie war begeistert von seinen Ideen und seiner Kreativität, er war sehr belesen und wusste über viele Dinge Bescheid.

„Hey, ihr beiden ... Da steckt ihr also, ich habe euch schon gesucht. In drei Minuten ist es Mitternacht, kommt ihr zum Anstoßen mit zur Bühne? Mein Chef hält noch ’ne kleine Ansprache", sagte Katrin.

„Wärst du böse, wenn wir hier bleiben würden? Ich will Chris nicht begegnen und habe auch keine Lust auf Journalisten", sagte Tatjana und lächelte ihrer Freundin zu.

„Okay, dann bis nachher, ich muss dann mal nach vorn." Katrin war ein bisschen traurig über Tatjanas Entschluss, aber sie konnte sie gut verstehen.

Was Katrin und Tatjana nicht wussten, war, dass Sandy und Lars auch auf dem Ball waren, sie hatten eine Einladung von Chris erhalten. Lars wusste auch nicht, dass Tatjana ganz in seiner Nähe Silvester feierte.

Er wunderte sich nur, dass Morten auf der Bühne aufgetreten war, seine Begeisterung darüber hielt sich in Grenzen. Er suchte daraufhin Tatjana, weil er damit rechnete, dass sie bestimmt auch auf dem Eventball eingeladen war.

„Hallo Lars, du bist auch hier?" Katrin entdeckte Lars, der sich gerade noch einen Drink an der Bar organisierte.

„Hi Kati, ja, Sandy hat mich als Begleitperson mitgenommen. Sie ist als Visagistin für die Promis heute unterwegs." Lars wurde nervös, weil er sich vorstellen konnte, was Katrin darüber dachte.

„Tati ist auch da, sie unterhält sich irgendwo mit Morten. Soll ich ihr Bescheid sagen, dass du da bist?", fragte Katrin.

„Nee, lass mal lieber, ich werde sie selbst aufsuchen, sonst verschwindet sie womöglich noch schnell!" Lars zwinkerte Katrin zu.

Sandy war gerade auf der Damentoilette verschwunden, um ihr Make-up nachzubessern, und so nutzte Lars die Zeit, um mit Tatjana ein paar Worte zu wechseln. „Hallo Tati, ich hoffe, ich störe dich nicht?" Lars sah Morten und Tatjana an einer Ecke stehen und ging auf sie zu, er wirkte angespannt.

„Hallo Lars, was machst du denn hier?" Tatjana war überrascht, mit Lars hatte sie wirklich nicht gerechnet.

„Frohes neues Jahr für dich!", sagte Morten zu Lars und streckte ihm die Hand entgegen.

„Danke, dir auch", sagte Lars mit zerknirschter Stimme.

„Ich lass euch beide mal allein, bis später, Tatjana", sagte Morten und holte sich noch etwas Nachtisch am Buffet.

Tatjana war nicht sehr begeistert, jetzt mit ihrem Mann allein zu sein. Sie war verlegen und gleichzeitig wütend auf Lars.

„Ich bin mit Sandy hier", sagte Lars, „aber es ist nicht so, wie du vielleicht jetzt denkst."

„Ich denke nichts. Du führst dein Leben und ich meins. Es scheint dir ja gut zu gehen, sonst hättest du dich ja schon bestimmt gemeldet", sagte Tatjana.

„Das Gleiche könnte ich von dir auch behaupten, oder?", bemerkte Lars. „Aber ich wollte nicht hier mit dir streiten, sondern nur mal Hallo sagen!"

„Na, dann wünsche ich dir jetzt wieder viel Spaß mit Sandylein, sie sucht dich schon", sagte Tatjana und sah Sandy an, die gerade auf die beiden zusteuerte.

„Hallo Tatjana, das ist ja eine Überraschung, bist du mit deinem neuen Freund hier? Er hat ja mal wieder schön vorhin gesungen! Ich durfte ihn heute schon schminken", sagte Sandy und gab Lars einen Kuss, provokant vor Tatjanas Augen.

„Na, jetzt hast du Lars ja endlich für dich. Übrigens ist Morten nur ein guter Freund. Ich respektiere nämlich, dass er eine Lebensgefährtin und eine Tochter mit ihr hat, im Gegensatz zu dir. Du nimmst dir, was du willst!"

Tatjana kehrte Sandy und Lars den Rücken und ging zu Morten, um ihm alles zu erzählen, sie war völlig verstört. „Wie kann diese furchtbare Frau mich so sehr demütigen? Versteht sie nicht, dass sie gerade eine kleine Familie zerstört?"

Tatjana weinte sich bei Morten aus, er nahm sie in den Arm und hörte ihr zu. „Sie will eure Ehe zerstören, weil sie Lars erobern will. Du musst um ihn kämpfen, er braucht das jetzt, deine Bestätigung, dass du ihn noch liebst", sagte Morten.

„Aber er will doch nicht mehr, sonst würde er doch nicht mit dieser dummen Ziege abhängen ...!", antwortete Tatjana und weinte.

„Sollen wir nach Hause zu dir gehen?", fragte Morten.

„Ja, wenn es dir nichts ausmachen würde, bin jetzt nicht mehr in der Stimmung!", sagte Tatjana.

Sie nahmen sich ein Taxi, Tatjana sagte Katrin vorher noch kurz Bescheid. Katrin war sehr mit ihrer alten Liebe Patrick beschäftigt und hatte keinerlei Einwände. Sie verabredeten sich zum Abendessen für den nächsten Tag, um sich dann alle Neuigkeiten zu erzählen.

Zu Hause bei Tatjana setzten sich Morten und sie in die Küche und tranken Kaffee.

„Mach dir jetzt nicht so viele Sorgen", sagte Morten mit beruhigender Stimme.

Tatjana schaute Morten an und freute sich, dass er sie begleitet hatte.

„Angel in the snow"

Angel, angel or so
Wherever you may go

Hmm, yeah …
I'll follow

„Du bist mein Engel. Ich hab das Gefühl, dass du immer im richtigen Augenblick auftauchst und mich tröstest und wieder aufbaust!", stellte Tatjana fest.

In diesem Moment klingelte Mortens Handy. Es war Inez, seine Lebensgefährtin, die Morten ein frohes neues Jahr wünschte.

Morten redete jetzt norwegisch, Tatjana verstand kein Wort. Irgendwann reichte er Tatjana sein Handy. „Inez möchte dir auch alles Gute wünschen", sagte er und lächelte.

Tatjana war es erst ein wenig unangenehm, weil sie mit Morten Silvester feierte und er nicht mit Inez an diesem Abend zusammen war. Inez war aber so freundlich und herzlich, dass Tatjana ihre Unsicherheit gleich verlor.

„Du hast eine tolle Freundin, wirklich, sie vertraut dir und liebt dich so, wie du bist", sagte Tatjana nach dem Handygespräch mit Inez.

„Ja, nur so kann eine Liebe funktionieren, mit gegenseitigem Vertrauen und Respekt. Inez ist in der Hinsicht total unkompliziert, und das liebe ich auch so an ihr. Sie weiß, dass ich viele Freiheiten brauche", sagte Morten.

Wieder wurde Tatjana bewusst, dass sie niemals so tolerant wäre wie Inez. Tatjana musste wieder an Lars denken. Hatte sie jetzt alles riskiert, nur um einen Jugendtraum wahr zu machen? Hatte sie ihren Mann aufs Spiel dafür gesetzt? Tatjana saß gedankenversunken neben Morten und war von sich selbst enttäuscht.

Morten erzählte Tatjana ein paar Geschichten aus seiner Jugend, um sie aufzuheitern, und das funktionierte auch. Die beiden lachten noch viel zusammen, bis sie schließlich irgendwann auf dem Sofa einschliefen.

Lars war traurig, dass er mit Tatjana nicht vernünftig reden konnte. Er hatte sich mehr von dem zufälligen Treffen erhofft. Sandy dagegen freute sich riesig über das Zusammentreffen. Sie hatte Tatjana wieder ordentlich eins reinwürgen können und gewann Lars wieder ein Stückchen mehr für sich, so dachte sie zumindest.

Lars übernachtete bei Sandy, und dieses Mal ging Sandy nicht leer aus, sie schliefen miteinander, obwohl Lars mit seinen Gedanken die ganze Zeit bei Tatjana war.

Chris erfuhr am nächsten Morgen gleich von Sandys Aktion und war davon begeistert.

„Ach, Sandy, das freut mich ja so, dass du Lars endlich rumgekriegt hast. Gratuliere", sagte Chris am Telefon zu Sandy.

„War nicht schwer dieses Mal, er ist halt auch nur ein Mann, und irgendwann wird jeder Mann schwach", kicherte Sandy ins Telefon.

Lars bekam das Gespräch Gott sei Dank – oder leider – nicht mit, er wäre sonst ausgerastet. Er wusste nicht, wie durchtrieben Sandy sein konnte.

Morten musste sich am frühen Morgen von Tatjana verabschieden. Er wurde von einem Chauffeur um neun Uhr abgeholt, sein Flug nach Oslo war um halb elf. Seine kleine Familie gab heute ein Neujahrsfest zu Hause.

„Ich wünsche dir viel Glück mit Lars. Ihr werdet das schon schaffen, gib ihm ein bisschen Zeit", sagte Morten und küsste Tatjana zum Abschied auf die Stirn.

„Danke, dass du heute Nacht bei mir warst, ich schätze das wirklich sehr. Bitte grüße Inez ganz herzlich von mir, sie ist wirklich total nett!", sagte Tatjana und umarmte Morten noch mal fest.

Mortens Chauffeur war zwischenzeitlich vor der Haustür, in einem dunklen Mercedes-Van, und wartete. Lars stand in diesem Moment gerade auf der anderen Straßenseite, er wollte noch einmal mit Tatjana über alles reden. Da sah er, wie Morten aus seinem Haus kam und Tatjana in ihrem Morgenmantel und mit verwuschelter Mähne an der Haustür lehnte und Morten winkte.

Lars traf das wie ein Stich mitten ins Herz. Das hätte er nie gedacht, dass sie doch so weit gehen würde. Jetzt war es für ihn klar, dass Tatjana mit Morten ein Verhältnis hatte.

„Und ich habe ein schlechtes Gewissen wegen Sandy", dachte Lars. Er war wütend und stieg wieder in sein Auto. Er konnte nicht mehr klar denken.

Tatjana ging wieder zurück ins Wohnzimmer und kuschelte sich auf das Sofa, auf dem sie und Morten übernachtet hatten. Sie war völlig entspannt in diesem Moment und dachte noch mal über den vergangenen Abend nach, da fiel ihr auf einmal ein, dass sie ja noch das Geschenk von Chris hatte, das er ihr an Weihnachten in den Briefkasten geworfen hatte.

Ein geschmackloses Weihnachtsgeschenk

Tatjana ging in die Küche und holte das kleine Päckchen. Sie öffnete es vorsichtig und war gespannt, was wohl darin sei.

Sie fand eine DVD und eine Weihnachtskarte, auf der geschrieben stand: Liebes Schwesterherz, ich kann dir damit nicht unbedingt eine Freude machen, aber dir vielleicht über deinen Mann die Augen öffnen ... Sei nicht böse auf mich, ich will dir nur helfen. Liebe Grüße, dein Bruderherz.

Tatjana war erstaunt und konnte sich nicht vorstellen, was es mit dieser DVD auf sich hatte. Sie legte sie in ihren DVD-Player ein und wartete ab, was passieren würde. Sie sah Sandy mit Lars, die sich nackt auf einem Teppich mit vielen Kissen herumwälzten ...

Sie schaltete sofort ab und empfand einen riesengroßen Stich in ihrer Brust. „Das darf nicht wahr sein. Und ich habe ein schlechtes Gewissen, weil ich mit Morten befreundet bin?", sagte sie laut zu sich selbst. Jetzt war es für Tatjana klar geworden, dass es für Lars und sie zu spät war. Sie konnte noch nicht einmal mehr weinen, sie fühlte sich nur leer und ausgelaugt, als hätte ein böser Dämon ihr die Energie genommen. Sie holte ihr Handy und versuchte, Katrin zu erreichen.

Katrin lag in ihrem Bett, mit einem dicken Kopf vom Alkoholkonsum des vorigen Abends, neben ihr schnarchte Patrick, ihr früherer Studienkollege. Ihr Handy klingelte, Katrin wälzte sich stöhnend aus dem Bett und taumelte zu ihrem Küchentisch, dort lag das Telefon. „Hallo ...", sagte sie leise.

„Hi Katrin ... Kann ich bei dir jetzt schon vorbeikommen, es ist was Schreckliches passiert", sagte Tatjana mit trauriger Stimme.

„Ähm, ja ... vielleicht so in einer halben Stunde?", fragte Katrin. Sie wollte Patrick noch vorher aus ihrer Wohnung werfen. Sie ärgerte sich, dass sie sich wieder von ihm, wie damals vor vielen Jahren, um den Finger hatte wickeln lassen.

Katrin stellte sich kurz unter die kalte Dusche und machte sich einen starken Kaffee, dann weckte sie ziemlich unsanft Patrick. „Hey, Patrick … du musst jetzt gehen, und bilde dir auf die letzte Nacht bloß nichts ein, das war nur, weil ich betrunken war, okay?", sagte Katrin und rüttelte an Patricks Arm.

„Ich fand's echt geil, Baby … Können wir auch gleich noch mal im nüchternen Zustand wiederholen", nuschelte Patrick.

„Nein, können wir nicht, du gehst jetzt bitte!", sagte Katrin, obwohl sie den Sex mit Patrick schon sehr mochte. Sie waren in dieser Hinsicht auf einer Wellenlänge, und sie hatte es auch mal wieder nötig gehabt, nach einem Jahr ohne Sex mit einem Partner.

Patrick schlüpfte schließlich in seine Kleider und stolperte mit zerzauster Frisur einige Minuten später aus Katrins Appartement.

Tatjana sah ihn noch in sein Auto einsteigen.

„Hallo Kati, sorry, dass ich euch gestört habe … Ist Patrick jetzt wegen mir gegangen?", fragte Tatjana, als sie vor Katrins Haustür stand, und Katrin ihr mit nassen Haaren und kreidebleichem Gesicht die Tür öffnete.

„Nein, hätte ihn jetzt sowieso hinausgeschmissen", sagte Katrin. „Was ist los? Komm erst mal rein und trink einen Tee oder Kaffee … Was ist passiert?", fragte Katrin jetzt besorgt, denn ihre Freundin machte einen sehr verstörten Eindruck.

Tatjana erzählte von der Sache mit Lars und Sandy und der DVD von Chris.

„Das ist ja wirklich der Hammer überhaupt", regte sich Katrin auf. „Chris und Sandy sind so gemein, und Lars, was ist denn mit dem auf einmal los?" Katrin konnte sich fast nicht mehr beruhigen. „Soll ich deinen Bruder mal anrufen und ihn zur Rede stellen?"

„Nein, dafür hab ich jetzt keine Kraft mehr, ich muss einen klaren Kopf bekommen, und dann werde ich erst einmal Lars anrufen!", sagte Tatjana enttäuscht.

Katrin nahm ihre Freundin in die Arme und drückte sie fest.

Lars fuhr zu Tom, seinem Arbeitskollegen, nachdem er Morten gesehen hatte, als der bei Tatjana aus dem Haus gekommen war.

Er brauchte jemanden zum Reden. Tom war gerade noch mit zwei jungen Damen im Bett tief versunken, als Lars bei ihm an der Haustür klingelte.

„Hey, was gibt's?", fragte Tom verschlafen, als er die Tür öffnete und Lars bat hereinzukommen. „Sorry, bei mir ist noch Nacht!", sagte Tom und zog sich ein T-Shirt über.

„Ich würd gern mit dir über Tati reden", meinte Lars. Er erzählte von dem Silvesterabend und der Situation mit Morten und Tatjana.

„Ach, da ist bestimmt nichts gelaufen zwischen den beiden, Tati ist doch schwanger", sagte Tom gähnend.

„Trotzdem haben sie die Nacht miteinander verbracht, oder?", stellte Lars zornig fest. Er wollte gar nicht darüber nachdenken.

„Hallo Lars!", sagte auf einmal eine Frauenstimme, es war Tammy, die aus dem Schlafzimmer kam.

„Hi Tammy, frohes Neues", antwortete Lars, es war ihm unangenehm, dass er Tom wohl gestört hatte.

„Lisa und ich würden gern noch ein bisschen kuscheln, Tommy!", piepste Tammy in Toms Ohr hinein.

„Na, du kannst wohl auch nicht genug bekommen, was? Gleich zwei Mädels!", sagte Lars und merkte, dass Tom der falsche Ansprechpartner für solch ernste Gespräche war. „Ich glaub, ich geh dann mal, Tom, du hast ja noch zu tun, so wie es aussieht!"

Lars wollte sich gerade auf den Weg machen, da kam Tammy splitterfasernackt auf ihn zu gelaufen und fragte ihn, ob er nicht Lust hätte, mit ihnen einen Neujahrs-Joint zu rauchen. Lars war eigentlich nicht der Typ dafür, aber ihm war gerade alles egal, und so dachte er sich, so könne er vielleicht abschalten, und ließ sich darauf ein.

Lisa kam auch in die Küche, sie hatte nur ein durchsichtiges Hemdchen und einen Stringtanga an. „Hi Lars, ich bin Lisa, schön, dich kennenzulernen", sagte Lisa und beugte sich vor, um Lars einen Begrüßungskuss zu geben.

Lisa hatte lange blonde Haare, sie war Unterwäschemodel, genau wie Tammy, und hatte dementsprechend eine zierliche Figur und leicht gebräunte Haut.

Die vier setzten sich an den Küchentisch und rauchten gemeinsam den Joint, dazu gab es Reggaemusik und Cola-Whisky.

„Das nenne ich mal ein geiles Frühstück!", sagte Tom und fühlte sich pudelwohl in dieser Gesellschaft.

Lars war zuerst ein wenig skeptisch, aber dann wirkte langsam die Droge und er begann, sich zu entspannen.

Der Tod kommt meist unverhofft

So spannte das neue Jahr seine Fäden in verschiedene Richtungen. Lars und Tatjana sahen sich fast zwei Monate nicht, Tatjanas Bauch wurde immer runder, Katrin traf sich einmal die Woche mit Patrick zum Sex, und Chris flog nach London zu einem Vorstellungsgespräch als Visagist am Theater.

Eines Tages bekam Tatjana überraschend einen Anruf von Lars. „Hallo Tatjana, ich muss dir etwas Trauriges sagen." Lars war am Telefon sehr gefasst, Tatjana merkte das an seiner Stimme. „Meine Mutter ist gestern gestorben!", fuhr er fort.

„Nein ... das gibt es doch nicht, es ging ihr doch eigentlich ganz gut?", fragte Tatjana, sie war zutiefst betroffen.

„Sie hatte einen Herzinfarkt vorige Nacht, sie ist schnell gestorben ... Gott sei Dank!" Lars versuchte, sich unter Kontrolle zu haben.

„Soll ich bei dir vorbeikommen?", fragte Tatjana.

„Nein, ich glaube, das ist keine gute Idee, aber du kannst gern zur Beerdigung kommen. Ich gebe dir Bescheid, wann sie ist", sagte Lars.

„Es tut mir sehr leid, sie war eine liebe Frau. Schade, dass sie nicht mehr ihr Enkelkind kennenlernen durfte", meinte Tatjana mit trauriger Stimme. Sie legten auf. Lars kamen nach dem Gespräch die Tränen. Tatjana war gerade krankgeschrieben, weil sie öfters ein starkes Ziehen im Bauch hatte. Sie nutzte die Zeit, um an ihrem Buch zu schreiben. Es sollte ja noch fertig werden, bevor das Baby kam. Sie steckte eine Kerze und ein Räucherstäbchen zum Gedenken an ihre verstorbene Schwiegermutter an, dann legte sie noch die CD von Morten ein und weinte. Sie hatte Frau Sandberg sehr gern gemocht.

Tatjana verstand nicht, warum Lars es nicht recht war, dass sie zu ihm kommen wollte. Er hatte wohl richtig ernsthaft mit ihr und dem Baby abgeschlossen. Sie hätte ihn gern in die Arme genommen und ihn getröstet, auch wenn sie sehr enttäuscht von ihm war, weil er mit Sandy nun mehr oder weniger zusammen war. Chris hatte sie damals auf die DVD angesprochen und ihr versichert, dass er diese Aktion nur gemacht hatte, um ihr zu beweisen, dass Lars sie betrog. Lars wusste bis zu diesem Tag nichts von dieser Geschichte, Tatjana konnte sich das nicht antun, sich vor ihm so bloßzustellen, also sagte sie ihm nichts davon, obwohl sie ihm gern dafür die Augen ausgekratzt hätte. Lars war weiterhin der Überzeugung, dass das Baby nicht von ihm, sondern von Morten war, und so versuchte er, seinen Weg mit Sandy zu gehen. Sie war zwar nicht seine Traumfrau, wie es Tatjana immer gewesen war, aber sie lenkte ihn ab.

Die Beisetzung seiner Mutter war eine Woche später. Tatjana und Katrin gingen auch dorthin.

> Raindrops falling from heaven
> could never take away my misery
> Since we're not together I pray for stormy weather
> to hide these tears I hope you'll never see

Es regnete, das Wetter passte zu dem traurigen Tag. Lars kam allein, er hatte nicht mehr viele Familienangehörige. Es waren einige Freundinnen seiner Mutter anwesend, Sandy kam nicht mit. Lars hätte das taktlos gefunden.

Die Trauerfeier fand im kleinen Kreise statt, in einem Café, in das Frau Sandberg gern gegangen war. Lars und Tatjana sahen sich an diesem Tag nach langer Zeit zum ersten Mal wieder.

„Mein herzlichstes Beileid noch mal!", sagte Tatjana und reichte ihm ihre Hand.

„Danke, dass du kommen konntest", antwortete Lars und schaute auf Tatjanas runden Bauch.

„Klar, das ist selbstverständlich für mich. Deine Mutter war mir sehr ans Herz gewachsen", sagte Tatjana.

Katrin umarmte Lars und gab ihm noch eine Karte ihrer Eltern in die Hand. „Ich wünsche dir jetzt viel Kraft, und wenn ich dir das noch sagen darf … Deine Mutter hätte es vorgezogen, wenn ihr beide wieder zusammenfinden würdet", sagte Katrin.

Tatjana war nicht so davon begeistert, dass ihre Freundin den Friedensengel spielen wollte. Sie hatte das Bedürfnis, endlich mit Lars abzuschließen, sie war so sehr enttäuscht von der ganzen Geschichte mit Lars und Sandy. Diese Bilder spielten sich immer wieder in ihrem Kopf ab, als sich Lars und Sandy nackt auf dem Fußboden liebten. Wie sollte sie das denn nur vergessen und verzeihen können?

„Danke, Kati … aber das musst du schon Tatjana und mir überlassen. Es ist viel passiert, was nicht mehr rückgängig zu machen ist", sagte Lars traurig.

Nach dem Kaffeetrinken fragte Katrin Tatjana, ob sie Lust hätte, mit ihr noch ein bisschen am Mainufer spazieren zu gehen. Es lag gerade so eine wunderschöne Brise Frühling in der Luft, und ein Regenbogen leuchtete über Frankfurt. Es war Mitte März, man konnte die ersten Zeichen des Neubeginns der Natur spüren. Die Vögel fingen an, ihre Nester zu bauen, und Tatjana bereitete sich langsam auf die Geburt vor, sie hatte noch acht Wochen bis zum errechneten Geburtstermin. Schwangerschaftskurse belegte sie aber keine, das fand sie albern. Katrins Mutter gab Tatjana hin und wieder Reiki, eine alte japanische Heilkunst, in der die universelle Lebensenergie durch Hand auflegen fließen soll. Britta schwor darauf, um damit positive Energien freizusetzen.

„Ja, wir können gern noch eine halbe Stunde gehen, doch dann muss ich nach Hause, deine Mutter kommt bald wegen der Behandlung", sagte Tatjana.

„Gut, dann lass uns losfahren. Willst du dich noch von Lars verabschieden?", fragte Katrin.

„Ich denke, das muss ich wohl, oder?" Tatjana wollte gerade zu Lars gehen, da sah sie, wie Sandy mit ihrem

Porsche-Cabrio angefahren kam, ausstieg und auf Lars zu stöckelte. Sie hatte ein eng anliegendes, schwarzes Kostüm an und sehr hohe schwarze Schuhe.

„Hallo Tatjana, so trifft man sich wieder … Hast ja ganz schön zugelegt, meine Liebe! Na ja, du warst ja auch vorher schon gut bestückt!", flötete Sandy in einem höhnischen Ton und fiel Lars um den Hals, um ihn stürmisch zu küssen.

Damit hatte sich die Verabschiedung erledigt. Tatjana drehte auf dem Absatz um und wollte nur noch fort von diesem Szenario.

„Mach's gut, Tati … und alles Gute für dich!", rief ihr Lars hinterher. Es war ihm peinlich, dass Sandy ihn vor Tatjana so herausfordernd begrüßte.

„Lass uns einfach gehen, Kati … das muss ich mir jetzt echt nicht antun", sagte Tatjana empört.

Katrin und Tatjana setzten sich nach einiger Zeit auf eine Bank am Mainufer und genossen die ersten Sonnenstrahlen seit langer Zeit.

„Was ist eigentlich jetzt mit Patrick und dir?", fragte Tatjana neugierig.

„Einfach nur Sex … sonst nichts", sagte Katrin kühl, aber Tatjana kannte ihre Freundin gut genug, um zu wissen, dass da mehr im Spiel sein musste.

„Nur Sex, mehr nicht? Oder willst du nicht mehr, weil du Angst hast, wieder enttäuscht zu werden?", fragte Tatjana.

„Vielleicht. Ich meine, Patrick ist gut aussehend, er hat einen guten Job als Eventmanager in der Schweiz, er ist sehr gut im Bett … aber viele Frauen lieben ihn, und er liebt die Frauen", sagte Katrin.

„Aber man bekommt doch im Leben nie was geschenkt, oder? Ich hatte wirklich die perfekte Ehe, aber Kinder fehlten uns noch dazu, und jetzt bin ich schwanger. Mein Traum ist wahr geworden, ich hab Morten Harket persönlich kennengelernt, und mein Mann poppt eine total ätzende Trulla", sagte Tatjana verärgert mit Tränen in den Augen.

„Da passt doch der Spruch: Erstens kommt es anders, und zweitens als man denkt, oder nicht?" Tatjana und Katrin nahmen sich in die Arme.

„Ja, da hast du wohl recht, meine Liebe!", seufzte Katrin. Sie fuhr Tatjana dann nach Hause, damit sie ihren Reiki-Termin wahrnehmen konnte.

Lars hatte inzwischen mit Sandy eine Flasche Champagner getrunken und lag mit ihr im Bett. „War echt geil mit dir eben", sagte Sandy zu Lars und fuhr ihm mit ihren künstlichen Fingernägeln durch seine Brusthaare.

„Ja, schon, aber ich muss mit dir reden, Sandy … Es geht so nicht weiter. Ich liebe Tati noch immer und bin auch noch mit ihr verheiratet", sagte Lars.

„Ich weiß, aber ich gebe dir ja auch die Zeit, um dich von ihr ganz und gar zu trennen", antwortete Sandy und kochte innerlich vor Zorn und Wut. Aber sie wollte Lars auf keinen Fall verärgern, also nahm sie sich zusammen und sagte kein böses Wort.

„Das ist zwar wirklich lieb von dir, aber das wird so nicht funktionieren, Sandy", meinte Lars.

„Lass mich das doch für mich entscheiden. Wir können doch einfach ein bisschen Spaß miteinander haben, und dann sehen wir weiter. Okay?", sagte Sandy und ging ins Badezimmer, um zu duschen.

Lars hatte keine Nerven, um darüber nachzudenken. Er zog sich an und hinterließ nur einen Zettel, auf dem stand: Rufe dich morgen an, mach's gut, Lars.

Tatjana kam gerade noch rechtzeitig zu ihrem Entspannungstermin. Britta stand schon vor der Haustür mit einem Korb, in dem einige Utensilien für das Massageprogramm lagen.

„Hallo meine Süße, wie geht es dir? Du siehst so erschöpft aus", sagte Britta besorgt und umarmte Tatjana herzlich.

Katrin fuhr weiter und wollte später zum Abendessen dazukommen.

„Hallo Britta, die Beerdigung hat mich ganz schön geschlaucht, und das Baby ist auch ziemlich unruhig heute", meinte Tatjana müde.

Britta hatte Aromaöle und Räucherwerk dabei, außerdem legte sie eine Entspannungs-CD ein mit meditativer Musik und Walgesängen ein.

Tatjana zog sich bis auf ihre Unterwäsche aus und legte sich im Wohnzimmer auf die Massageliege, die Britta bei ihr deponiert hatte. Sie war regelmäßig die letzten Wochen bei Tatjana, um sie zu behandeln.

„Entspann dich. Ich werde jetzt die negativen Energien mit Reiki aus dir herausholen. Du wirst sehen, nachher sieht die Welt wieder bunt und fröhlich aus", versprach Britta und meditierte kurz, bevor sie endgültig anfing.

Tatjana war nach fast zwei Stunden Behandlung völlig entspannt auf der Liege eingeschlafen und ließ alles noch ein wenig nachwirken. Britta kochte in der Zwischenzeit einen ayurvedischen Kräutertee, der besonders für Schwangere geeignet war, und packte noch ein paar selbst gebackene indische Kekse mit Zimt und Ingwer aus.

„Danke, Britta, du hast mir ja eben wieder so viel Gutes getan, ich bin so relaxed gerade", sagte Tatjana mit einem Lächeln auf ihrem Gesicht.

Sie nahm sich ihren Kuschelbademantel, wickelte sich zusätzlich noch mit ihrer Felldecke ein und genoss den Tee und die Kekse.

„Was soll ich denn jetzt mit Lars machen? Wie würdest du handeln?", fragte Tatjana Britta.

„Entscheide mit deinem Herzen und lass deine Gefühle heraus, die du für Lars hast. Er wird vielleicht nicht gleich das machen, was du dir vorstellst, aber die Zeit wird alles zeigen, und es wird für euch beide der richtige Weg sein, wenn ihr euch liebt", antwortete Britta weise.

Tatjana war froh, dass sie mit ihr ab und zu offen reden konnte, mit ihrer Mutter konnte sie das nicht, die hatte dafür keine Ohren.

Katrin kam abends zum Essen. Britta kochte einen indischen Reis-Gemüse-Eintopf mit Naan-Brot.

Der Abend verlief sehr entspannt und harmonisch, bis es an der Tür klingelte und Chris die ganze Ruhe mit einem Mal zerstörte. „Hallo Mädels, ich muss dringend mit Tati reden", sagte er.

„Das ist jetzt wirklich schlecht, wir essen gerade, und dieses Mal kommst du nicht einfach rein!", schimpfte Katrin und schlug die Tür vor Chris' Nase zu. Sie fragte Tatjana, ob sie mit ihrem Bruder sprechen wollte.

„Ja, ich werde es aber kurz machen", sagte Tatjana genervt.

Sie ging zur Tür und redete mit Chris. „Ich wollte dich nur warnen, Sandy und Lars wollen vielleicht bald zusammenziehen, zumindest hab ich da was gehört", sagte Chris.

„Ja und, was geht mich das an? Lars und ich sind seit einiger Zeit getrennt. Jeder kann machen, was er will", antwortete Tatjana in bissigem Ton.

„Na, dann ist es ja gut, sorry, dass ich dich gestört habe", bemerkte Chris beleidigt und wandte sich von der Haustür ab.

Tatjana ging zurück in die Küche, mit Tränen in den Augen.

„Na, hat dich dein Bruder wieder fertiggemacht?", fragte Britta, und warf Tatjana einen mitleidigen Blick zu.

Tatjana erzählte von dem neuesten Tratsch und war außer sich vor Wut. Sie konnte nicht verstehen, dass Lars so weit gehen würde. Sie merkte zwar, dass Sandy wohl immer mehr eine Rolle in seinem Leben spielte, aber sie hatte nach der Beerdigung eher das Gefühl gehabt, dass Lars am liebsten mit Tatjana gesprochen hätte, wenn Sandy nicht dazwischen geplatzt wäre.

Katrin und ihre Mutter trösteten Tatjana und redeten noch lange mit ihr über Lars und Morten und das Baby.

„Wirst du Morten vor der Geburt noch einmal sehen?", fragte Katrin Tatjana.

„Vielleicht fliege ich in ein paar Tagen nach Oslo, um Hobo Highbrow zu treffen, wegen meines Buches. Ich will ihn noch ein paar Dinge fragen, und da könnte ich natürlich auch gleich Morten treffen!", sagte Tatjana und lächelte.

„Mach das auf jeden Fall, meine Süße. Das wird dir und dem Baby guttun. Morten hat eine sehr positive Aura und wird dich ablenken können", meinte Britta und nahm Tatjanas Hand.

„Ja, das wird er. Morten ist so charmant, ich kann nie genug von ihm bekommen", sagte Tatjana.

„Wie wäre es, wenn ich dich begleite, Tati?", fragte Katrin.

„Oh, das wäre supergenial, Kati. Kannst du dir denn zwei bis drei Tage frei nehmen? Ich bin ja ab nächster Woche in Mutterschutz, habe ja auch noch Resturlaub und hab dann zwei Monate frei bis zur Geburt", freute sich Tatjana, denn langsam wurde es für sie auf der Arbeit immer beschwerlicher.

Katrin wollte sich gleich am nächsten Tag um einen Flug nach Oslo kümmern und ihren Urlaub bei ihrem Chef einreichen. Sie hatte sowieso noch viele Überstunden, die sie dringend mal abfeiern musste.

Gegen zehn Uhr abends gingen Katrin und Britta nach Hause, Tatjana war noch nicht müde und legte eine DVD von einem Live-Konzert in London von der Abschiedstournee von a-ha ein. Diese Band faszinierte sie noch immer, wie damals, als sie mit ihrem Freund knutschend auf ihrer Jugendliege lag und dazu ihre Schallplatten hörte. Tatjana schwelgte wieder in ihren Träumen, als plötzlich ihr Handy klingelte. Es war Lars, der auch noch nicht schlafen konnte und auf einmal dringend das Bedürfnis hatte, mit Tatjana zu reden. „Hallo Tati, entschuldige, dass ich so spät anrufe!", sagte Lars.

„Hi, was gibt es denn? Willst du mir auch mitteilen, dass du bald mit deiner Sandy zusammenziehst?", fragte Tatjana zickig.

„Wie kommst du denn auf diese Idee?", wollte Lars wissen.

„Hab da so meine Spione ... auch, wenn ich das oft gar nicht alles wissen will, aber manche Menschen sind eben sehr mitteilungsbedürftig!" Tatjana war kurz davor, ihr Handy abzuschalten, aber sie wollte doch wissen, warum Lars noch zu später Stunde bei ihr anrief.

„Ich weiß ja nicht, von wem du das gehört hast, aber es ist völliger Schwachsinn. Oder schätzt du mich so ein?", fragte Lars.

Tatjana hatte gerade noch einen dummen Kommentar zurückhalten können, sonst hätte sie eine Anspielung über die DVD gemacht, von der Lars immer noch nichts wusste.

„Du hast ja auch so deine Abwechslung aus Norwegen, oder nicht?", fragte Lars spitz.

„Ich glaube nicht, dass du das mit Sandy und dir vergleichen kannst!", entgegnete Tatjana im bösen Ton.

„Ach nein ... ich hab halt auch meine Quellen, Tati." Lars war jetzt richtig in Fahrt.

„Dann weiß ich nicht, warum du mich jetzt noch unbedingt anrufen musstest, nur um mir das zu sagen!" Tatjana verabschiedete sich zügig und stellte ihr Handy aus. Sie wollte sich nicht wieder aufregen.

Lars ärgerte sich über Tatjana und wunderte sich über die seltsamen Informationen. Er hatte nie darüber nachgedacht, mit Sandy zusammenzuziehen.

Eine kurze, schöne Zeit

Katrin und Tatjana flogen Anfang April für drei Tage nach Oslo.

Tatjana hatte eine Verabredung mit Hobo. Er wollte ihr Manuskript bei einem norwegischen Verlag einreichen und es auch auf Norwegisch übersetzen lassen, weil er davon überzeugt war, dass es viele Norweger interessieren könnte, was Morten Harket in seiner Freizeit so machte. Natürlich wollte er damit auch eigenen Profit herausschlagen.

Tatjana war froh, ihr Buch geschrieben zu haben. Sie wollte einfach für viele a-ha-Fans eine schöne Erinnerung hinterlassen und hoffte, dass viele das Buch kaufen würden. Sie hatte die Idee, für jedes Buch, das verkauft würde, eine Spende einzubehalten für bedürftige Kinder in Afrika.

Hobo wartete in einem Café im Zentrum von Oslo auf Tatjana.

„Hi Hobo", grüßte Tatjana freundlich.

„Hi Tatjana. Haben Sie alles dabei, dann können wir gleich zur Sache kommen", sagte Hobo und schaute auf seine Armbanduhr.

„Keine Panik, ich setze mich erst einmal und bestelle mir etwas zu trinken!", schnaufte Tatjana, sie war ziemlich erschöpft. Katrin schaute sich in der Zwischenzeit ein wenig in Oslos Geschäften um.

„Ich habe nicht so viel Zeit, habe im Anschluss gleich den Termin mit dem Verlag", sagte Hobo etwas nervös.

Tatjana reichte ihm daraufhin ihr Manuskript und bestellte sich ein Wasser.

„Wollen Sie auch einen Kaffee oder etwas anderes?", fragte Tatjana Hobo höflich.

„Nein danke, ich werde jetzt gleich bezahlen und melde mich dann bei Ihnen", erwiderte Hobo und holte seine Brieftasche heraus.

„Na toll, jetzt lässt der mich einfach hier allein sitzen … Echt super", dachte Tatjana und zückte ihr Handy, um Katrin eine Nachricht zu schreiben, dass sie früher kommen konnte.

Hobo Highbrow verabschiedete sich auf seine Art, also eher zurückhaltend als freundlich, und verließ das Café schnellen Schrittes.

Katrin kaufte sich gerade eine Jeans und eine Bluse in einer Boutique, als Tatjana sie anrief. Sie machte sich kurz darauf auf den Weg zum Café, um Tatjana dort zu treffen.

„Hi Tati, das ging aber schnell mit eurem Treffen. Wo ist denn dieser Hobo schon wieder hin?", fragte Katrin.

„So ist er immer, etwas unfreundlich, hat nie Zeit, wenn es nicht gerade um ihn selbst geht … Aber irgendwie reizt mich diese Art. Du weißt ja, wie ich bin!", sagte Tatjana und schmunzelte.

„Wollen wir noch ein Stück Kuchen und 'ne Tasse Kaffee bestellen?", wollte Katrin wissen, denn Tatjana war immer für etwas Süßes zu haben.

Am Abend trafen sie Morten in einem kleinen Hafenrestaurant, um leckeren Fisch zu essen.

Inez wollte auch mitkommen, sie war froh, die beiden mal wieder zu sehen.

„Meinst du, Inez ist sauer auf mich, weil ich mich mit Morten so gut verstehe?", fragte Tatjana Katrin, als sie sich gerade im Bad fertig schminkte.

„Das glaube ich eigentlich nicht, sie machte auf mich nicht den Eindruck. Muss ja nicht jede so eifersüchtig sein wie du", antwortete Katrin und zwinkerte Tatjana zu.

Morten und Inez holten Katrin und Tatjana mit ihrem Auto am Hotel ab.

„Hi, schön, euch mal wieder zu sehen", begrüßte Katrin Morten und Inez.

Mortens und Tatjanas Blicke trafen sich blitzartig, und Tatjana spürte ein wohliges, warmes Gefühl in ihrem gesamten Körper. „Hallo Morten, schön dich wieder zu sehen … und dich auch, Inez", verbesserte sich Tatjana schnell, als sie ein Kneifen von Katrin in ihrem Oberschenkel spürte.

Inez lächelte Tatjana freundlich an und streichelte ihr über den Bauch. „Nicht mehr lange … langsam wird es schwer, oder, Tatjana?", fragte Inez.

„Ja, ich bin froh, wenn ich mich wieder normal bewegen kann. Wie geht es eurer kleinen Karmen?", fragte Tatjana.

„Sie wächst und gedeiht", sagte Morten und lächelte zufrieden. Er war ein stolzer Papa, auch wenn er nicht immer viel Zeit für seine fünf Kinder hatte, aber er liebte sie alle sehr.

Bald waren sie an der Aker Brygge angekommen, dort lag direkt am Fjord das Lofoten Fiskerestaurant. Es war ein herrlicher Ausblick, und es gab die fantastischsten Meeresspezialitäten dort. Morten hatte einen schönen Tisch mit einem wunderschönen Blick auf den Fjord reserviert.

Sie bestellten die große Fischplatte für vier Personen und Salat. Tatjana hatte die letzte Zeit Heißhunger auf Fisch und genoss jeden Bissen.

Inez erzählte von Karmen und fragte Tatjana, ob sie schon einen Namen hätte für das Baby.

„Ich weiß ja noch nicht, was es gibt, aber einen Jungennamen habe ich. Er würde wie mein Papa heißen, Johannes. Das ist zwar ein altmodischer Name, aber mein Papa wäre stolz auf seinen Enkel gewesen." Tatjana kamen ein paar Tränen, da sie ihren Vater sehr vermisste.

„Das finde ich toll, dass du deinen Sohn nach deinem Papa nennen möchtest", sagte Morten. „Auf deinen Vater!" Morten erhob sein Glas und prostete in die kleine Runde.

Tatjana war sehr gerührt und bekam eine Gänsehaut.

„Wie geht es Lars, hat er sich mal gemeldet?", wollte Morten wissen.

Tatjana erzählte von dem schlechten Verhältnis zwischen sich und Lars. Inez hörte gespannt zu und konnte nicht glauben, dass Tatjana das alles so gut verkraftete.

„Du bist eine starke Frau, Tatjana!", sagte Inez.

„Das sieht nur so aus. Oft heule ich mich abends in den Schlaf, weil ich eben gern eine richtige Familie gehabt hätte, wenn das Baby auf die Welt kommt." Tatjana war traurig bei dem Gedanken, dass sie allein mit dem Baby leben sollte, ohne Lars.

„Wie wäre es, wenn du für ein paar Wochen bei uns wohnst, wenn das Baby da ist?", fragte Inez.

„Ich … ich weiß nicht, will euch nicht stören", sagte Tatjana verunsichert.

„Aber du störst doch nicht, du kommst auf andere Gedanken und hast ein bisschen Abwechslung, wir haben genug Platz, und Karmen wird sich auch freuen."

Katrin war begeistert von der Idee und überzeugte ihre Freundin, das Angebot von Inez anzunehmen. „Ich kümmere mich so lange um Gregor und dein Haus."

„Na gut, ich denke gern darüber nach. Herzlichen Dank, ich bin wirklich gerührt." Tatjana umarmte Inez.

Der Abend wurde lang, und es gab viel zu reden und zu lachen. Morten gab Tatjana zum Schluss noch eine Orchidee mit aus seinem Wintergarten. „Denk daran, es gibt auch viel Freude in deinem Leben, auch wenn Lars und du nicht mehr zueinander findet. Du wirst trotzdem wieder glücklich sein", sagte Morten.

Inez drückte Tatjana und Katrin noch mal herzlich zum Abschied.

„Ich bringe euch morgen zum Flughafen, wenn es euch recht ist!", sagte Morten noch, kurz bevor er losfuhr.

„Danke, gern. Wir telefonieren morgen früh", rief Tatjana ihm hinterher. „Er ist einfach ein Engel", sagte Tatjana zu Katrin und träumte vor sich hin.

„Aber denk an Inez, sie ist so lieb", erinnerte Katrin ihre Freundin.

Am nächsten Tag kam Morten allein, Inez hatte mit Karmen etwas anderes vor.

Tatjana war ein bisschen froh darüber, weil sie Morten noch einmal gern allein sprechen wollte.

Katrin gab ihr eine halbe Stunde Zeit, bevor sie zum Flughafen mussten.

„Und denk daran, er ist mit Inez zusammen", sagte Katrin mit erhobenem Zeigefinger.

„Ja, das weiß ich doch, ich mag ihn einfach nur, mehr nicht", meckerte Tatjana.

Morten wartete in der Empfangshalle des Hotels. Er hatte seine schwarze Lederjacke an und trug hellgraue Jeans, seine Haare waren leicht zerzaust. Tatjanas Herz pochte wieder bis zum Hals.

„Hi, gut siehst du aus!", begrüßte Morten sie.

Er gab ihr einen Begrüßungskuss auf die Wange. Sie gingen ein wenig spazieren, um sich zu unterhalten.

„Glaubst du nicht, dass Inez ein Problem hat, wenn ich zu euch komme?", fragte Tatjana.

„Warum sollte sie? Du bist doch nur eine gute Freundin, mehr nicht", sagte Morten ganz locker.

Tatjana schluckte. Sie dachte, dass sie vielleicht gern ein bisschen mehr für Morten wäre als nur eine Freundin. Es kränkte sie und sie verstummte. Morten merkte das aber erst nicht und erzählte fröhlich weiter von verschiedenen Musikprojekten, die er vorhatte.

„Ist alles in Ordnung?", fragte Morten dann doch irgendwann.

„Ja. Nein ... also, na ja, ich bin etwas verwirrt. Ich dachte, wir haben einen sehr besonderen Draht zueinander, weißt du, also ..." Tatjana fehlten die Worte, sie konnte nur noch stottern. Es war ihr peinlich, dass sie etwas anderes in der Beziehung zu Morten sah als er.

„Ja, das sehe ich doch auch so, aber ich liebe Inez und werde sie nicht verlassen, oder meintest du das?", fragte Morten.

„Nein, natürlich nicht, ich wollte dir nur sagen, dass du für mich nicht nur der Star bist, oder nur ein Freund, sondern du bist mir sehr nahe. Ich fühle eine besondere Nähe zu dir", sagte Tatjana.

„Das geht mir auch so, ich dachte, du weißt das, Tati. Du kannst doch trotzdem bei uns wohnen!" Morten verstand Tatjanas Sorge nicht.

„Okay, lass uns mal sehen, wie es kommt. Es ist ja noch Zeit." Tatjana würgte das Gespräch ab. Sie wollte nicht länger darüber reden, es wurde ihr immer unangenehmer.

Morten fuhr die beiden zum Flughafen und verabschiedete sich mit den Worten: „Es wird alles so sein, wie es sein soll, meine Liebe. Pass auf dich auf, bis bald!"

Tatjana wäre fast in Ohnmacht gefallen bei Mortens Charme. Er hat wieder genau die richtigen Worte gefunden, und sie fühlte sich verzaubert. Aber trotzdem musste sie genau in diesem Augenblick an Lars denken. Er fehlte ihr immer mehr, je näher der Geburtstermin rückte.

Katrin nahm Tatjanas Hand und zog sie zur Sicherheitskontrolle. Tatjana träumte mal wieder so konzentriert vor sich hin, dass sie nichts mehr um sich herum wahrnahm.

„Mach's gut, Morten. Wir werden uns wiedersehen!", rief sie ihm noch zu, dann verschwand Morten von ihrer Bildfläche, so als hätte er nie da gestanden. Tatjana rieb sich sogar die Augen. „Ist es Wirklichkeit, oder träume ich?", dachte sie für einen kurzen Augenblick angespannt.

Vorbereitungen müssen getroffen werden

Katrin und Tatjana kamen gut am Frankfurter Flughafen an. Sie hatten zwar nur einen sehr kurzen Aufenthalt in Oslo gehabt, aber dafür einen sehr schönen, und mit neuen Perspektiven für die Zukunft. Hobo hatte sich noch kurz vor dem Abflug bei Tatjana gemeldet und ihr eine Zusage vom Verlag mitgeteilt. Sie durfte ihr Buch in Oslo verlegen und auf Norwegisch übersetzen lassen. Hobo bekam natürlich Prozente, und auch sein Name erschien im Vorwort.

Am nächsten Tag hatte Tatjana einen Frauenarzttermin für eine Ultraschalluntersuchung. Katrin begleitete sie.

„Ich bin so aufgeregt. Hoffentlich ist alles in Ordnung, Kati", sagte Tatjana, als Katrin sie zu Hause abholte.

„Was soll denn nicht in Ordnung sein, meine Süße?", beruhigte Katrin sie.

Das Wartezimmer war überfüllt, und Tatjana hatte als normale Kassenpatientin verloren.

Alle Privatpatientinnen zogen an ihr vorbei, mit einem erhabenen Blick. Das machte Tatjana echt wütend, und so hatte sie eine Idee.

Sie hielt sich plötzlich den Bauch und stöhnte ordentlich vor sich hin, Katrin schaute sie nur irritiert an. „Was ist los, Tati?", fragte Katrin besorgt. Tatjana zwinkerte ihrer Freundin unauffällig mit dem Auge zu, sodass Katrin wusste, sie würde nur ein bisschen ihre Schauspielkünste spielen lassen.

„Ich hab solche Bauchkrämpfe", stöhnte Tatjana.

Eine Arzthelferin wurde auf das Wimmern aufmerksam und kam ins Wartezimmer. „Frau Sandberg, kommen sie mit, sie können sich erst mal hier auf die Liege im Nebenzimmer legen, ich sage dem Arzt Bescheid."

Tatjanas Plan, früher dranzukommen, schien aufzugehen. Sie freute sich, aber musste natürlich ein schmerzverzerrtes Gesicht auflegen.

Doktor Bender kam kurze Zeit später sehr besorgt zu Tatjana. „Guten Tag, Frau Sandberg, ich werde Sie sofort untersuchen. Vielleicht hat sich Ihr Baby gedreht. Das wäre natürlich sehr gut, es ist ja nicht mehr lange bis zum errechneten Termin", sagte er und machte alles für den Ultraschall fertig. „Möchten Sie mit dabei sein? Sie sind sicher die Partnerin von Frau Sandberg?", fragte Doktor Bender Katrin.

„Nein, einfach nur ihre beste Freundin, aber keine Ursache." Katrin war erstaunt, dass man sie gleich für lesbisch hielt, nur weil sie Tatjana begleitete.

Tatjana musste weinen, weil sie deutlich fühlte, dass Lars eigentlich jetzt da sein sollte.

„Mein Mann hat leider gerade eine Affäre, sonst wäre er bestimmt hier", knurrte Tatjana trotzig.

„Oh, das tut mir leid, Frau Sandberg, ich wollte Sie nicht beleidigen", sagte Doktor Bender und räusperte sich verlegen.

„Ach, wissen Sie, vielleicht wäre eine Partnerin nicht unbedingt das Schlechteste, manchmal … Männer sind doch alle gleich", sagte Tatjana.

Katrin musste sich ein lautes Lachen verkneifen.

Doktor Bender sagte daraufhin nichts mehr und begann mit der Untersuchung.

„Es ist alles bei Ihnen und Ihrem Kind in Ordnung. Gönnen Sie sich einfach jetzt ein bisschen mehr Ruhe, und regen Sie sich nicht so viel auf." Mit diesen Worten verabschiedete sich Doktor Bender.

Tatjana zog sich wieder an und kicherte vor sich hin. „Geht doch", sagte sie und ging triumphierend an den Privatpatientinnen vorbei, um noch einen neuen Termin am Empfang auszumachen. Katrin ging stolz hinter ihr her und rief: „Ach, Schatzi, hast du auch deine Handtasche nicht vergessen?" Jetzt machte es richtig Spaß, die Leute im Wartezimmer zu beobachten. Einige begannen gleich zu tuscheln und tauschten verstohlene Blicke aus, nur wenige lächelten verständnisvoll.

Um das Ganze noch abzurunden, gab Tatjana Katrin noch einen dicken Kuss auf den Mund und meinte: „Ach, ich freue mich schon so auf unser Baby!" Das war dann der Höhepunkt, einige ältere Damen drehten sich zu Katrin und Tatjana um und schüttelten fassungslos die Köpfe.

Ein kleines vorwitziges Mädchen im Kindergartenalter fragte seine Mama: „Gibt es auch zwei Mamis, die ein Baby bekommen können?"

Tatjana und Katrin lachten so viel, nachdem sie aus der Frauenarztpraxis herauskamen, dass sie sich fast in die Hosen pinkeln mussten.

„War das nicht wieder genial? Wir hinterlassen in sämtlichen Arztpraxen einen Denkzettel", sagte Tatjana und freute sich, dass sie eine so witzige Freundin hatte, mit der sie jeden Unsinn machen konnte.

Katrin fuhr Tatjana nach Hause und kam noch auf einen Kaffee mit hinein.

Sie unterhielten sich und kamen auf das Thema Lars und Sandy zu sprechen. „Hast du Lars eigentlich jetzt mal auf die DVD angesprochen?", wollte Katrin wissen.

„Nein, noch nicht, aber ich würde es gern. Weiß nur nicht, ob das jetzt noch was bringt", meinte Tatjana mit traurigem Blick.

„Ich würde es machen, dann kann er etwas dazu sagen", erwiderte Katrin. Sie hatte die Hoffnung noch nicht aufgegeben, dass Tatjana und Lars sich wieder vertragen würden.

„Ich weiß nicht. Er ist doch wohl mit Sandy glücklich, das wird doch nie mehr was." Tatjana war sehr pessimistisch, was das Thema anging.

Katrin verabschiedete sich bald, sie musste am nächsten Tag beruflich in die Schweiz, und ihr Zug fuhr schon früh ab.

„Wirst du Patrick auch treffen?", fragte Tatjana mit einem Lächeln.

„Mal sehen, hätte schon mal wieder Lust auf Sex", sagte Katrin und lachte.

„Ruf mich dann mal an, wenn du in Genf bist, okay?"

„Klar mache ich das, und du grübele nicht so viel, das ist nicht gut für das Baby ", sagte Katrin und umarmte ihre Freundin, die auf einmal sehr müde war und nur noch in ihr Bett wollte, mit Gregor schmusen.

Tatjana nutzte den nächsten Tag, um ihre Wäsche zu waschen und zu bügeln. Sie packte auch schon einmal die Krankenhaustasche für den Notfall. Das hatte sie in einem Elternmagazin gelesen, was sie nicht oft tat, weil ihr da vieles sehr suspekt vorkam. Manche Mütter hatten wirklich nichts anderes im Kopf als ihre Kinder, sie schienen ihr eigenes Leben völlig aufzugeben und opferten sich auf für die Familie. Aber so wollte Tatjana mal nicht werden. Sie hatte jetzt noch eine berufliche Zukunft vor sich. Ihr Buch sollte in den nächsten zwei Monaten erscheinen, und gleich in zwei Sprachen.

Als sie mit allem fertig war, hatte Tatjana einen Riesenappetit auf ein Stück Kuchen, und zwar Bienenstich mit ordentlich viel Sahnepuddingcreme.

Sie beschloss, sich anzuziehen und den nächsten Bäcker aufzusuchen.

Als sie dort angekommen war, stand die Übermutter Tina auch an der Theke mit ihrer eigenen kleinen Kindergruppe. Sie hatte jetzt vier und war wieder gertenschlank. „Wie macht sie das nur?", dachte Tatjana und stellte sich so unauffällig wie möglich in der Warteschlange an.

Aber leider kam sie nicht ungeschoren davon. Als Tina ihren Großeinkauf beim Bäcker beendet und ihre Kinder eingesammelt hatte, erblickte sie Tatjana. „Hallo, na, das ist ja großartig! Du bist schwanger, oder hast du nur zugenommen?", fragte Tina lauthals.

„Nein, ich werfe in einigen Wochen, du hast es schon richtig erfasst." Tatjana quälte sich ein künstliches Lächeln ab.

„Da wird sich Lars aber freuen", sagte Tina und war so gerührt, als würde sie in kurzer Zeit ein eigenes Kind gebären.

„Ich muss leider los, hab noch einen Termin, Tina. Man sieht sich." Tatjana wollte auf keine weiteren Kommentare eingehen, und drehte sich zur Verkäuferin um, die sie gerade bedienen wollte.

„Ruf mich mal an, dann können wir uns doch treffen, zum Beispiel auch bei unserem schönen Babykreis, wo sich Mütter mit ihren Babys treffen und austauschen können. Also, bis dann", verabschiedete sich Tina.

Tatjana war heilfroh, als sie ihr Stück Bienenstich hatte, und trat auf schnellstem Wege den Heimweg an.

Sie konnte es nicht verstehen, dass Menschen wie Tina ihr ganzes Dasein nur auf ihre Kinder ausrichteten. Tatjana hoffte, sie würde mal nicht so zum Muttertier mutieren.

Sie setzte sich zu Hause auf ihr Sofa und verschlang in Windeseile ihr wohlverdientes Kuchenstück.

Im Laufe des Nachmittags meldete sich der norwegische Verlag bei ihr, um noch formale Dinge zu klären. Der Verleger bedankte sich bei Tatjana, dass sie sich seinen Verlag ausgesucht hatte, und fragte, ob sie auch für ein Interview bereit wäre, wenn das Buch erschienen sei.

„Ja gern, warum nicht?", antwortete Tatjana stolz. Der freundliche Mann hatte die Idee, auch Morten dazu einzuladen, wenn es machbar wäre.

Und so hatte Tatjana wieder einen neuen Grund, nach Norwegen zu reisen, aber erst musste sie noch die Geburt hinter sich bringen.

Am Abend meldete sich Katrin bei Tatjana aus Genf und berichtete von ihrem Tag, und dass sie sich gleich mit Patrick zu einem Schäferstündchen treffen würde.

„Na, dann viel Spaß, meine Süße", sagte Tatjana fast ein wenig neidisch. Sie hätte auch mal wieder ein paar Streicheleinheiten gebrauchen können, aber der männliche Gegenpart fehlte ihr momentan, und Schwangere waren nicht unbedingt die Zielgruppe von Singlemännern. Vielleicht wäre sie sogar in solch einem Moment schwach geworden, wenn Lars sie angerufen hätte, um sie zu fragen, ob er bei ihr vorbeikommen solle. Aber das hat er ja Gott sei Dank nicht, denn das hätte Tatjana garantiert hinterher bereut.

Tatjanas Mutter meldete sich am nächsten Morgen schon sehr früh, um ihr alle möglichen Neuigkeiten zu berichten, die sie auf ihrer Reise in Thailand mit Günther erlebt hatte, auch wenn das Tatjana überhaupt nicht interessierte.

„… und stell dir vor, nächsten Monat fliegen wir dann nach Neuseeland, ist das nicht fantastisch?", brüllte Tatjanas Mutter hysterisch ins Telefon.

„Na, dann kommst du ja glücklicherweise um einen Krankenhausbesuch herum, werde da nämlich bald das Baby bekommen", antwortete Tatjana zynisch.

Ihre Mutter war nicht sehr begeistert gewesen, als sie vor ein paar Wochen von Tatjanas Schwangerschaft erfahren hatte. Sie mochte keine kleinen Kinder, und schon gar nicht wollte sie Großmutter werden. Das machte sie so alt, meinte sie.

„Oh, das ist ja wirklich schade. Aber ich besuche dich dann, sobald ich zu Hause bin, danach gehen ja auch dann die Hochzeitsvorbereitungen los." Tatjanas Mutter schwelgte wieder in ihren Märchenhochzeitsträumen und verabschiedete sich mit den Worten: „Also, dann pass gut auf, dass du gleich nach der Geburt anfängst mit einer Diät, sonst bleibst du ewig fett und bekommst gar keinen Mann mehr ab."

Tatjana war entsetzt und warf den Hörer auf. Das war wieder mal zu viel, jetzt könnte sie Trost gebrauchen von Lars. Aber dieser Vollhorst hatte ja bestimmt Besseres zu tun, dachte Tatjana und musste sich das Weinen verkneifen.

„Warum ist meine Mutter so gemein zu mir, bin ich so eine schlechte Tochter?", fragte sich Tatjana und zweifelte an sich selbst.

Sie kramte ihre Engelkarten heraus und begann, die Engel zu fragen, wie es jetzt weiter gehen sollte. Das machte Tatjana oft in solchen Situationen, wenn sie nicht mehr wusste, welchen Weg sie gehen sollte.

Das Universum hatte da keine Bedenken bei Tatjanas Plänen, eine Engelkarte versprach ihr Geduld und Zuversicht.

„Geduld soll ich haben. Und die hat deine Mami doch überhaupt nicht", sagte Tatjana zu ihrem Baby und streichelte sich über ihren kugelrunden Bauch.

Tatjana hatte das Gefühl, nicht mehr allein zu sein, sondern eine große Verantwortung übernehmen zu dürfen. Das machte ihr sogar ein bisschen Angst, aber sie war deswegen sehr zuversichtlich und glaubte fest daran, alles in den Griff zu bekommen.

Sie dachte noch mal über die letzten Monate nach, und es fiel ihr auf, dass sie einen riesengroßen Schritt gemacht hatte. Als sie die Fehlgeburt erlitten hatte, zerbrach in ihr ein großer Funke Hoffnung, und dann kreuzte Morten ihren Weg, und alles begann sich zu drehen, alles wurde wie von selbst in eine andere Bahn gelenkt. Tatjana hatte ein wundervolles Glücksgefühl in diesem Moment, sie war richtig stolz auf sich, obwohl sie jetzt lieber mit Lars hier gesessen hätte, um von dem Baby zu sprechen. Aber diese ganzen Umwege befreiten sie so sehr, dass sie nichts davon bereute, außer vielleicht ein bisschen, dass Lars mit Sandy zusammen war.

„Ich bin bereit für das, was noch kommt", sagte sie zu sich selbst und ging zufrieden zu ihrem Schreibtisch, um ihre Fanpost zu öffnen, die sie seit einiger Zeit bekam, da sie jetzt schon zum zweiten Mal mit Morten in der Zeitung abgebildet war.

Manche Fans waren richtig nett und freuten sich schon über das Buch, das Tatjana veröffentlichen wollte, und andere wiederum schrieben böse Zeilen wie: „Du zerstörst doch die Beziehung von Morten und Inez" oder „Das Baby hast du doch Morten untergeschoben!" Doch Tatjana lernte mit der Zeit, mit solchen böswilligen Vorwürfen umzugehen. Niemals hätte sich Tatjana träumen lassen, dass sie einmal Fanpost beantworten würde. Es war ein fremdes Gefühl für sie.

Der Frühling steht vor der Tür

Erst einmal stand das nächste Wochenende vor der Tür. Tatjana war mit dem Übersetzer ihres Buches verabredet, er war aus Norwegen, lebte aber schon einige Jahre in Deutschland.

Sie trafen sich in einem Café in Frankfurt auf der Zeil. Es war Samstagnachmittag, die ersten Frühlingssonnenstrahlen kamen hervor, und man konnte schon draußen einen Cappuccino genießen, wenn man einen Platz in der Sonne erwischte. Sven Jorgenson, der norwegische Journalist und Übersetzer, war ein gut aussehender Mann. Er saß schon an einem Tisch an der frischen Luft.

„Hi, schön, Sie endlich mal nicht nur auf Fotos zu sehen. Setzen Sie sich. Was möchten Sie trinken?" Sven war sehr höflich, er hatte eine angenehme Ausstrahlung und Tatjana war positiv überrascht von ihm. Bisher hatte sie nur mit ihm telefoniert oder im Internet geskypet.

„Hi Sven, ich denke wir duzen uns, oder?", fragte Tatjana sicherheitshalber.

„Aber klar, ich habe dein Manuskript jetzt fertig gelesen. Es ist sehr gut erzählt, und ich denke, viele Frauen werden sich in der Geschichte wieder entdecken. Hast du mit Morten schon über das Interview gesprochen?", wollte Sven wissen und lächelte Tatjana an.

„Nein, noch nicht, aber das wird sowieso noch dauern. Erst mal habe ich ja noch einen anderen wichtigen Termin, den ich nicht verpassen sollte", sagte Tatjana und lachte, als sie auf ihren Bauch deutete.

Sven fand Tatjanas Humor gut und fing an, mit ihr zu flirten.

„Du bist eine wirklich hübsche Frau. Das ist bestimmt nicht einfach für deinen Mann, dass du mit Morten so viel erlebt hast, oder?", fragte Sven.

„Ich lebe in Trennung. Aber nicht deswegen", sagte Tatjana, um sich zu rechtfertigen.

„Oh, das tut mir leid. Ich wollte nicht unhöflich sein."
Sven strich sich verlegen eine Strähne aus seinem Gesicht.
Er hatte dunkelblonde Haare, seine Augen waren blau und
erinnerten Tatjana ein bisschen an Mortens.

„Nein, das ist schon okay. Manchmal geht das Leben
eben andere Wege." Tatjana nippte verlegen an ihrer
Tasse.

Sven tauschte sich mit Tatjana über das Manuskript aus
und machte sich einige Notizen. Er war sehr charmant,
und Tatjana fühlte sich endlich mal wieder als attraktive
Frau, obwohl sie einen dicken Bauch hatte.

Die Zeit verging rasend schnell, und so beschlossen Sven
und Tatjana, noch etwas essen zu gehen. Sie gingen zu
Tatjanas Lieblingsitaliener. Dort war sie immer gern mit
Lars gewesen. Sie hatten sogar den gleichen Tisch, an dem
sie meistens gesessen hatten. Tatjana war fast ein bisschen
verliebt, als sie so mit Sven dasaß. Sie hatte auf einmal das
Gefühl, Schmetterlinge im Bauch zu haben. Sven konnte
so gut erzählen, und er hatte diesen Blick. Tatjana konnte
es nicht glauben, je länger sie ihn ansah, desto mehr hatte
sie das Verlangen, Sven zu küssen. „Bin ich total übergeschnappt ... ich bekomme in etwa fünf Wochen ein Baby
und verliebe mich in einen fast wildfremden Mann", dachte Tatjana und versuchte, sich auf etwas Sachliches zu konzentrieren.

„Wie lange bist du denn schon von deinem Mann getrennt?", fragte Sven neugierig nach dem dritten Glas Rotwein.

„Nicht sehr lange, ein paar Monate. Wieso fragst du?",
wollte Tatjana wissen.

„Ich kann den Mann nicht verstehen, der so eine wunderschöne und interessante Frau einfach sitzenlässt!" Sven
nahm Tatjanas Hand und küsste sie sanft.

„Oh ... vielleicht wollte ja auch ich die Trennung", sagte
Tatjana und schaute verlegen auf ihre Armbanduhr. „Ich
glaube, es ist jetzt Zeit zu gehen, Sven. Ich möchte gern

bezahlen", sagte Tatjana schnell, um von weiteren unangenehmen Fragen abzulenken.

„Schade, aber in vier Wochen bin ich wieder hier in der Nähe, dann könnten wir unser nettes Gespräch doch weiterführen, oder?", fragte Sven.

„Da bin ich, glaube ich, mit etwas anderem beschäftigt", sagte Tatjana und lachte.

Sven errötete leicht. „Dann besuche ich dich im Krankenhaus, wenn du nichts dagegen hast."

„Wir werden sehen, telefonieren können wir ja auf jeden Fall mal wieder!" Tatjana zwinkerte Sven zu und verlangte dann die Rechnung beim Kellner.

Sven bestand aber darauf, Tatjana einzuladen.

„Ich fahre dich nach Hause", sagte Sven, aber Tatjana nahm sich lieber ein Taxi. Sie wollte nicht in die Situation kommen, ihn noch zu fragen, ob er mit ihr auf einen Cappuccino ins Haus kommen wolle.

Als Tatjana endlich nach dem langen Tag auf ihrem Sofa saß, klingelte kurz darauf ihr Telefon.

„Hallo", meldete sie sich müde.

„Hi, hier ist Chris. Du, stell dir vor, Lars und Sandy bekommen ein Kind", flötete Tatjanas Bruder freudig.

„Wie bitte? Das ist jetzt aber nicht dein Ernst, oder?", fragte Tatjana.

„Doch, Sandy hat mir heute mitgeteilt, dass sie beim Frauenarzt war, sie ist im zweiten Monat."

„Okay, danke für die Info, aber ich bin jetzt müde, Chris. Wir telefonieren morgen, ich war heute den ganzen Tag und Abend unterwegs mit Sven, meinem Buchübersetzer. Er ist aus Norwegen, gut aussehend und charmant. Also, bis dann, schlaf gut", sagte Tatjana und legte auf.

Danach musste sie tief durchatmen und fing an zu weinen. Sie war so gekränkt, dass Lars sie immer mehr verletzen musste, so kannte sie ihn gar nicht.

Lars erfuhr am Abend auch von seinem „Glück". Sandy kam bei ihm vorbei und erzählte ihm, dass sie schwanger sei. „Sandy, aber das geht doch nicht, wir sind noch nicht einmal richtig zusammen, wir schlafen ab und zu miteinander, mehr nicht. Du hast doch die Pille genommen, oder?" Lars war sehr aufgeregt.

„Aber Schatz, ich dachte, du wünschst dir schon immer ein eigenes Kind, freust du dich denn nicht?" Sandy weinte und spielte die zutiefst Verletzte, dabei hatte sie das alles genau geplant. Sie wollte Lars an sich binden, indem sie die Pille nicht mehr nahm und ein Kind von ihm bekommen würde.

„Ach Sandy, sei nicht traurig, wir werden schon eine Lösung finden. Ich meine, wir müssen ja nicht gleich heiraten, oder?", sagte Lars und versuchte, Sandy zu trösten.

„Wie meinst du das? Ich möchte schon eine richtige Familie, und Abtreibung kommt für mich nicht infrage, falls du mit dem Gedanken spielen solltest", sagte Sandy bestimmt.

Lars nahm sie in den Arm und redete nicht mehr weiter. Er merkte, dass jedes weitere Wort nur noch zu viel war in diesem Moment.

Es ging ihm ähnlich wie Tatjana, als er von der Nachricht erfuhr, er war traurig und wusste nicht, wie es jetzt weitergehen würde. Natürlich hatte er sich immer ein Kind gewünscht, aber mit Tatjana zusammen und nicht mit einer Frau, mit der er nur ab und an mal Sex hatte.

Für Lars war der Abend gelaufen. Er schickte Sandy nach Hause und wollte nur noch schlafen, nicht mehr nachdenken. Lars nahm sich aber vor, noch mal mit Tatjana zu sprechen. Er wollte sie nicht hintergehen, dafür liebte er sie noch zu sehr.

Katrin und Tatjana gingen in die Stadt, um ein paar schöne Babykleider zu kaufen. Tatjana hatte noch nichts für den neuen Erdenbewohner besorgt, weder einen Kinderwagen noch ein Bettchen oder eine Wiege. Dazu hatte sie noch keine Zeit gehabt und auch keine Muße.

Katrin überredete sie, als sie wieder aus Genf zurück war, mit ihr shoppen zu gehen. „Ich habe da so schöne Sachen gesehen bei H&M, meine Süße. Lass uns da mal schauen!"

„Okay, wenn du meinst ... Ich hoffe, mir wird das nicht zu viel!", sagte Tatjana. Sie hatte noch einen Kloß im Hals, weil sie unentwegt an diese Horrornachricht von Chris denken musste. „Warum macht Lars so etwas Unüberlegtes? Das hätte er früher nie getan", fragte Tatjana ihre Freundin.

„Das war bestimmt Sandys Idee. Mach dir keinen Kopf, Lars wird wissen, wohin er gehört", sagte Katrin überzeugt.

„Und ich weiß, dass wir beide keine Chance mehr haben. Ich bin zu sehr enttäuscht von Lars!" Tatjana kämpfte mit ihren Tränen.

Als sie vor den Strampelanzügen standen, hörte Tatjana schon von Weitem eine bekannte tussige Stimme.

„Was für ein Zufall, Mädels! Wie geht's euch denn so?", fragte Sandy völlig überspitzt.

„Sehr gut, und was suchst du hier? In der Babyabteilung?", fragte Katrin und stellte sich dumm.

„Ich ... wir bekommen doch ein Baby, Lars und ich", sagte Sandy und lachte Tatjana ins Gesicht.

„Ach, ihr auch, dann hat Lars ja viel zu tun mit zwei kleinen Kindern", sagte Tatjana spöttisch.

Katrin fragte Sandy, warum sie so viele Pickel hätte, und versuchte, sie zu ärgern, wo sie nur konnte.

„Komm, Katrin, ich wollte dir doch noch bei einem Kaffee von dem gut aussehenden Sven erzählen", sagte Tatjana schließlich laut und nahm ihre Freundin an der Hand. Sie wollte nur noch raus aus dem Laden und weg von Sandy, die mittlerweile zu Hochtouren aufgelaufen war und Tatjana nur kränken wollte.

„So, und jetzt erzähle mir bitte mal endlich von diesem Sven", lenkte Katrin Tatjana ab.

„Tja, da gibt es nicht viel zu erzählen. Er sieht sehr gut aus, groß, gut gebaut, dunkelblonde Surfer-Frisur, blaue Augen … und sehr charmant", sagte Tatjana und errötete ein wenig.

„So so, und was noch? Ich sehe doch da was in deinen Augen blitzen, wenn du von diesem Norweger erzählst", bohrte Katrin weiter.

„Nee, lass mal. Ich hab da jetzt echt keinen Nerv drauf", sagte Tatjana.

Und wie es der Zufall manchmal will, da ertönte Tatjanas Handy, und es war Sven, der sich meldete.

„Hi Tatjana, können wir uns heute Abend sehen? Ich hätte da noch ein paar geschäftliche Dinge zu klären", sagte Sven, natürlich wollte er nur einen Vorwand für ein Treffen finden.

„Puh … Ja, dann komm doch zu mir, so gegen halb acht", sagte Tatjana und war erstaunt, dass Sven sie anrief.

Katrin musste grinsen, als sie hörte, mit wem ihre Freundin telefonierte. „Wenn das kein Schicksal ist", sagte sie.

Tatjana flitzte durch das Haus, so gut sie es noch konnte mit ihren mittlerweile 95,7 Kilo.

„Was soll ich nur anziehen, Gregor? Es muss bequem und trotzdem schick sein", sagte Tatjana zu ihrem Kater, der sie fragend anschaute und auf sein leckeres Katzenmenü wartete.

Da klingelte es schon an der Tür.

„Oh mein Gott, ich bin doch noch gar nicht so weit", rief Tatjana mit hochrotem Kopf und lief zur Haustür.

Als sie öffnete, stand kein Sven vor ihr. Es war überraschenderweise Lars.

„Hi. Ich hoffe, ich störe nicht?", fragte Lars.

Tatjana hätte ihm am liebsten die Tür vor der Nase wieder zugemacht, aber so cool war sie dann doch nicht.

„Was willst du denn jetzt auf einmal?", fragte sie Lars erstaunt.

„Hast du ein bisschen Zeit für mich?" Lars wollte unbedingt mit Tatjana reden, wegen Sandy und ihm.

„Ganz schlecht gerade, ich bekomme Besuch", erwiderte Tatjana.

„Oh, das ist schade, wollte nur etwas klären mit dir. Vielleicht hast du morgen Nachmittag Zeit?", wollte Lars wissen.

Tatjana war von einem Treffen mit Lars nicht so überzeugt, weil sie sich denken konnte, weswegen er mit ihr reden wollte.

Sie war gerade dabei zu antworten, da sah sie das Auto von Sven ankommen.

„Lass uns mal morgen früh telefonieren, ich muss mich jetzt wirklich fertig anziehen." Tatjana machte, ohne abzuwarten, was Lars sagen würde, die Tür zu und hoffte, dass Sven und Lars sich nicht über den Weg laufen würden.

Natürlich kam es anders. Lars stand noch einige Minuten vor der geschlossenen Haustür, weil er nicht glauben konnte, dass Tatjana so reagiert hatte.

Als er sich entschloss zu gehen, kam Sven fröhlich pfeifend an und grüßte Lars höflich.

„Hi, waren Sie auch gerade bei der bezaubernden Tatjana? Sie sind bestimmt ihr Bruder, oder?", fragte Sven.

Lars war überrascht. Er kannte Sven nicht und konnte ihn auch nirgendwo einsortieren.

„Nein, noch bin ich der Ehemann von Tatjana. Aber wir leben getrennt, dann noch einen schönen Abend", antwortete Lars schroff und kehrte Sven den Rücken zu.

Sven ließ sich aber davon nicht beeindrucken. Er war nicht der Typ, sich über Probleme anderer den Kopf zu zerbrechen, und klingelte an der Haustür.

Tatjana war noch im Badezimmer und schminkte sich fertig. Sie sah sehr rosig aus und fühlte sich wohl in ihrem Kleid. Es machte eine gute Figur, trotz Schwangerschaftsbauch. Jetzt konnte sie die Tür öffnen.

„Hi Sven, komm rein", sagte Tatjana aufgeregt.

„Hi. Habe eben deinen Noch-Mann kurz kennengelernt. Er war nicht so gut drauf", begrüßte Sven Tatjana und gab ihr einen Kuss auf die Wange.

„Ich hätte es auch gern vermieden, dass ihr euch hier trefft, aber Lars kam einfach unangemeldet zu mir, weil er mit mir reden wollte", sagte Tatjana und bat Sven in die Küche an den Esstisch. Sie hatte eine Kleinigkeit für das Abendessen vorbereitet. Es gab Antipasti und frisches Baguette mit verschiedenen Aufstrichen.

Sven war sehr interessiert an Tatjanas Erzählungen über ihre Vergangenheit und wie es dazu kam, dass sie sich von Lars getrennt hatte.

„Bist du glücklich, jetzt ... Oder warum ist es soweit gekommen mit euch beiden?", fragte Sven neugierig.

Tatjana konnte ihm keine Antwort darauf geben, sie wusste selbst nicht genau, was passiert war. Sie war immer glücklich mit Lars gewesen. Sie dachte es zumindest, aber es fing alles an mit diesem Zusammenbruch wegen der Fehlgeburt.

„Ich war so geschockt ... wollte alles verdrängen, neu anfangen ... und schließlich war alles umsonst, oder?", fragte Tatjana mit Tränen in den Augen.

„Nein, nichts war umsonst. Wir wären uns zum Beispiel nie über den Weg gelaufen, du hättest Morten nie kennengelernt und nie dein Buch geschrieben. Außerdem ist sogar der Wunsch nach einem Kind in Erfüllung gegangen", versuchte Sven, Tatjana zu trösten.

Tatjana dachte eine Weile nach. Sven hatte recht, viele Pläne sind ihr erfüllt worden, zwar mit Umwegen und mit Stolpersteinen, aber dadurch haben sich auch wieder neue Türen aufgetan.

„Du hast mir die Augen geöffnet, und das ist gut so. Ich danke dir. Würdest du mich einfach in den Arm nehmen, ohne Hintergedanken? Ich brauche nur ein paar Streicheleinheiten."

Sven fiel es nicht schwer, Tatjanas Wunsch in die Tat umzusetzen. Er hatte sowieso schon daran gedacht, aber er wollte sich nicht aufdrängen.

Sie blieben eine Zeit lang fest umarmt in der Küche stehen. Tatjana war einen kleinen Moment sehr zufrieden und dachte nicht länger darüber nach, was morgen sein würde.

Die Liebe ist ein seltsames Spiel

Der Wonnemonat Mai begann. Es war ein wunderschöner sonniger Tag, ein leichter Wind wehte durch die blühenden Bäume und Sträucher, Bienen summten, und Schmetterlinge flatterten herum, als würden sie zusammen im Wind tanzen.

Tatjana saß auf der Terrasse und genoss einen Eistee. Sie dachte über den schönen Abend vor zwei Wochen nach, als Sven bei ihr war.

Sven war in der Nacht bei ihr geblieben. Sie lagen nackt nebeneinander im Bett und streichelten sich die ganze Zeit, es war wunderschön, Tatjana hatte auch nicht das geringste Problem, sich vor Sven zu entblößen, weil sie sich total von ihm akzeptiert fühlte.

Sven musste leider für eine Woche nach Norwegen. Er hatte noch einiges beim Dagbladet zu tun und wollte sich um die Veröffentlichung des Buches kümmern.

Tatjana wollte nach der Geburt auch nach Oslo fliegen. Sven würde sie abholen, meinte er, bevor er an jenem Abend ging.

Tatjana entspannte sich, und ein angenehmer Schauer lief ihr über den Rücken.

Plötzlich klingelte ihr Handy. Es war Lars, der immer noch keine Gelegenheit gehabt hatte, mit Tatjana zu sprechen.

„Hallo Tatjana, ich muss dich unbedingt treffen. Sei nicht so stur", meldete sich Lars.

„Also, ich kann mir doch denken, um was es geht. Das können wir auch jetzt klären. Ich weiß das von Sandy und dir und eurem Baby", sagte Tatjana, und es ließ sie ziemlich kalt, zu ihrer Überraschung.

„Ja, das habe ich mir schon gedacht, dass dein Bruder wieder getratscht hat. Aber ich will dich trotzdem noch mal persönlich sprechen, bitte!" Lars ließ nicht locker.

„Ich bin nicht mehr gut zu Fuß, dann komm hierher. Du musst sowieso noch einige Dinge abholen, und wir müssen über die Scheidung sprechen", sagte Tatjana kühl und entschlossen. Sie hatte keine Lust mehr auf Spielchen und war viel zu sehr verletzt mittlerweile, wegen Lars und Sandy.

Lars zuckte bei dem Wort „Scheidung" regelrecht zusammen, er hatte Tatjana noch nicht aufgegeben und dachte, sie würden sich vielleicht nach einiger Zeit wieder finden.

Nachdem Tatjana das Telefonat beendet hatte, merkte sie ein leichtes Ziehen im Unterleib, dem sie aber keine größere Beachtung schenkte. Sie machte sich im Badezimmer noch ein bisschen frisch und legte die CD „Headlines and deadlines" von a-ha auf, das brauchte sie jetzt.

Kurze Zeit später klingelte Lars schon an der Tür. Es war immer noch fremd für ihn zu klingeln, immerhin hatte er schon einige Jahre mit Tatjana hier zusammen gelebt und auch sehr schöne Zeiten in diesem Haus verbracht, das jetzt so fremd für ihn erschien.

Tatjana öffnete schnaufend die Tür und bat ihn hereinzukommen. Es fiel ihr heute besonders schwer zu gehen.

Lars ging mit ihr ins Wohnzimmer und setzte sich auf den Fernsehsessel. Gregor nutzte die Gunst der Stunde und sprang auf seinen Schoß, um gestreichelt zu werden.

„Möchtest du einen Kaffee?", fragte Tatjana anstandshalber.

„Ja, gern, aber bleib du sitzen, ich weiß ja noch, wo alles steht!", erwiderte Lars mit einem Lächeln.

Tatjana war es zwar nicht so recht, dass Lars sich immer noch wie zu Hause fühlte, aber sie war wirklich zu schwach auf den Beinen, um selbst aufzustehen.

Schließlich kamen die beiden zu einem angeregten Gespräch. Lars erklärte Tatjana, dass er mit Sandy niemals vorgehabt hatte, ein Kind zu bekommen, und dass er auch nicht mit ihr zusammenleben wollte.

„So, aber das ist ja nicht das Einzige, was mich verletzt hat. Wenn wir hier schon bei der Aussprache sind, dann hör mir mal gut zu. Hier ist eine DVD, die dir bestimmt sehr bekannt vorkommen wird." Tatjana hielt Lars die

DVD von Chris unter die Nase. „Bitte bediene dich. Du weißt ja bestimmt auch noch, wie der DVD-Player funktioniert, oder?", sagte Tatjana in schnippischem Ton.

Lars legte die DVD ein und war fassungslos. „Wer hat das gemacht? Wer hat dir das gegeben?" Lars kochte vor Wut.

„Ich wusste gar nicht, dass du jetzt in der Porno-Branche bist!", meinte Tatjana spöttisch.

„Das kannst du doch nur von Chris haben, oder?", wollte Lars wissen.

„Das spielt hier keine Rolle. Mich interessiert eher, warum du unbedingt mit Sandy ins Bett gehen musstest."

„Na, das sagt hier wirklich die Richtige. Oder wird Mr. Harket nicht gezählt?" Lars wurde laut.

„Du willst es wohl nicht kapieren, was? Da war nichts, und das Baby ist von dir!" Tatjana wurde auch zornig und giftete Lars immer mehr an.

Lars wollte gerade wieder zurückschreien, als Tatjana bemerkte, dass ihre Hose nass wurde.

„Hast du etwa in die Hose gepinkelt?", fragte Lars erstaunt.

„Nein … Ich glaube, meine Fruchtblase ist eben geplatzt!"

„Bleib ganz ruhig sitzen, ich werde den Krankenwagen rufen. Oder soll ich dich selbst fahren? Ach nein … also, wo ist noch mal das Telefon?" Lars war völlig verwirrt und durcheinander, Tatjana war es nicht recht, dass sie ausgerechnet jetzt das Baby bekommen würde und Lars sie womöglich noch begleiten müsste.

„Ruf doch Kati an, sie soll kommen. Und du gehst dann einfach heim zu deiner Sandy", sagte Tatjana, sie wollte cool wirken.

„Nein, ich werde dich begleiten, wir sind immerhin noch verheiratet. Wie ist noch mal die Nummer? 110 oder 112?" Lars hatte zittrige Knie.

„Wer bekommt denn jetzt das Baby, du oder ich? Wie soll ich mich denn jetzt entspannen bei deiner Hektik?", sagte Tatjana genervt.

„Ist ja schon gut, ich werde mich etwas runterfahren. Ich rufe jetzt den Notarzt an." Lars wählte die Nummer.

„Hallo? Bitte kommen Sie, meine Fruchtblase ist bei meiner Frau geplatzt … bei Sandberg … Nummer 124 … ja … nein, natürlich die Blase meiner Frau, sie ist schwanger, also beeilen sie sich … Wie bitte, zehn Minuten, das ist viel zu lange, geben sie Gas!", schrie Lars in den Telefonhörer hinein.

„Jetzt trink am besten mal einen Whisky. Und dann würde ich gern auch mal telefonieren", sagte Tatjana mit leidgeplagter Miene. Sie hatte Unterleibskrämpfe, es wurde ihr kalt.

„Morten kann doch so schnell jetzt nicht hier sein, oder ist er mal wieder auf Deutschland-Tour?", fragte Lars bissig.

„Den wollte ich jetzt nicht anrufen, du bist wirklich kein bisschen einsichtiger geworden. Ich will Kati sagen, dass sie kommen soll, damit ich endlich entspannen kann!" Tatjana riss langsam der Geduldsfaden.

„Tut mir leid, wollte dich nicht aufregen." Lars holte Tatjana das Telefon.

Kati war gerade nicht zu erreichen. Tatjana fiel ein, dass sie mit Patrick unterwegs war, in Heidelberg auf einem Rockkonzert für krebskranke Kinder und Jugendliche. Wahrscheinlich hörte Katrin ihr Handy dort nicht.

„Na toll, das wird spät, dann schreibe ich ihr wenigstens eine SMS", murmelte Tatjana in sich hinein.

„Lars, dann fahr du eben doch mit, aber nur mitfahren, und nicht mit in den Kreißsaal, verstanden?", forderte Tatjana ihn auf.

„Keine Angst, ich werde bei dir sein. Ich versuche nachher noch mal, Kati zu erreichen", beruhigte Lars Tatjana.

„Gib mir mal mein Handy, ich rufe noch Katis Mama an", befahl Tatjana. Sie war in keiner guten Stimmung mehr und brauchte jetzt seelische Unterstützung.

„Hallo Britta, kannst du ins Krankenhaus kommen? Es ist so weit. Lars bringt mich jetzt hin", erklärte Tatjana.

Britta beruhigte sie schon am Telefon: „Mach dir jetzt keine Sorgen, ich werde bald bei dir sein!"

Lars holte währenddessen die gepackte Reisetasche aus dem Schlafzimmer und bemerkte dabei auf Tatjanas Schreibtisch die Unterlagen für ihr Buch. Er schüttelte den Kopf, weil er es nicht begriff, warum Tatjana auch noch ein Buch schreiben musste, als wenn nicht das alles schon problematisch genug gewesen wäre.

Aber viel Zeit zum darüber Nachdenken hatte er nicht und beeilte sich, Tatjana schon mal zur Haustür zu bringen.

Tatjana war inzwischen leichenblass, und ihr war übel.

„Lars, ich glaub, mir ist schlecht, kannst du mir noch den Putzeimer bringen?", sagte sie schwer keuchend.

Lars wurde immer unruhiger, er hatte Angst, dass Tatjana womöglich noch ohnmächtig werden würde.

„Tatjana, bitte bleib jetzt ganz ruhig, ich hole dir einen Stuhl aus der Küche, da setzt du dich drauf, ich mache die Haustür auf, damit du frische Luft atmen kannst", sagte Lars nervös.

„Hast du auch meine Handtasche, da sind meine Krankenkassenkarte und mein Geld …?", fragte Tatjana.

Lars brachte alles, was Tatjana brauchte, und dann kam Gott sei Dank auch schon der Krankenwagen angefahren.

Tatjana wurde auf einer Liege in den Transporter gebracht, und der gleiche Arzt, der damals bei ihrer Fehlgeburt Einsatz hatte, sprach sie freundlich an.

„Schönen guten Tag, kennen wir uns nicht? Hat wohl doch noch geklappt mit dem Termin beim Klapperstorch, was?", fragte der Notarzt.

„Ja, nur dass es leider nicht von mir ist", nuschelte Lars in sich hinein, aber Tatjana konnte ihn verstehen.

„Lars, bitte tu mir einen Gefallen und fahre nicht mit. Du weißt, dass es keinen Sinn mehr macht, oder?", sagte Tatjana und war wütend auf ihn, weil er immer noch nicht glaubte, dass er der Vater war.

„Jetzt streiten sie sich doch nicht, sie werden heute noch Eltern. Was soll denn ihr Nachwuchs von Ihnen denken?", meinte der Arzt, sich einmischen zu müssen.

„Halten Sie sich da bitte raus, Sie wissen gar nicht, um was es hier gerade geht, Herr Doktor!", brüllte Tatjana fassungslos.

Lars bekam einen roten Kopf und gab dem Sanitäter die Reisetasche von Tatjana.

Er ging, ohne sich zu verabschieden, zu seinem Auto, fuhr los und sah im Rückspiegel Tatjanas schmerzverzerrtes Gesicht.

Er trat wie von Sinnen auf die Bremse und drehte mit dem Auto wieder Richtung Krankenwagen um.

„Ich kann sie jetzt nicht allein lassen, egal, von wem das Kind ist", dachte Lars und fuhr dann dem Krankenwagen hinterher.

Tatjana stöhnte und musste sich mehrmals auf der Fahrt in die Frauenklinik übergeben.

„Wie lange ist es noch?", fragte sie genervt.

„Wir sind eben erst losgefahren, junge Frau", sagte ein Sanitäter kaugummikauend und verständnislos.

„Na dann, danke für die optimistische Info, so genau wollte ich es gar nicht wissen!", schnauzte Tatjana den Sanitäter an.

Der Berufsverkehr war wieder mal brillant in Frankfurt, und so musste sich der Krankenwagenfahrer viele Wege bahnen, um nicht noch einen Unfall zu verursachen.

Lars war ihm dicht auf den Versen, und wurde wahrscheinlich öfter geblitzt, weil er gegen sämtliche Verkehrsregeln verstieß, er wollte nur in der Nähe von Tatjana sein und hatte seit Langem wieder das Gefühl, dass es noch nicht zu spät war für sie und ihn.

Britta war kurze Zeit später auch in der Klinik, sie hatte Räucherstäbchen und Aromaöle dabei und natürlich ihre Meditationsmusik mit Walgesängen.

„Hallo meine Liebe, ich hab alles dabei, mach dich ganz locker und denke an die Farben, die du dir ausgesucht hast", flüsterte Britta Tatjana ins Ohr, die gerade auf der Liege in den Aufzug gefahren wurde.

„Danke, Britta, ich bin so froh, dass du da bist", wimmerte Tatjana. Sie hatte langsam ein bisschen Angst vor der Geburt und hätte am liebsten bereits alles hinter sich gehabt und nicht vor sich.

Die Geburt

Lars lief vor dem Kreißsaal auf und ab wie ein wilder Tiger im Käfig.

Er wollte nicht mit hineingehen, weil Tatjana ihm gesagt hatte, dass sie sich dann nicht so entspannen könne.

Britta richtete sich häuslich im Geburtszimmer ein, auch wenn die Hebamme und der Arzt etwas pikiert reagierten, aber das interessierte Britta nicht, das war sie gewohnt.

„Guten Tag, ich bin hier die zuständige Hebamme für Sie. Mein Name ist Schwester Susanne, wir werden jetzt gleich die Geburt einleiten müssen, weil sie schon so viel Fruchtwasser verloren haben, Frau Sandberg", sagte die Hebamme ruhig. „Ihr Muttermund ist auch schon weit genug geöffnet, das ist sehr gut. Bitte versuchen Sie, sich jetzt nur auf ihre Atmung zu konzentrieren, und pressen sie, wenn ich es Ihnen sage, Sie haben doch bestimmt einen Schwangerschaftskurs gemacht, oder?", fragte Schwester Susanne und rechnete mit einem „Na klar."

„Nein, Elefantenturnen habe ich nicht gemacht, aber ich denke, das Baby wird seinen Weg auch so finden, oder nicht?", sagte Tatjana mit gepresster Stimme, weil sie gerade eine ziemlich unangenehme Wehe verspürte.

„Ja, das schon, aber es wird damit für Sie nun anstrengender", belehrte die Hebamme sie.

„Jetzt machen Sie der armen Frau keine Angst, ich werde ihr jetzt erst mal eine ayurvedische Entspannungsmassage machen und für friedliche Stimmung sorgen. Wo ist hier bitte ein CD-Player?" Britta unterstützte Tatjana und versuchte, ihr die Angst zu nehmen.

„Eigentlich ist das hier kein Geburtshaus. Sie dürfen hier keine Räucherstäbchen anzünden."

Die Hebamme war noch sehr jung und wollte Britta erklären, was sie in der Schule alles gelernt hatte.

„Ausnahmen bestätigen die Regel, oder? Also stellen Sie sich nicht an, hier geht es doch in erster Linie darum, dass sich die Patientin wohlfühlen kann, und dafür sorge ich jetzt, ob Sie wollen oder nicht", erklärte Britta und lächelte freundlich.

Tatjana merkte, dass die Wehen immer stärker wurden, und sie hatte langsam keine Geduld mehr.

„Ich will jetzt endlich pressen", schrie sie auf einmal verzweifelt.

„Ich werde dir jetzt eine Fußreflexzonenmassage geben, um die Wehen zu verlangsamen. Entspanne dich immer, wenn du gerade keine Wehe hast, und ich mache alles andere, meine Süße", sagte Britta mit sanfter Stimme.

Die Hebamme stand fassungslos neben ihr und schaute zu.

„Na, dann hab ich wohl jetzt Feierabend, oder?", meinte sie schließlich.

„Nee, Sie bleiben hier und warten, bis Frau Sandberg bereit ist, die Geburt in Empfang zu nehmen. Sie ist noch viel zu angespannt und muss erst einmal locker werden", sagte Britta und massierte Tatjana mit einem ayurvedischen Kräuteröl die Füße ein.

„Oh, das tut ja so gut. Ich schwebe gerade im siebten Himmel, Britta!", stöhnte Tatjana.

„Dann hab ich den richtigen Punkt gefunden. Und jetzt pressen, aber ganz langsam", empfahl Britta.

Schwester Susanne kochte einen Wehen-Tee, den Britta Tatjana geben wollte, damit sie weniger Schmerzen bei der Geburt empfand.

Im Hintergrund sangen die Wale ihre Musik auf der mitgebrachten CD von Britta, und der Geruch von Ylang-Ylang verzauberte den ganzen Raum. Es herrschte eine besondere Stimmung im Kreißsaal, die selbst Lars vor der Tür zu spüren bekam.

Irgendwann kam die Hebamme gut gelaunt auf Lars zu und fragte ihn, ob er der Vater des Kindes sei.

„Nein, das bin ich nicht, aber ich möchte meine Frau jetzt nicht allein lassen!", sagte Lars erstaunt und wunderte sich über Schwester Susanne, die mittlerweile total relaxed wirkte.

Langsam begann der Hauptteil der Geburt, Tatjana begann, leise zu stöhnen, so als hätte sie gerade einen Orgasmus, eher ungewöhnlich, aber die ganzen Entspannungsmethoden zeigten Erfolg.

„Tatjana, jetzt überlasse ich den letzten Teil Schwester Susanne, sie kennt sich besser bei der Austreibungsphase aus." Britta streichelte Tatjana über den Kopf.

„Aber du bleibst bitte hier in meiner Nähe, du bist so lieb, das kenne ich von meiner Mutter überhaupt nicht. Danke", schluchzte Tatjana.

Katrin war in der Zwischenzeit auf dem Benefizball in Heidelberg mit Patrick beim Tanzen.

„Ich gehe mal zur Toilette. Bin gleich wieder da", schrie Katrin Patrick ins Ohr.

Bei der Gelegenheit schaute sie auf ihr Handy und las die Nachricht von Tatjana.

„Um Gottes Willen, ich muss sofort nach Frankfurt!", murmelte Katrin vor sich hin, sie sprang von der Toilette auf, wie von einer Tarantel gebissen, und rannte zu Patrick.

„Ich fahre mit dem Taxi, hier ist mein Schlüssel, warte auf mich zu Hause. Tati bekommt gerade ihr Baby!" Katrin ließ Patrick gar nicht erst zu Wort kommen und verschwand zur Garderobe, um ihren Mantel zu holen.

Ein Taxi stand vor der Halle bereit, und Katrin sprang hinein.

„Bitte so schnell sie können zur Frauenklinik nach Frankfurt! Ich bezahle das Doppelte, wenn sie ordentlich Gas geben."

„Na, dann schnallen Sie sich mal an, gnädige Frau", sagte der Taxifahrer mit rauchiger Stimme.

Er war einer von der Sorte, der seinen Beruf zum Hobby gemacht hatte: den ganzen Tag Autofahren, den Leuten sein Leid klagen und rauchen.

Katrin war es schon schlecht von dem Gestank, aber sie wollte ganz schnell zu ihrer besten Freundin und ihr einfach beistehen.

Lars war sehr nervös und konnte sich nicht mehr konzentrieren, er war froh, als Katrin kurze Zeit später eintraf und mit ihm redete.

„Hi Lars, ist mit Tati alles in Ordnung? Ich hab eben erst die Nachricht gelesen." Katrin war mindestens genauso aufgeregt wie Lars und begrüßte ihn mit einer herzlichen Umarmung.

„Schön, dass du hier bist. Deine Mutter ist schon die ganze Zeit bei Tati. Sie ist ihr eine große Hilfe, mehr als es ihre eigene Mutter je sein wird", sagte Lars.

„Okay, das ist gut so, dann brauchst du dir keinen Kopf zu machen. Sie haben einen guten Draht miteinander, fast wie Seelenverwandte." Katrin lächelte erleichtert, weil sie wusste, wie gut sich ihre Mutter mit Tatjana verstand.

„Ja, so wie dieser Morten. Er hat ja wohl auch einen besonderen Draht zu Tati", meckerte Lars.

„Das stimmt, aber mehr als einen Draht auch nicht, Lars. Das solltest du auch wissen!", protestierte Katrin.

Plötzlich klingelte Tatjanas Handy. Lars hatte ihre Handtasche noch in der Hand.

Er holte es heraus und meldete sich.

„Hallo, hier ist Sven. Mit wem habe ich die Ehre, bitte?" Sven war mittlerweile wieder in Frankfurt. Er wollte Tatjana zu Hause überraschen, aber sie war nicht anzutreffen.

„Und hier spricht Lars. Ich glaube, wir hatten schon einmal kurz das Vergnügen, oder?", entgegnete Lars mit tiefer Stimme, um besonders männlich zu wirken.

„Kannst du mir bitte sagen, wo Tatjana steckt?", fragte Sven freundlich.

„Sie ist hier bei mir, also, nein … Ich meine, sie ist mitten beim Pressen, das Baby kommt, und ich bin hier und warte", stotterte Lars, er war immer noch sehr nervös.

„In welcher Klinik?" Sven wollte unbedingt dazu kommen. Lars zögerte, ihm den Weg zu erklären, doch Katrin brachte Lars schließlich doch dazu, es zu tun.

Zwanzig Minuten später stand Sven auch vor der großen Tür des Kreißsaales.

„Hallo, wie sieht es aus, ist es schon da?", wollte Sven neugierig wissen.

Katrin und Lars hatten aber auch keine Ahnung und warteten noch auf Neuigkeiten von der Hebamme oder von Britta.

Wenn Tatjana gewusst hätte, dass inzwischen schon zwei Männer draußen auf sie warteten, hätte sie sich bestimmt irgendwo verkrochen, aber sie musste noch ein bisschen pressen.

„So, Frau Sandberg, ich kann das Köpfchen schon sehen, wollen sie mal fühlen?", fragte Schwester Susanne begeistert.

„Wie, was, wo ... Ich ... um Gottes Willen, ich will gar nicht erst wissen, was da zwischen meinen Beinen ist, es soll einfach nur raus, ich kann nicht mehr!", stöhnte Tatjana.

Britta nahm ihre Hand und sprach Tatjana erneut Mut zu. „Du hast noch Kraft, gleich hast du deinen süßen Wonneproppen im Arm und kannst stolz auf dich sein."

Darauf löste sich in Tatjana ein riesengroßer Urschrei, den sie nicht zurückhalten konnte. Sie dachte, es zerreißt sie innerlich, der Schmerz war überwältigend.

„Sie haben es geschafft! Es ist ein kleines, süßes Mädchen! Herzlichen Glückwunsch!", rief die Hebamme voller Freude, denn es war auch die erste Geburt, die sie begleitete.

Tatjana kamen die Tränen, als sie das kleine, verschmierte Bündel auf ihrem nackten Bauch liegen sah. Sie konnte es nicht glauben, dass sie die Mutter war. Sie hatte tatsächlich ein Baby zur Welt gebracht, sie war so unbeschreiblich glücklich.

„Oh Tatjana, dieses wunderbare Geschöpf ist eindeutig die Tochter von Lars. Ich werde ihn holen, damit er sich auch freuen kann", sagte Britta.

Tatjana war sich nicht sicher, ob das eine gute Idee war, aber sie hatte keine Kraft mehr, noch viel darüber nachzudenken, und ließ alles einfach geschehen.

Lars kam mit Katrin und Sven kurze Zeit später ins Zimmer, und sie staunten alle drei über das kleine Mädchen.

„Herzlichen Glückwunsch zu deinem Baby", sagte Lars.

„Zu eurem Baby", mischte sich Britta ein.

„Ich finde sie wirklich süß!" Sven drängte sich vor zu Tatjana und gab ihr einen Kuss auf den Mund. Er wollte Tatjana ein bisschen aufheitern, sie sah sehr traurig aus, als Lars wieder behauptete, es wäre nicht sein Kind.

Katrin umarmte ihre Freundin und wischte ihr die Tränen ab.

„Mensch, du bist jetzt Mama, jetzt freu dich und lass die anderen denken, was sie wollen, eins steht auf jeden Fall fest: Du allein bist die Mama von diesem süßen Käferchen", freute sich Katrin und warf Lars einen triumphierenden Blick zu.

Lars kam sich fehl am Platz vor. Er verabschiedete sich und ging dann einfach.

Britta folgte ihm zum Ausgang. „Lars, bitte glaub weiter an euch, das muss sich eben alles erst wieder einrenken. Bekommt diese Sandy eigentlich wirklich ein Kind von dir?"

„Ja, und ich weiß auch nicht mehr, wo mir der Kopf gerade steht." Lars war erschöpft und wollte nur noch in sein Bett, auf Sandy hatte er auch keine Lust. Er hatte gerade sein Handy in der Hand, um es auszuschalten, da klingelte es.

„Hallo Lars, wo steckst du denn? Du wolltest doch zu mir kommen, ich koche extra deine Lieblingsnudeln mit Pesto." Es war Sandy, sie war geladen, weil sie Lars erst jetzt erreichen konnte.

„Sei mir jetzt nicht böse, aber ich will einfach nur allein sein heute Abend. Tati hat gerade ihr Baby bekommen. Wir telefonieren morgen, mach es gut!" Lars schaltete sein Handy ab, er hatte Tränen in den Augen, weil ihm jetzt bewusst wurde, dass all seine Träume gerade zerplatzten. Er hatte sich doch immer ein friedliches, glückliches Leben mit Tatjana gewünscht. Sie wollten viel verreisen, ein Baby hatten sie sich gewünscht, aber Lars war weiterhin fest davon überzeugt, dass Tatjana mit Morten geschlafen hatte und dass das Kind auch von Morten war.

Er fuhr nach Hause in seine Wohnung.

Sandy rief sofort bei Chris an, um ihm zu berichten, dass er Onkel geworden war.

„Hallo Chris, fahr ins Krankenhaus, das Baby von Tatjana ist da. Lars ist total deprimiert, du musst mir helfen, bitte!" Sandy versuchte wieder, böse Pläne zu schmieden.

„Okay, ich rufe dich später an, meine Süße. Das wird schon wieder", sagte Chris und freute sich, Lars wieder Steine in den Weg legen zu können. Er war gerade aus London zurückgekommen, von seinem neuen Freund, und hatte ein paar Wochen Urlaub, bis die Theatersaison wieder begann.

Tatjana wurde in ein Zimmer verlegt, in dem auch ihre kleine Tochter in einem Bettchen neben ihr schlafen konnte. Das wünschte sie sich. Katrin war noch ein wenig bei ihr und freute sich mit ihrer Freundin, dann ging sie nach Hause, es war schon spät, und Patrick würde auf sie warten.

Sven hielt Tatjanas Hand.

„Du siehst so bezaubernd aus. Hast du Lust, mit mir nach Oslo zu kommen?", fragte Sven gerührt.

„Was … Wie meinst du das?" Tatjana verstand nicht, was Sven von ihr wollte.

„Bei mir in Oslo leben mit deiner reizenden Tochter, meine ich. Ich hab mich total in dich verliebt!" Sven küsste Tatjana leidenschaftlich.

Tatjana konnte nichts mehr sagen, das war wirklich zu viel Glückseligkeit auf einmal.

Doch in diesem Moment des Friedens stolperte ihr Bruder Chris herein. Er wusste, wann es Zeit war zu stören.

„Hallihallo, meine Liebe. Lass mich mal die neue Erdenbürgerin bewundern", begrüßte er Tatjana.

Als Chris das kleine eingepackte Bündel im Bettchen liegen sah, war er so berührt, dass all seine bösen Gedanken verschwanden, denn auch er wünschte sich Kinder. Leider war das bei Homosexuellen mit eigenen Kindern ja etwas komplizierter, fast unmöglich.

Immerhin war er jetzt Onkel von diesem zarten, kleinen Geschöpf.

Tatjana bemerkte, dass ihr Bruder Tränen in den Augen hatte.

„N,a Bruderherz, da staunst du wohl. Hast du mir so etwas Süßes nicht zugetraut?", fragte sie und zwinkerte Chris zu.

„Sie ist so wunderschön, wirklich Schwesterlein, da könnte man wirklich die Welt um sich herum vergessen. Herzlichen Glückwunsch", sagte Chris bewundernd, und Tatjana glaubte ihm seit langer Zeit zum ersten Mal, dass er es ernst meinte.

„Danke, Chris, schön, dass du hierher gefunden hast. Mutter ist ja mal wieder verreist, sie wäre ja sowieso nicht gekommen, wie ich sie kenne!"

Sven stellte sich dann Chris vor. Dazu war er noch gar nicht gekommen vor lauter Begeisterung des Babys wegen.

„Hallo Chris, ich bin Sven. Schön, dich mal kennenzulernen, ich kannte dich bis jetzt nur aus einigen Beschreibungen in Tatjanas Buch, das ich ins Norwegische übersetzt habe."

„Hi, und du bist jetzt Tatis neuer Freund?", wollte Chris neugierig wissen.

Tatjana versuchte aber gleich, der Frage geschickt aus dem Wege zu gehen, bevor Sven noch etwas sagen konnte, denn sie war sich noch über nichts im Klaren.

„Stell dir vor, Chris, wie die Kleine heißen soll. Marie, wie findest du den Namen?", fragte Tatjana.

„Beautiful, Darling. So hieß doch immer deine Lieblingspuppe, die dir Omi geschenkt hatte, oder?" Chris war völlig aufgedreht, er fragte, ob er Marie mal halten dürfe.

„Ja klar, nimm sie vorsichtig aus dem Bettchen, ich denke, sie hat auch bestimmt bald noch mal Hunger!" Tatjana freute sich, endlich mit ihrem Bruder normal reden zu können. Es war wohl die Magie der kleinen Marie, die Chris und Tatjana wieder ein bisschen näher zusammenbrachte.

„Danke, Schwesterherz, es tut mir leid, was alles passiert ist in den letzten Monaten. Vielleicht können wir aber wieder einen Weg zueinander finden, es wäre fabelhaft, meine Süße. Du siehst übrigens richtig gut aus, obwohl du nicht geschminkt bist!" Chris lachte und hatte nur noch Augen für die kleine Marie.

Tatjana war erstaunt über die Worte ihres Bruders. „Er kann manchmal auch richtig nett sein", dachte sie.

Irgendwann kam eine Krankenschwester in das Zimmer und bat den Besuch, bitte langsam nach Hause zu gehen, die Besuchszeit war zu Ende.

„Und wirst du dich bald entscheiden können?", fragte Sven, bevor er ging.

„Lass mir noch Zeit, ich kann momentan nichts dazu sagen, aber es ist nicht völlig ausgeschlossen für mich. Danke, dass du gekommen bist!", sagte Tatjana zu Sven und küsste ihn.

Chris blieb noch einen kurzen Augenblick.

„Ist das dein neuer Freund?", wollte er wieder wissen.

„Weiß ich noch nicht, jedenfalls ein guter Freund. Mal sehen, Lars ist ja jetzt fest mit Sandy zusammen, das ist vorbei. Ich werde die Scheidung bald einreichen." Tatjana blickte ihre Tochter an und flüsterte ihr ins Ohr: „Wir beide schaffen das auch ohne männliche Unterstützung."

Stimmungsschwankungen

Tatjana konnte nach zwei Tagen Krankenhausaufenthalt wieder nach Hause. Katrin holte sie und die kleine Marie ab.

„Hallo ihr Süßen, wie geht es euch?", fragte Katrin freudig.

Tatjana war nicht so gut drauf. Sie war müde und erschöpft, weil sie die ganze Zeit nachgedacht hatte, wie es weitergehen sollte.

Katrin merkte sofort, dass etwas mit ihrer Freundin nicht stimmte und sprach sie an. „Ist was nicht in Ordnung?"

„Ich könnte nur heulen, und bin so fertig … weiß einfach nicht, was jetzt aus uns werden soll", begann Tatjana zu jammern.

Katrin nahm ihr die kleine Marie ab und bot ihr an, für ein paar Tage bei ihr zu wohnen, dass sie ihr ein bisschen helfen konnte.

„Würdest du das wirklich tun? Das wäre echt superlieb von dir, Kati." Tatjana bedankte sich bei Katrin mit einer Umarmung, als sie im Auto saßen.

Marie schlief gerade ein.

Katrin legte „Hunting high and low" in ihren CD-Player ein, um Tatjana etwas aufzumuntern.

„Ach ja, Morten will ich ja auch noch Bescheid geben. Er weiß noch gar nicht, dass Marie auf der Welt ist", sagte Tatjana aufgeregt.

„Dann ruf ihn doch gleich an, wenn wir bei dir sind, ich kümmere mich um Marie." Katrin wollte Tatjana nur noch auf andere Gedanken bringen, damit sie nicht so viel grübeln würde.

„Danke, dass du für mich da bist." Tatjana hatte wieder Tränen in ihren Augen.

„Vielleicht hast du auch so eine postnatale Depression, das haben viele Frauen nach der Geburt, wegen den Hormonen", versuchte Katrin, einen sachlichen Grund zu nennen.

„Ja, meine Frauenärztin meinte das auch."

Zu Hause bei Tatjana kochte Katrin einen Lavendeltee und holte einen frischgebackenen Kuchen aus dem Vorratsschrank, den sie schon für Tatjana vorbereitet hatte.

Gregor freute sich auch, endlich sein Frauchen wieder bei sich zu haben. Marie war für ihn auch sehr interessant, er schnupperte sie überall ab und legte sich dann neben ihre Wiege, als wolle er sie bewachen.

Tatjana nahm nach dem Teetrinken erst einmal eine ausgiebige Dusche und cremte sich mit der neuen Körperlotion mit dem besonderen Duft von Sandelholz und Orchideen ein, das gab ihr wieder ein bisschen positives Lebensgefühl.

„Rufst du jetzt Morten an?", fragte Katrin, die Marie gerade in ihren Armen hielt und mit ihr schmuste.

„Ja, jetzt geht es mir auch wieder besser. Ich versuche, ihn mal zu erreichen!"

Tatjana gab die gespeicherte Nummer in ihr Handy ein. Morten meldete sich gleich.

„Hi, hier ist Tati. Ich bin jetzt Mama von einer bezaubernden kleinen Tochter. Sie heißt Marie!", sagte Tatjana aufgeregt.

„Oh, wie schön, das zu hören, geht es euch gut?", fragte Morten

„Na ja, es geht so, hab noch leichte Stimmungsschwankungen, die Hormone müssen erst mal wieder an ihren richtigen Platz finden." Tatjana erzählte ein wenig von ihren Heulattacken.

„Ja, das ist aber nichts Bedenkliches. Inez hatte das auch nach der Geburt von Karmen." Morten reagierte sehr verständnisvoll. „Wann kommt ihr uns in Saetre besuchen?", wollte er wissen.

„Vielleicht in vier bis sechs Wochen, wenn die Kleine sich ein bisschen eingewöhnt hat", antwortete Tatjana.

„Wir freuen uns schon auf euch. Wir telefonieren bald wieder. Ich schreibe gerade an ein paar neuen Songs."

„Okay, dann will ich dich nicht länger davon abhalten. Sag Inez auch liebe Grüße von mir." Tatjana wollte das Gespräch beenden.

„Du störst nicht. Aber wir haben bestimmt bald Gelegenheit, noch mal ausführlicher zu telefonieren. Ich freue mich auf dich und auf Marie, bleibt gesund und munter bis dahin." Morten verabschiedete sich.

Katrin war neugierig und wollte wissen, was Morten erzählt hatte.

Tatjana war noch benommen. Seine Stimme brachte sie in Wallungen, er hatte sie wieder einmal verzaubert mit seinen Worten.

„Er ist einfach ein toller Mensch, Kati. Dieses Charisma, einfach einmalig", sagte Tatjana mit einem verträumten Blick, aber sie spürte auch gleichzeitig, dass Morten nicht der Mann an ihrer Seite sein würde, mit dem sie leben würde. Das passte nicht.

Er war für sie zwar immer noch der Teenietraum, aber auch mit der Zeit ein enger Freund geworden, den sie nie mehr missen wollte.

„Magst du dich heut Abend nicht mal verabreden, mit Sven? Ich glaube es würde dir guttun", fragte Katrin.

„Was ist mit Marie? Sie braucht mich doch jetzt, oder?", antwortete Tatjana unsicher.

„Aber sie braucht eine Mutter, die zufrieden ist und neue Energie hat. Hab also kein schlechtes Gewissen, und ruf Sven an, meine Süße!" Katrin machte sich Sorgen um ihre Freundin, sie sah so erschöpft und traurig aus.

Tatjana ging noch an diesem Abend mit Sven essen. Sie war sehr aufgeregt, als er sie abholte.

Sie gingen indisch essen. Tatjana stand fast eine Stunde vor ihrem Kleiderschrank, weil sie nicht wusste, was sie anziehen sollte. Nichts passte ihr richtig.

Ihre Brüste waren fast um das Doppelte größer geworden, sie kam sich vor wie eine Kuh, weil die Milch dauernd drohte, aus ihren Brüsten zu laufen. Sie musste die Milch noch abpumpen, bevor sie ging, damit Katrin dann Marie die Flasche geben konnte.

Für ein Rendezvous fühlte sich Tatjana nicht attraktiv genug, sie wählte einfach Jeansleggings und ein Longshirt, das sie etwas schmaler wirken ließ.

Sven hatte aber trotzdem nur Augen für Tatjana. Er war fasziniert von ihrer Ausstrahlung, ihrem Lächeln und ihrer Art.

„Du bist so wunderschön, Tatjana", sagte er, als er ihr im Restaurant gegenübersaß.

„Findest du? Kann ich gerade nicht von mir behaupten, ich fühle mich wirklich nicht wohl in meiner XXL-Kleidung. Aber ich habe ja auch gerade erst ein Kind bekommen." Tatjana zupfte sich verlegen an ihrem Shirt herum und bekam rote Wangen.

„Nein, du bist eine tolle Frau, und ich kann Morten gut verstehen, dass er sich so gut mit dir unterhalten kann und von dir so begeistert ist. Das passiert ja auch nicht jeden Tag, dass sich ein Star mit einem Fan so einfach mal gut versteht und private Kontakte entstehen, oder?" Sven lächelte Tatjana an und nahm ihre Hand, seine blauen Augen leuchteten im Kerzenschein, und Tatjana hatte ein Kribbeln im Bauch, das sie abzustellen versuchte. Sie wollte sich jetzt nicht verlieben.

„Ich bin jetzt Mama und habe Verantwortung für Marie, das Leben ist jetzt anders", dachte Tatjana.

Sven merkte, dass sie verkrampft aussah, und streichelte ihre Hände.

„Lass dir Zeit, ich werde dich zu nichts drängen, aber ich wäre der glücklichste Mann, wenn du mit mir nach Oslo gehen würdest", sagte Sven.

Tatjana fühlte sich durch Svens Worte wieder als Frau. Sie war jetzt Mutter, und trotzdem wurde sie von einem Mann begehrt, auch wenn sie gerade ein bisschen viel auf den Hüften sitzen hatte. Aber sie hatte noch ihren Charme, ihre ganz eigene Ausstrahlung, sie war eine sehr attraktive

Frau dadurch geworden, dass sie ein Kind bekommen hatte und ihre Träume verwirklichte. Das machte sie selbstbewusster und interessant.

„Ach Sven, wie wäre es, wenn du mich jetzt nach Hause fährst und heute Nacht bei mir bleibst?" Tatjana konnte nicht mehr klar denken, der Satz sprudelte einfach so aus ihrem Mund heraus. Sie wollte heute Nacht Sven in ihrer Nähe haben, ihn spüren.

Sven schaute Tatjana fassungslos an, denn damit hätte er als Letztes gerechnet. Er war sofort mit der Einladung einverstanden. „Und du bist dir sicher, dass ich bei dir schlafen soll?", fragte er noch mal, um sich zu vergewissern, dass er auch nicht geträumt hatte.

„Ja, das bin ich, und wie", sagte Tatjana fest entschlossen und lächelte Sven an.

Sie bezahlten kurz darauf und fuhren zu Tatjana. Im Auto machte Sven „Wild seed" an, eine CD von Morten Harket, die er noch von früher hatte. Morten brachte sie in den 90er-Jahren heraus, als er seine erste Solo-Karriere nach der ersten Trennung von a-ha startete.

Tatjana war sehr angetan davon, da sie wohl einen ähnlichen Musikgeschmack hatten.

Sie sang verträumt mit, als das Lied „Lay me down tonight" spielte. Es war eher ein melancholischer Song, und Tatjana musste auf einmal sehr stark an Lars dabei denken. Was würde er wohl gerade machen? Ob er mit Sandy zusammen auf dem Sofa liegen würde und einen Film sah?, dachte Tatjana.

Aber Lars war allein in seinem Bett und dachte auch an Tatjana. Er hatte sie wohl endgültig verloren. Er war auf sich selbst sauer, weil er sich damals auf Sandy eingelassen und Morten ihm Tatjana weggeschnappt hatte, so war immer noch seine Theorie.

Er war kurz davor, bei Tatjana anzurufen, aber da klingelte es schon bei ihm an der Tür.

Wer denn noch so spät zu ihm wollte, fragte sich Lars und ging in seinen Schlafshorts, der Oberkörper nackt, an die Haustür.

Als er öffnete, stand Sandy mit verheulten Augen vor ihm.

„Kann ich reinkommen? Ich fühle mich so einsam", sagte Sandy.

Lars konnte sie nicht so stehen lassen und bat sie dann schließlich herein, auch wenn er überhaupt keine Lust auf Sandy hatte.

„Warum weinst du denn?", fragte er.

„Da fragst du noch, denkst du ich bin blöd? Ich merke doch, dass du noch was von Tatjana willst", klagte Sandy und putzte sich laut die Nase.

„Was soll denn das jetzt? Wir haben doch schon darüber geredet, wir schauen erst einmal, wie es jetzt wird, wenn das Baby da ist. Ich weiß nicht, ob wir zusammen passen, Sandy", sagte Lars.

„Aber du bist doch eigentlich ein verantwortungsbewusster Mann. Lass mich jetzt nicht hängen, ich liebe dich doch", jammerte Sandy hysterisch.

Lars nahm sie in die Arme und streichelte ihr über den Kopf, aber er empfand nichts für sie. Er merkte mehr und mehr, dass er Tatjana noch liebte.

Bei Tatjana sah das momentan ein bisschen anders aus. Sie war einfach zu sehr enttäuscht von Lars und konnte für ihn nichts außer Wut und Enttäuschung empfinden, auch wenn sie oft an Lars denken musste.

Aber Sven war für sie die reine Wohltat. Er gab ihr so viel Liebe und positive Aufmerksamkeit, und vor allem fand er es total gut, dass Tatjana das Buch schrieb, über Morten und sie. Er hatte das vollste Verständnis für sie und zeigte ihr auch immer wieder, wie begeistert er von ihr war.

Genau das brauchte Tatjana jetzt.

Tatjana nahm Sven an die Hand, als sie bei ihr zu Hause ankamen.

„Komm, wir trinken noch ein Glas Wein zusammen und hören Musik. Ich möchte mich in deine Arme kuscheln, ist das für dich okay?", fragte Tatjana und schaute Sven verliebt an.

„Natürlich, ich bin so glücklich, wenn ich in deiner Nähe bin, das weißt du doch. Sonst hätte ich dich nicht wegen Oslo gefragt", sagte Sven.

Katrin hatte Marie inzwischen zum Schlafen in die Wiege gelegt und machte es sich auf dem Gästebett nebenan mit einem Buch gemütlich.

Tatjana bat Sven, schon mal im Wohnzimmer auf dem Sofa Platz zu nehmen, sie wollte Katrin noch Bescheid geben.

„Hallo Kati. Sven ist noch da. Ist mit meiner kleinen Marie alles in Ordnung?", fragte Tatjana besorgt im Flüsterton, um Marie nicht zu wecken.

„Mach dir keine Sorgen, Liebes. Wir zwei kommen schon klar. Ich genieße es, mal Mama zu spielen, und du geh jetzt zu Sven, es wird dir so guttun", flüsterte Kati zurück und lächelte.

Tatjana ging aber vorher noch ins Bad, um sich ein wenig frisch zu machen.

Sven legte sich auf das große Sofa und wartete sehnsüchtig auf Tatjana.

„Ich hole noch den Rotwein aus dem Keller, bin sofort da. Mach du schon mal die Musik an", sagte Tatjana zu Sven.

Sie suchte den besten Wein aus, den sie noch in ihrem Vorrat hatte.

Sven legte die CD von Morten auf, die Tatjana so gern hörte und drückte Lied Nummer fünf „With you – with me." Das liebte Tatjana besonders.

Als sie ins Wohnzimmer kam, hörte sie, welches Lied spielte, und sie bekam eine Gänsehaut.

„Du bist so ein Schatz. Ist es dir denn nicht unangenehm, mit mir dieses Lied zu hören?", fragte Tatjana.

„Warum? Ich weiß doch, was ich von dir und Morten halten soll. Ihr seid einfach gute Freunde geworden, oder nicht?", sagte Sven mit einem vertrauten Lächeln.

Tatjana setzte sich zu ihm auf das Sofa und küsste ihn zärtlich.

Sven erwiderte ihre Küsse leidenschaftlich, er umarmte sie und knabberte an ihrem Ohrläppchen. Davon bekam Tatjana noch mehr Kribbeln in ihrem Bauch, sie zog sich das Shirt aus und flüsterte in Svens Ohr: „Ich würde gern mit dir schlafen, aber es geht noch nicht, hab noch Nachblutungen von der Geburt."

„Ich weiß, meine Liebste, das holen wir einfach nach, wir haben alle Zeit der Welt."

„Aber wir können ins Schlafzimmer gehen und uns nackt ausziehen, kuscheln?", fragte Tatjana.

Sven war damit einverstanden, er war sehr erregt und musste sich konzentrieren, um nicht über Tatjana herzufallen.

Sie schlichen leise ins Schlafzimmer, Sven stand nackt vor Tatjana. Er war sehr sportlich, gut gebaut.

Auch Tatjana fiel es schwer, ihn nicht zu vernaschen.

Schließlich lagen sie nackt nebeneinander und küssten sich wie zwei Teenager. Sven legte sich auf Tatjana, er stützte sich mit den Ellbogen ab, um nicht zu schwer zu sein, dadurch konnte Tatjana seine Muskeln an den Armen fühlen.

„Ich werde mit nach Oslo gehen, aber erst nur für eine gewisse Zeit. Ich kann hier nicht alle Zelte sofort abbrechen, das verstehst du doch, oder?", hauchte Tatjana Sven ins Ohr.

„Ja, das ist völlig in Ordnung, Hauptsache, du bist in meiner Nähe, ich brauche dich. Ich glaube, ich war noch nie so verliebt in jemanden wie in dich, Tati", schwärmte Sven.

Tatjana fühlte sich sehr wohl und schloss die Augen, als Sven sie am ganzen Körper küsste. Er war sehr zärtlich, das gefiel Tatjana, und sie vergaß für den Augenblick alles andere um sich herum.

Jedoch holte Marie sie bald auf den Boden der Tatsachen zurück. Sie schrie und ließ sich von Katrin auch nicht mehr beruhigen. Also streifte sich Tatjana schnell ihren Morgenmantel über und ging ins Kinderzimmer.

„Ich bin ja da, mein Schatz", beruhigte Tatjana die kleine Marie und nahm sie in den Arm.

„Schlaf du ruhig weiter, Kati. Du hast schon genug getan heute, danke auch!" Tatjana lächelte Katrin an.

„Das ist auch okay, ich hätte euch gern ein bisschen mehr Zeit gelassen, aber leider kann ich Marie nicht stillen", entgegnete Katrin und grinste zurück.

Tatjana setzte sich mit Marie ins Wohnzimmer in ihren gemütlichen Sessel, machte leise Musik von Morten an und gab ihrer kleinen, hungrigen Tochter die Brust.

Sven kam nach einer Weile dazu. Er setzte sich auf den Boden und schaute verträumt zu, wie die kleine Marie an Tatjanas Brust saugte.

„Sie ist so süß. Wie du", sagte Sven zu Tatjana und warf ihr einen Handkuss zu.

Tatjana lächelte und fühlte sich sehr geborgen bei Sven.

Am nächsten Morgen machte Katrin ein Frühstück für alle. Sie hatte einen kurzen, aber dafür guten Schlaf gehabt, im Gegensatz zu Tatjana, die ihre kleine Marie nach dem nächtlichen Stillen mit in ihr Bett nahm und sie in die Mitte legte. Daneben machte es sich dann später auch noch Katerchen Gregor gemütlich, das Liebesnest wurde so kurzerhand in ein Familienbett umfunktioniert, was aber keinen störte.

Einen Versuch ist es immer wert

Es vergingen einige Wochen. Marie wuchs und gedieh, Tatjana und Sven sahen sich jeden Tag, und Katrin war am Wochenende meistens mit Patrick verabredet.

Sandy bereitete sich langsam auf die Geburt vor. Sie war deprimiert über ihre Figur, mittlerweile hatte auch sie einen kugelrunden Bauch, auch wenn sie sich fast nur noch von Obst und Rohkost ernährte, weil sie so wenig wie möglich zunehmen wollte.

Lars bekam oft ihre Launen zu spüren, wenn er sie abends besuchte. Eigentlich wollte er nicht so oft zu ihr kommen, aber Sandy redete ihm permanent ein schlechtes Gewissen ein, und so ließ er sich oft überreden.

Tatjana hatte den Kontakt zu Lars mehr oder weniger ganz abgebrochen. Die Scheidung lief über ihren Anwalt. Sie wollte Lars nicht mehr sehen, denn das tat ihr zu sehr weh. Auch er meldete sich nicht oder erkundigte sich mal nach Marie. Das verletzte Tatjana besonders, dass Lars immer noch glaubte, Marie wäre nicht seine Tochter.

Tatjana packte einige große Taschen zusammen für die Reise nach Oslo. Sven würde sie in zwei Stunden zu Hause abholen.

Katrin kümmerte sich währenddessen um Marie und versuchte, Gregor aus seinem Versteck zu locken. Der hatte sich unter das Sofa verkrochen, weil er ahnte, dass etwas Ungewohntes nahte.

Katrin wollte ihn eigentlich für die Zeit, die Tatjana in Oslo sein würde, mit zu sich nach Hause nehmen, aber Gregor machte Tatjana so ein schlechtes Gewissen, dass sie ihn schließlich doch mitnehmen musste. Sie konnte nicht anders, als Gregor einige Tage vor der Reise ständig dieses „Ich armer alter Kater"-Gesicht aufsetzte. Es war aber nicht so einfach, noch die ganzen Tierimpfungen und Einreisebescheinigungen vom Tierarzt zu besorgen, denn in

Norwegen war es nicht so leicht, Tiere aus dem Ausland mitzubringen.

„Ich kann meinen schwarzen Rock nicht finden. Ich werde doch nie fertig", maulte Tatjana vor sich hin.

„Hier liegt er doch." Katrin hob den Rock vom Boden auf und amüsierte sich über ihre Freundin, die das Chaos mal wieder perfekt beherrschte.

„Übrigens wollte meine Mutter sich noch bei dir verabschieden, sie wird bald hier sein", bemerkte Katrin.

„Schön, dann kann sie mir gleich noch mal ein kurzes Reiki verabreichen. Ich bin total erschöpft und könnte ein paar heilende Hände jetzt gut gebrauchen." Tatjana atmete auf und freute sich auf Britta.

Es klingelte kurz darauf an der Tür.

„Ich gehe schon, packe du in Ruhe weiter." Katrin lief zur Haustür.

Es war Chris, er war völlig überdreht.

„Wo ist mein Schwesterherz? Will sie denn wirklich nach Oslo?" Chris hatte Tränen in den Augen.

Er ging ins Haus und steuerte gleich das Schlafzimmer an, wo er Marie weinen hörte.

„Hallo ihr bezaubernden Damen. Ich kann Marie gern nehmen!" Ohne eine Antwort abzuwarten, nahm Chris die Kleine auf den Arm.

„Du, Chris, ich habe jetzt keine Zeit, Sven holt mich in einer Stunde schon hier ab. Tut mir leid!" Tatjana hatte keine Lust, jetzt noch lange mit ihrem Bruder zu reden. Sie hatten zwar seit einiger Zeit wieder etwas besseren Kontakt, aber das Verhältnis zwischen ihnen war noch lange nicht das beste.

Chris verzog das Gesicht wie ein kleiner Junge, dem man sein Spielzeug weggenommen hatte. Er hatte sich erhofft, dass er Marie jetzt öfter besuchen könnte, sie war ihm sehr ans Herz gewachsen.

„Wie lange bleibt ihr denn jetzt in Norwegen?", fragte er neugierig.

„Ich denke, erst einmal sechs Wochen, dann sehen wir, wie es weitergeht. Warum fragst du?", wollte Tatjana wissen.

Chris zögerte erst ein wenig, dann antwortete er mit schluchzender Stimme: „Es tut so weh, wenn ihr geht. Ich hab mich so an Marie gewöhnt, und freue mich auch, dass wir uns wieder besser verstehen, und jetzt wollt ihr einfach so gehen. Kannst du nicht nur zwei Wochen bleiben?"

„Ach Chris, jetzt sei mal nicht traurig, du und dein neuer Freund könnt bestimmt auch mal ein Kind adoptieren, das geht doch mittlerweile alles. Ich lebe nun mal mein eigenes Leben, das verstehst du doch bestimmt." Tatjana sah Chris an, dann nahm sie ihn in die Arme und freute sich auch, dass sie sich wieder näher waren.

Mittlerweile war Britta auch eingetroffen, sie begrüßte Tatjana herzlich und weinte fast vor Freude.

„Ich bin so glücklich für dich, dass du dich so entschieden hast. Genieße die Reise und den Aufenthalt in Oslo, es wird dir so guttun, glaube mir. Ich werde dir ab und zu Fern-Reiki geben."

Tatjana war sehr gerührt. Sie holte eine Flasche Prosecco aus dem Kühlschrank und schenkte Britta, Katrin und Chris ein. Sie selbst genehmigte sich nur ein halbes Glas, sie stillte ja noch.

Sven kam kurze Zeit später zur feuchtfröhlichen Runde dazu und trank noch ein halbes Glas im Stehen mit, bevor er die Taschen und Koffer von Tatjana in sein Auto packte.

„Wir sollten bald losfahren, es wird eine lange Fahrt. Bald wird es dunkel, du kannst dann mit Marie ein bisschen schlafen. Wir machen in Hamburg die erste Pause, ich will nicht so viel Zeit vertrödeln." Sven war auch nervös, aber er versuchte, sich nichts davon anmerken zu lassen, um Tatjana nicht zu beunruhigen.

In Hamburg regnete es stark, und die Dunkelheit machte Sven beim Fahren zu schaffen, deswegen war er froh, endlich einen Rastplatz zu finden.

Marie schlief fest, und Tatjana nutzte die Gelegenheit für eine Toilettenpause.

Sven blieb solange bei der kleinen Marie und betrachtete sie so stolz, als wäre es seine eigene Tochter. Er wusste, dass er zeugungsunfähig war, weil er einmal vor Jahren einen Test machen musste, als seine Ex-Freundin nicht schwanger wurde. Sie verließ in daraufhin, und Sven hatte damit schwer zu kämpfen gehabt, denn er wollte immer Kinder haben.

Als Tatjana mit zwei Kaffee im Becher und mit Croissants zurückkam, setzten sie sich zusammen auf den Rücksitz, mit Marie in der Mitte, und lauschten dem prasselnden Regen auf den Scheiben.

Sie waren glücklich und zufrieden und sahen zu, wie es langsam hell wurde, dann fuhren sie weiter.

Alte Liebe rostet nicht

„Ich rufe mal Kati an, dass wir gut in Oslo angekommen sind." Tatjana lächelte Sven an. Endlich waren sie gesund und munter in Svens Haus eingetroffen. Es war eine alte Villa mit einem großen Grundstück und einem Schwimmteich im Garten.

„Ich nehme Marie schon mal mit in den Garten und werfe den Grill an, damit wir was Ordentliches essen können." Sven freute sich, dass Tatjana bei ihm war, er konnte es immer noch nicht glauben.

„Hallo Kati, wir sind jetzt in Oslo. Hier ist es einfach nur schön, das Haus ist eine Wucht, total gemütlich und riesengroß, hier haben fünf Kinder Platz zum Spielen", erzählte Tatjana fasziniert.

„Na ja, dann macht's euch mal so richtig schön. Übrigens, ich habe Lars heute beim Einkaufen getroffen, er erkundigte sich nach dir, wie es dir ginge und so. Stell dir vor, er ist nicht mehr mit Sandy zusammen."

Tatjana räusperte sich. „Echt? Ja, dann hoffe ich mal, dass er es gut verdaut. Oder hat er Schluss gemacht?", fragte Tatjana neugierig.

„Ja, er hatte einfach die Nase voll von Sandy. Sie hat ihn nur angemotzt, laut seiner Erzählung, aber das kann ich mir auch gut vorstellen!"

„Okay, das hätte ich nicht gedacht. Was hat er noch gesagt?" Tatjana interessierte sich mehr für Lars, als sie wollte.

„Er sagte, dass er alles so sehr bereuen würde, was zwischen euch passiert war, und er am liebsten die Zeit zurückdrehen würde", antwortete Katrin.

Diese Worte machten Tatjana zu schaffen. Sie musste sehr stark an Lars denken, und sie wurde sehr traurig dabei.

Sven bemerkte ihren Stimmungsumschwung sofort, als er ins Haus kam, um in der Küche Grillbesteck zu holen.

„Was ist los mit dir? Hat Kati schlechte Neuigkeiten erzählt?"

„Nein. Eigentlich ist alles so weit in Ordnung."

„Wirklich? Oder willst du später mit mir darüber reden, bei einem Glas Rotwein ?" Sven reagierte sehr verständnisvoll.

Lars saß auf seinem kleinen Balkon und trank ein großes Glas Rotwein. Er schaute sich alte Fotoalben an. Viele Bilder von Tatjana waren dabei, die ihn an alte Zeiten erinnerten.

Er griff plötzlich zu seinem Handy und tippte Tatjanas Nummer ein. Es war magisch, er musste das tun. Sie fehlte ihm so sehr in diesem Moment, und es wurde Lars bewusst, wie sehr er sie vermisste.

„Hallo. Hier ist Lars, kann ich dich sprechen?", meldete er sich.

Tatjana hatte Herzklopfen, als sie Lars' Stimme hörte.

„Ja. Wir sind gerade in Oslo angekommen und wollen gleich grillen, aber ich habe Zeit!"

„Ich sehe gerade unsere alten Fotos durch. Na ja, ich hab eben so an dich denken müssen. Sandy und ich, wir sind nicht mehr zusammen." Lars stotterte verlegen.

„Ja, ich hab es gerade von Kati gehört. Was wird jetzt aus eurem Kind?"

„Ich werde mich natürlich um das Kind kümmern. Aber wir haben wirklich nicht zusammen gepasst!"

„Marie geht es übrigens auch gut, falls du dich für sie interessierst. Entschuldige, aber ich bin noch sehr verletzt."

„Ja, ich weiß. Es ist sehr viel passiert, was man leider nicht mehr rückgängig machen kann. Wie lange bist du denn in Oslo?" Lars wollte nicht wieder streiten.

„Einige Wochen werden es sein."

„Vielleicht können wir dann mal reden, wenn du wieder in Frankfurt bist. Ich würde mich freuen!" Lars versuchte, wieder eine Verbindung zu Tatjana herzustellen, aber sie war nicht dazu bereit.

„Wir werden sehen. Jetzt will ich einfach mal abschalten, und bitte ruf jetzt nicht mehr an. Ich melde mich, wenn ich zu Hause bin. Mach's gut!" Tatjana beendete das Gespräch.

Sven hatte schon alles vorbereitet, der Tisch war unter einem großen Kastanienbaum im Garten gedeckt, überall brannten Kerzen. Marie lag in ihrem Kinderwagen und schlief, im Hintergrund lief „Headlines and deadlines" von a-ha.

„Was für ein Abend! Danke, Sven", sagte Tatjana erleichtert und setzte sich an den Tisch.

Nachdem Tatjana sich ein bisschen eingelebt hatte, wollte sie endlich Morten und Inez in Saetre besuchen. Sie verabredeten sich für den darauffolgenden Sonntag zum Brunch bei Morten zu Hause.

Sven begleitete sie. Es war ein sonniger Tag und sie konnten auf der Terrasse sitzen mit Blick auf den Fjord.

„Schön, dass ihr hier seid. Die kleine Marie ist wirklich ein süßes Baby", begrüßte Inez Tatjana und umarmte sie wie eine alte Freundin.

„Danke. Ich liebe sie über alles, sie ist auch so unkompliziert und schläft nachts gut durch. Marie ist ein Sonnenkind", erzählte Tatjana stolz.

Morten nahm Marie aus dem Kinderwagen heraus und trug sie zur Terrasse. Er konnte gut mit Kindern umgehen, er hatte ja auch schon viel Erfahrung mittlerweile bei fünf eigenen.

Später gingen Sven und Morten dann hinunter zum Fjord, sie unterhielten sich übers Angeln.

Inez und Tatjana spielten mit Marie und Karmen auf dem Fußboden auf einer großen Decke und tauschten sich über die typischen Mutter-Kind-Alltagsproblemchen aus.

Der Tag verging schnell. Sven und Tatjana verabschiedeten sich von Morten und Inez.

Tatjana ging mit Morten schon vor an die Tür, während Inez noch ein paar Blumen im Garten pflückte, die sie Tatjana mitgeben wollte.

„Ich kann es kaum glauben, dass ich dir wirklich begegnet bin. Ich habe nie gedacht, dass das mal passieren würde, und jetzt hat sich alles in meinem Leben komplett verändert", sagte Tatjana nachdenklich zu Morten.

„Ja, das Leben spielt oft ganz anders, als man denkt, das kenne ich nur zu gut, meine Liebe. Was wird jetzt aus dir und Lars, siehst du keine Chance mehr für euch?", wollte Morten wissen.

„Ich weiß es nicht, aber ich glaube eher nicht, auch wenn ich ihn manchmal sehr vermisse."

Die Buchpräsentation

Vier Wochen waren inzwischen vergangen. Oslo wurde für Tatjana immer mehr zu dem Ort, von dem sie sich vorstellen konnte, dort zu leben.

Sven war auch davon überzeugt, dass Tatjana bleiben sollte. Sie hatte jetzt in einer kleinen Buchhandlung eine Buchpräsentation, sie sollte ihr Werk vorstellen, ein wenig daraus vorlesen, aber das übernahm dann Sven, weil sich Tatjana mit der norwegischen Sprache noch etwas schwertat.

Viele Besucher waren da und waren gespannt. Vor allem waren auch viele Fans angereist, als sie hörten, dass Morten auch erscheinen sollte.

Tatjana war sehr aufgeregt. Marie hatte sie bei Inez und Karmen in Saetre gelassen, und Morten fuhr mit ihr und Sven nach Oslo in die Buchhandlung, in der schon viele Gäste Platz genommen hatten. Die Presse war natürlich auch erschienen.

„Guten Tag Frau Sandberg, wir sind hier von der Zeitschrift ‚Die Frau von heute.' Wie wird es jetzt weitergehen mit Ihnen und Herrn Harket?" Ein neugieriger Journalist drängelte sich gleich vor, als Tatjana aus dem Auto ausstieg.

„Was soll denn weitergehen? Haben sie mein Buch nicht gelesen, oder verstehen sie es nicht? Wir sind gute Freunde, mehr nicht." Tatjana lächelte charmant in die Kamera.

„Das ist ein gutes Schlagwort, also ist das Baby nicht von Morten?"

„Was denken Sie eigentlich von mir, natürlich nicht. Ich bin verheiratet mit Lars Sandberg, und er ist auch der Vater von Marie. Können sie jetzt endlich aufhören mit den dummen Fragen?" Tatjana war langsam zornig.

Sven schluckte ein wenig bei ihren Worten, er hätte lieber gehört, Tatjana hätte seinen Namen erwähnt. Aber er konnte sie auch verstehen, Marie war nun mal nicht seine Tochter.

Sven las einige Kapitel aus dem Buch vor. Tatjana saß neben ihm und beantwortete nach der Lesung Fragen von den Fans. Bald traf Morten dann ein und es wurde laut gejubelt.

„Hallo, ich bin nicht der Grund, warum Sie heute hier jubeln sollten. Tatjana Sandberg hat dieses wunderschöne Buch geschrieben, sie hat allen Applaus und jede Anerkennung dafür verdient." Morten hielt Tatjanas Hand und verbeugte sich vor ihr.

Tatjana wurde puterrot, alle Kameras waren nun auf sie gerichtet, und die Fans klatschten Beifall.

„Vielen Dank, dass Sie so zahlreich hier erschienen sind, ich danke Morten Harket, dass er hier ist, und freue mich, dass mein Traum in Erfüllung gegangen ist. Aber ich habe auch erkannt, dass es viele andere Träume in meinem Leben gibt, die ich mir noch gern erfüllen möchte."

Sven übersetzte die Worte von Tatjana ins Norwegische.

Lars konnte alles einige Tage später im Fernsehen verfolgen. Er hatte Tränen in den Augen, als Tatjana den Satz sagte, dass sie mit Lars Sandberg verheiratet sei.

Er musste nach Oslo, er konnte unmöglich noch so lange warten, bis Tatjana wiederkam, wenn sie das überhaupt noch wollte.

„Kati, ich brauche die Adresse von diesem Sven in Oslo, bitte. Ich hab eben gerade die Fernsehübertragung von Tatjanas Buchpräsentation gesehen. Ich muss mit ihr reden." Lars wollte keine Zeit verlieren.

Katrin gab ihm die Adresse und fuhr ihn noch am Abend zum Flughafen, damit er die nächste Maschine nach Oslo nehmen konnte.

„Hast du Tati Bescheid gegeben, dass du kommst?" Katrin war besorgt. Sie kannte Tatjana und wusste, dass sie momentan nicht für solche Überraschungen zu haben war.

„Nein, ich will sie dort anrufen, oder sogar einfach dort klingeln, sie würde sonst den Kontakt sowieso abblocken."

„Na dann viel Glück, ich drücke euch die Daumen. Glaubst du Tati jetzt endlich, dass Marie dein Kind ist?"

Lars nickte und schämte sich dafür, dass er jemals daran gezweifelt hatte.

Morten musste nach der Buchpräsentation mit Tatjana noch einige Autogramme geben. Sie saßen nebeneinander an einem Tisch, wie alte Freunde, und die Fans stürmten mit ihren Büchern oder CDs zu ihnen und strahlten vor Freude, wenn sie ihr Autogramm erhielten.

„So wäre ich vor einigen Jahren auch noch glücklich gewesen über ein Autogramm von Morten, niemals hätte ich daran nur gedacht, dass ich neben ihm sitze und eine Autogrammstunde mit ihm zusammen abhalte." Tatjana war in Gedanken versunken.

Da hörte sie auf einmal eine bekannte Stimme: „Hi Frau Sandberg, ich möchte kein Autogramm, aber ich wollte mal sehen, wie viel Erfolg Sie mit Ihrem Buch haben. Das war doch eine schöne Idee damals von mir, oder?" Hobo Highbrow stand vor Tatjana und sprach sehr überzeugt von seinen Ideen.

„Ja, das war eine gute Sache, dass wir uns begegnet sind. Was machen Sie so, haben Sie auch ein Projekt laufen?" Tatjana versuchte, ein paar Worte mit Hobo zu wechseln, aber der war nicht großartig daran interessiert.

„Ich muss dann auch mal los, mein Schreibtisch wartet zu Hause. Man sieht sich!" Und schon war Hobo Highbrow verschwunden.

„Das ist echt ein komischer Vogel. Aber auch irgendwie nett", sagte Tatjana zu Morten, der sie irritiert anschaute.

Sven holte in der Zwischenzeit Marie bei Inez in Saetre ab.

Erstens kommt es anders,
und zweitens als man denkt

Lars stand vor Svens Haustür und klingelte, er war sehr aufgeregt.

Niemand öffnete. Tatjana und Sven waren mit Marie in der Innenstadt. Es war ein schöner, sonniger Tag mit kleinen Schafswölkchen am Himmel, das nutzten die drei aus, um einen gemütlichen Spaziergang mit anschließendem Mittagessen zu machen.

Lars nahm sich sein Leihfahrrad und fuhr auch Richtung Stadtmitte. Er hatte erst einmal Hunger und überlegte sich, einfach später noch mal bei Sven vorbeizuschauen.

„Wo magst du essen gehen, meine Liebe?", fragte Sven die verträumte Tatjana.

„Vielleicht im Bolgen & Moi. Da war ich schon lange nicht mehr!"

„Ja, gern. Warst du da nicht auch mit Morten mal?", hakte Sven neugierig nach.

„Hm, kann sein." Tatjana hatte keine Lust lange zu reden, denn sie dachte gerade sehr intensiv an Lars. Sie hatte das Gefühl, dass er ganz in ihrer Nähe war.

Lars war auch wirklich nicht weit entfernt, er strampelte gerade in die Tors Gate und suchte nach einem netten Restaurant, da sah er das Schild Bolgen & Moi, er radelte also dem Schild nach in die Lovenskioldsgate und erreichte schließlich sein Ziel.

Lars suchte sich an der Bar einen Platz und bestellte sich ein großes Rignes Fatöl, ein leckeres, helles norwegisches Bier, und nahm einen großen Schluck.

Tatjana ging vor dem Essen noch zur Toilette, sie ließ Sven und Marie an einem kleinen Tisch am Fenster zurück.

Als sie gerade an der Theke vorbeiging, sah sie Lars mit seinem Bier dort sitzen. Sie wollte am liebsten einfach an ihm vorbeigehen, weil sie nicht wusste, was sie mit ihm reden sollte.

Lars sah sie aber gerade in diesem Moment an.

„Dieser Blick, genauso hat er mich damals angeschaut, als er mir den ersten Kuss geben wollte und sich dafür entschied, ihn sich für das nächste Date aufzuheben", dachte Tatjana.

„Hi … was … wie … Warum bist du denn hier in Oslo?"

„Wegen dir und Marie. Ich wollte mit dir reden." Lars schaute Tatjana tief in ihre Augen.

„Oh. Also du bist deswegen, trotz deiner Flugangst, hierhergeflogen, um mal mit mir zu reden?" Tatjana war sehr bewegt.

Lars fragte, ob sie sich später noch einmal allein treffen könnten, er brauchte ein wenig Zeit für die Aussprache.

„Ich werde dir eine SMS schreiben, muss mal mit Sven darüber sprechen. Aber ich denke, dass ich das hinbekomme."

Sven war mit der kleinen Marie beschäftigt. Er kümmerte sich so liebevoll um sie, als wäre sie seine eigene Tochter.

„Ich hab hier eben Lars getroffen." Tatjana erzählte Sven alles und stotterte dabei, sie war sehr durcheinander.

„Natürlich. Ihr müsstet schon miteinander reden, das ist wichtig, auch wegen der süßen Marie. Sie hat es doch verdient, ihren Papa einmal kennenzulernen." Sven war sehr rücksichtsvoll, auch wenn er sich unsicher dabei fühlte, schließlich konnte er Tatjana vielleicht auch wieder verlieren.

Am Abend war es dann soweit. Lars und Tatjana gingen einen Wein trinken im Café Albertine, das lag im Zentrum von Oslo. Dort war alles ein wenig im alten Stil eingerichtet, mit schwarz getäfelten Holzwänden und vielen

Spiegeln. Es war sehr urig und gemütlich, und man konnte dort gut essen und Wein trinken.

„Setz dich." Lars schob den Stuhl nach hinten und nahm Tatjanas Mantel.

„Du riechst gut. Ist das der Duft, den ich dir mal geschenkt hab?" Tatjana erkannte sofort das Rasierwasser, es war genau das, das sie auch an Morten gerochen hatte, als sie mit ihm zusammen in der Hütte vor dem Kamin lag und an Lars denken musste.

„Ja. Du kannst dich noch erinnern, das schmeichelt mir. Danke, dass du dir Zeit nehmen konntest." Lars setzte sich Tatjana gegenüber und zündete die Kerze an, die auf dem Tisch stand.

„Sven und ich, wir überlegen, ob wir zusammenziehen wollen … in sein Haus hier in Oslo." Tatjana fing gleich an und redete dieses Mal nicht um den heißen Brei herum.

Lars verschluckte sich fast an seinem Rotwein.

„Ja, … aber, wenn ich ganz ehrlich bin, kann ich mir das eigentlich nicht vorstellen." Tatjana wollte Lars mit diesem Satz ein Zeichen geben, dass er noch nicht für sie gestorben war.

„Oh. Ist da noch Morten im Spiel?", fragte er neugierig.

„Morten? Nein, das müsstest du aber endlich mal wissen, dass wir nur gute Freunde sind." Tatjana konnte es nicht glauben, dass Lars immer noch nicht begriffen hatte, dass Morten und sie nichts miteinander hatten, heute wie damals.

„Entschuldige bitte, das war nicht so gemeint."

„Dann sag, was willst du mir denn so Dringendes erzählen?"

„Sandy und ich sind nicht mehr zusammen. Ich bin mir wirklich sicher, dass ich mit ihr niemals zusammen sein kann, auch wenn das Baby von mir ist." Lars blickte Tatjana wieder verliebt an.

„Das fällt dir aber sehr früh ein. Und jetzt?"

Lars versuchte zu erklären, was in ihm vorging, aber er hatte damit sehr große Schwierigkeiten.

„Okay, ich werde über alles in Ruhe nachdenken. Ich kann jetzt nicht viel darüber sagen, weil ich momentan selbst sehr verwirrt bin über die ganzen Ereignisse. Außerdem muss ich jetzt Marie stillen, sie wird Hunger haben, also, ich bringe dich noch zu deinem Hotel und fahre dann zu Sven." Tatjana bezahlte die Rechnung.

Im Auto waren beide schweigsam, Tatjana fuhr durch die dunkle Landschaft und konnte nichts mehr denken oder sagen.

Sven hatte Marie schon ins Reisebettchen gelegt und saß mit einem Glas Rotwein auf der Terrasse. Er hörte leise klassische Musik und freute sich, als Tatjana sich zu ihm gesellte. Er hörte ihr gespannt zu, was sie ihm zu berichten hatte.

„Ich weiß jetzt nichts mehr, Sven. Verstehe das aber bitte nicht falsch, denn ich bin so zufrieden, was uns beide angeht, aber ..." Tatjana fehlten immer mehr die Worte und sie fing an zu weinen.

Sven nahm sie in seine Arme und küsste sie zärtlich auf die Stirn, er trocknete ihre Tränen sanft mit einer Serviette. „Du musst jetzt nichts erklären. Ich weiß doch, wie schwer das alles für dich sein muss. Versuche abzuschalten, wir reden einfach ein anderes Mal darüber."

Marie bekam ihren Gute-Nacht-Trunk. Tatjana und Sven legten sich zusammen mit ihr ins Bett.

„Danke, ich bin so froh, dass du mich verstehen kannst, Sven."

Es vergingen noch einige Tage, ehe es dann zu einem ernsten Gespräch zwischen Sven und Tatjana kam.

„Ich werde wieder zurückfliegen", waren die entschlossenen Worte, die daraus resultierten.

Sven konnte es nicht glauben, aber er akzeptierte Tatjanas Entschluss.

„Ich werde immer für dich und natürlich auch für Marie da sein. Ich hoffe, wir werden trotzdem den Kontakt halten?", fragte Sven traurig.

„Ich werde dich bald anrufen, aber lass mir erst noch ein bisschen Zeit, ich muss wieder klare Gedanken fassen können."

Sie buchte gleich an diesem Tag noch einen Flug nach Frankfurt.

And you tell me …

Please don't hurt me
I have told you
All my love is all I've got
But tomorrow is the day
When I for your sake, am coming back
And you tell me that I don't love you …

In Frankfurt regnete und stürmte es, als Tatjana mit Marie auf dem Arm sich ein Taxi heranwinkte.

Im Radio spielte „And you tell me" von a-ha.

„Das kann doch kein Zufall mehr sein", dachte sich Tatjana, und sie summte die Melodie leise mit. Marie schlief dabei ein und nuckelte zufrieden an ihrem Schnuller.

Zu Hause ließ sie Gregor erst einmal in seine Stubentigerfreiheit. Er hatte schlicht und einfach die Nase voll von dem kleinen Käfig und dem lauten Gebrumm der Flugzeugmotoren. Tatjana hatte auch ein ganz schlechtes Gewissen, dass sie ihm den Transport antun musste, aber sie wollte ihn nicht so lange bei Katrin lassen, sie hätte ihn zu sehr vermisst, ihren Schmuseliebling.

Er bekam dafür eine extra Portion Käserollis, die mochte er sehr gern.

Ein Ende mit Anfang

Die Tage schienen kein Ende zu nehmen, und die Nächte verbrachte Tatjana schlaflos mit Marie und Kater Gregor in ihrem großen Bett. Lars fehlte ihr, aber auch Sven spukte ständig in ihrem Kopf herum, und Morten war ihr näher als je zuvor. Sie telefonierte mit Morten, so oft er Zeit hatte, und heulte sich dabei aus.

Katrin war mit ihrer neuen Liebe ständig auf Reisen. Er war Fotograf, und sie hatte oft die Gelegenheit, ihn zu begleiten.

An einem verregneten Nachmittag klingelte das Telefon bei Tatjana, die gerade ein heißes Bad nahm, Marie schlief schon fest, und so nutzte Tatjana die Pause für sich.

Lars war am anderen Ende.

„Hallo Tati, hast du Lust, mit mir zu Abend zu essen?", fragte er verlegen und gleichzeitig neugierig, was Tatjana antworten würde.

Tatjana musste aufpassen, dass ihr das Handy nicht ins Lavendelschaumbad rutschte. Sie war sehr aufgeregt, als sie die Stimme von Lars nach so langer Zeit wieder hörte.

„Also, ich weiß nicht, ob das wirklich gut ist. Ich kann heute auch nicht weg, weil Katrin nicht auf Marie aufpassen kann. Und außerdem ..." Tatjana stotterte alles Mögliche zusammen und merkte dabei, wie sehr sie sich nach Lars sehnte.

Lars schwieg und schluckte, er hatte allen Mut zusammengenommen, um bei Tatjana anzurufen, und jetzt gab sie ihm einen Korb.

„Hm, schade. Ich könnte auch eigentlich bei dir und Marie vorbeischauen und was vom Italiener mitbringen. Deine Lieblingspasta mit der leckeren, scharfen Tomatensoße à la Arrabiata", versuchte Lars, sie umzustimmen.

Gerade als Tatjana antworten wollte, klingelte es an der Haustür.

„Du, Lars, kann ich dich gleich noch mal anrufen? Muss mal an die Tür, es hat geklingelt."

Tatjana schlüpfte noch triefend nass in ihren Snoopy-Bademantel, huschte in ihre Badelatschen und rannte schnell zur Tür, in der Hoffnung, dass Marie noch nicht aufgewacht war von der Türklingel.

Tatjana erwartete an der Tür den Paketdienst, sie wartete nämlich auf Jeans, die sie sich bestellt hatte und die sie dringend brauchte, weil sie knapp sieben Kilo abgenommen hatte.

Doch an der Tür stand, ganz unverhofft und völlig durchnässt, Sven.

„Hallo Tatjana, bin gerade geschäftlich für ein paar Tage in Frankfurt und wollte einfach nur mal Hallo sagen."

Tatjana wurde rot im Gesicht und konnte, außer den Mund offen stehenzulassen, nicht reagieren.

Sven bemerkte ihre Unsicherheit und wollte sich so schnell wie möglich, aus der peinlichen Situation davonmachen.

Doch Tatjana bekam ihre Sinne wieder zusammen.

„Hallo Sven, ich freue mich wirklich sehr, dich zu sehen. Komm doch rein, ich trockne mich noch schnell ein wenig ab, und dann können wir quatschen. Geh doch schon mal in die Küche, nimm dir auch gern einen Kaffee."

Tatjana hastete ins Badezimmer zurück und suchte ihre Kleider zusammen. Ihre Hände zitterten, und sie wusste kaum noch, wo vorne und hinten war. Es war eindeutig zu viel: Erst Lars ganz überraschend am Telefon, und dann Sven an der Tür, und sie wollte doch gerade in der Badewanne entspannen.

Als Tatjana es endlich geschafft hatte, sich anzuziehen, nach drei Versuchen vor dem Schlafzimmerspiegel, denn sie hatte nur noch Hosen, die ihr entweder zu eng oder zu weit waren, setzte sie sich zu Sven in die Küche, der schon Kaffee gekocht hatte.

Sie holte gerade tief Luft und nahm die Tasse in die Hand, da klingelte es erneut an der Haustür.

„Wer kann das jetzt sein?", überlegte Tatjana „Ich werd mal schauen." Doch da fing auch noch Marie an zu weinen, sie wurde jetzt endgültig wach.

„Ich kann auch nach Marie schauen, wenn du magst." Sven kannte Marie ja schließlich auch schon ganz gut, nach der Zeit in Oslo.

„Oh ja, gern, das wäre echt super."

Tatjana wäre fast noch über Gregor gestolpert, der auch neugierig zur Tür kam, um zu schauen, wer da wohl sei.

Es war Lars, der sich Sorgen machte, warum Tatjana nicht mehr zurückgerufen hatte. Und da er Tatjana nur zu gut kannte, hatte er Angst, sie wäre mal wieder hingefallen oder ausgerutscht.

„Entschuldige bitte meine Aufdringlichkeit, aber ich hab mir Sorgen gemacht", sagte er, als Tatjana mit feuerroten Wangen vor ihm stand.

„Ups", kam es aus Tatjana hervor, es fehlten ihr die Worte.

Sie war auf der einen Seite überwältigt davon, dass sich Lars um sie sorgte, und auf der anderen Seite wusste sie nicht, wie sie ihn jetzt hereinbitten konnte, weil ja auch Sven bei ihr war.

„Also, geht es dir gut?", fragte Lars noch einmal nachdrücklich.

„Ähm … ja. Magst du vielleicht doch zum Italiener gehen und was Leckeres holen?" Tatjana versuchte, ihn wieder fortzuschicken, um Sven in der Zeit zu verabschieden. Sie wollte nicht, dass die beiden sich begegneten.

„Ja, sicher. Also die Pasta, wie immer, und einen gemischten Salat?"

„Ja, genau. Danke, du bist ein Schatz", lachte Tatjana.

„Vielleicht kann ich ja auch bald wieder dein Schatz werden?", gab Lars mit einem Lächeln zum Dahinschmelzen zurück.

„Wer weiß?"

Tatjana sagte Sven Bescheid, dass Lars gleich wieder kommen würde, sie mit ihm essen wolle und dass ihre Gefühle sehr durcheinander waren, immer noch.

Sven war darüber schon ein wenig traurig. Er hatte sich mehr von diesem Abend erhofft, aber er wollte Tatjanas Glück auf keinem Fall im Wege stehen.

„Ich bin jederzeit für dich da, das weißt du ja. Wenn du magst, kannst du mich auch später noch mal anrufen", bot Sven ihr an und gab ihr zum Abschied einen Kuss auf die Stirn.

„Das ist wirklich total lieb von dir. Bis bald Sven, und danke für alles", verabschiedete sich Tatjana mit Tränen in den Augen von Sven.

Marie lag in ihrer Babywippe und schaukelte vergnügt zur Musik, die im Radio lief.

Lars war wenige Minuten, nachdem Sven gegangen war, wieder zurück.

Das Essen duftete lecker, sodass Tatjanas Magen zu knurren anfing.

„Ich hab uns noch den Montepulciano mitgebracht, den du so gern trinkst", umschmeichelte Lars Tatjana.

Er öffnete die Flasche, holte die bauchigen Rotweingläser aus der Vitrine und schenkte großzügig den Wein ein.

Tatjana schaute Lars dabei an und bekam weiche Knie, wie an ihrem ersten Abend, als sie Lars zum ersten Mal sah.

„Weißt du noch, wann wir diese Gläser zu ersten Mal benutzten?", fragte sie ihn.

„Ja, sie waren ein Hochzeitsgeschenk von Katrin."

Sie schwelgten in Erinnerungen und ließen sich das Essen dabei gut schmecken.

Tatjana holte Marie noch dazu, und endlich hatte sie das Gefühl, dass sie eine Familie seien.

„Weißt du eigentlich, wie sehr ich dich liebe?" Lars nahm Tatjanas Hand.

„Ich weiß nur, wie sehr ich dich liebe!", antwortete sie und hauchte dabei Lars einen Kuss zu.

„Das ist doch schon mal ein Anfang!"

Und im Radio spielte „With you – with me" von Morten Harket.

Danke

an Ildiko Karpati, die mir immer zur Seite stand, meinen Roman von Anfang an begleitet hat und ihn auch noch ins Englische übersetzte, an meine Lektorin Eva Massingue, die mich auch liebenswert und tatkräftig unterstützt hat mit wertvollen Ideen, an Pål H. Christiansen, der mich inspirierte mit seinem Roman „Die Ordnung der Worte" und mir viele wertvolle Tipps geben konnte, an Said und Inga Hammy für die supertolle Covergestaltung, an meinen lieben Mann Peter, der sehr viel Geduld und Nerven opfern musste, an meine Tochter Lara, die mir immer wieder Mut machte, an meine Schwester Sabrina, die immer an mich glaubte, auch wenn ich noch so zweifelte … und natürlich auch an Morten Harket, der mich mit seiner Musik und der niedlichen Zahnlücke wieder an frühere Zeiten erinnerte … DANKE an die beste Band aller Zeiten, a-ha, dass es euch gab, und hoffentlich auch wieder geben wird!